中经"精品课程"系列
中经新文科·财经商贸类系列规划教材

会计基础与实务

主　编：吴夏妮　张熔寒　阮士芳
副主编：李玉倩　卢嘉怡　陈小红
　　　　张　好　刘　珊

·北京·

图书在版编目（CIP）数据

会计基础与实务 / 吴夏妮，张熔寒，阮士芳主编 . —
北京：中国经济出版社：中国石化出版社, 2025.6.
ISBN 978-7-5136-8174-2

Ⅰ.F230

中国国家版本馆 CIP 数据核字第 2025GQ4043 号

选题策划	雷　生
责任编辑	叶亲忠
责任印制	李　伟
封面设计	任燕飞工作室

出版发行	中国经济出版社
印 刷 者	北京科信印刷有限公司
经 销 者	各地新华书店
开　　本	889mm×1194mm　1/16
印　　张	17.75
字　　数	450 千字
版　　次	2025 年 6 月第 1 版
印　　次	2025 年 6 月第 1 次
定　　价	56.00 元

广告经营许可证　京西工商广字第 8179 号

中国经济出版社　网址 http://epc.sinopec.com/epc/　社址 北京市东城区安定门外大街 58 号　邮编 100011
本版图书如存在印装质量问题，请与本社销售中心联系调换（联系电话：010-57512564）

版权所有　盗版必究（举报电话：010-57512600）
国家版权局反盗版举报中心（举报电话：12390）　　服务热线：010-57512564

PREFACE 前言

会计作为经济管理的重要工具,是企业、行政事业单位等组织进行经济核算和财务管理的基础。对于初次接触会计领域的学习者而言,系统掌握基础会计知识是开启职业发展之门的关键。本教材以"理论易懂、实操性强、贴近实务"为编写原则,结合最新会计规范与企业实际业务场景,致力于为读者构建从理论认知到实践应用的完整知识体系。

本教材有以下特点:

(一)校企协同,贴近真实场景

联合企业财务专家、一线会计从业者与院校骨干教师共同编写。全教材贯穿制造业企业真实业务场景,覆盖资金筹集、材料采购、生产制造、产品销售、财务成果核算等全流程。

(二)任务驱动,学练紧密融合

本教材将"任务驱动"贯穿于财会职业能力培养的始终,通过任务引入相应的知识点,通过"任务驱动-知识讲解-案例解析-技能训练"等环节,实现"学中做、做中学"。

(三)素养渗透,培养职业品格

将会计职业道德与职业能力同步培养。融入爱岗敬业、客观公正、保守秘密等职业价值观,让读者在学习技能的同时,树立正确职业态度。

(四)资源配套,适配多元学习

本教材提供了丰富的教学资源,包括教学PPT、教案、教学大纲、课程标准、习题答案、教学视频等,能满足课堂教学、自主学习、技能提升的多样化需求。本教材编写团队来自长期工作在教学一线的财经专业教师和企业专家,由吴夏妮、张熔寒、阮士芳担任主编,李玉倩、卢嘉怡、陈小红、张好、刘珊担任副主编。在教材的编写过程中,编者得到了众多院校专家、企业专家的大力支持,在此表示感谢!

本教材既可作为会计及相关专业的教学用教材,也可作为企业财务人员的入门培训教材。我们期望通过这本教材,不仅让读者掌握"借贷记账"的技术方法,更能理解会计背后的商业逻辑与管理思维,为未来的职业发展奠定坚实基础。

由于编者水平有限,教材中难免存在疏漏之处,恳请广大读者批评指正。

编 者

CONTENTS 目录

项目一　步入会计工作 … 001

任务一　认知会计 … 001
一、会计的产生与发展 … 002
二、会计的概念 … 003
三、会计的职能 … 003
四、会计对象 … 005
五、会计基本假设 … 006
六、会计基础 … 007

任务二　了解会计工作 … 009
一、会计的目标 … 009
二、会计信息使用者及其质量要求 … 009
三、会计核算方法 … 012
四、会计工作组织 … 013
五、会计基本工作流程 … 015

项目小结 … 017
项目训练与测试 … 018

项目二　会计基础知识 … 021

任务一　会计要素与会计等式 … 021
一、会计要素 … 022
二、会计要素计量属性及其应用原则 … 029
三、会计等式 … 030

任务二　会计科目和账户 ………………………………………………… 034
　　一、会计科目 ……………………………………………………………… 034
　　二、账户 …………………………………………………………………… 039
任务三　会计记账方法 …………………………………………………… 041
　　一、会计记账方法的种类 ………………………………………………… 041
　　二、借贷记账法 …………………………………………………………… 042
项目小结 ……………………………………………………………………… 053
项目训练与测试 ……………………………………………………………… 053

项目三　借贷记账法的应用　　061

任务一　筹集资金业务核算 ……………………………………………… 061
　　一、账户设置 ……………………………………………………………… 062
　　二、投入资金业务的核算 ………………………………………………… 065
　　三、借入资金业务的核算 ………………………………………………… 066
任务二　供应过程业务核算 ……………………………………………… 068
　　一、账户设置 ……………………………………………………………… 068
　　二、材料采购成本构成和计算 …………………………………………… 070
　　三、材料采购业务的核算 ………………………………………………… 071
　　四、购置固定资产业务的核算 …………………………………………… 074
任务三　生产过程业务核算 ……………………………………………… 075
　　一、产品生产成本及其构成 ……………………………………………… 075
　　二、账户设置 ……………………………………………………………… 077
　　三、生产过程业务的核算 ………………………………………………… 079
任务四　销售过程业务核算 ……………………………………………… 086
　　一、销售过程业务的主要内容 …………………………………………… 086
　　二、账户设置 ……………………………………………………………… 087
　　三、销售过程业务的核算 ………………………………………………… 089
任务五　财务成果业务核算 ……………………………………………… 092
　　一、利润的构成 …………………………………………………………… 093
　　二、账户设置 ……………………………………………………………… 093
　　三、财务成果形成及分配的核算 ………………………………………… 097
项目小结 ……………………………………………………………………… 100
项目训练与测试 ……………………………………………………………… 100

项目四　会计凭证　　107

任务一　会计凭证概述 ··· 107
一、会计凭证的概念和意义 ··· 107
二、会计凭证的分类 ·· 108

任务二　原始凭证的填制与审核 ·· 109
一、原始凭证的种类 ·· 109
二、原始凭证的基本内容 ·· 112
三、原始凭证的填制要求 ·· 113
四、原始凭证的审核 ·· 117

任务三　记账凭证的填制与审核 ·· 118
一、记账凭证的种类 ·· 119
二、记账凭证的基本内容 ·· 121
三、记账凭证的填制要求 ·· 121
四、记账凭证的审核 ·· 123

任务四　会计凭证的传递与保管 ·· 126
一、会计凭证的传递 ·· 126
二、会计凭证的保管 ·· 127

项目小结 ·· 131
项目训练与测试 ·· 132

项目五　会计账簿　　137

任务一　会计账簿概述 ··· 137
一、会计账簿的概念和作用 ··· 138
二、会计账簿的分类 ·· 138
三、会计账簿的基本内容 ·· 144

任务二　会计账簿的启用与登记 ·· 146
一、会计账簿的启用 ·· 146
二、会计账簿的登记要求 ·· 146
三、会计账簿的格式与登记方法 ··· 148

任务三　对账和结账 ··· 156
一、对账 ··· 156
二、结账 ··· 157

任务四　错账的更正方法 ………………………………………………… 160
一、划线更正法 ………………………………………………………… 160
二、红字更正法 ………………………………………………………… 161
三、补充登记法 ………………………………………………………… 163

任务五　会计账簿的更换与保管 ………………………………………… 166
一、会计账簿的更换 …………………………………………………… 166
二、会计账簿的保管 …………………………………………………… 166

项目小结 …………………………………………………………………… 168
项目训练与测试 …………………………………………………………… 168

项目六　账务处理程序　173

任务一　账务处理程序认知 ……………………………………………… 173
一、账务处理程序的概念 ……………………………………………… 173
二、账务处理程序的意义 ……………………………………………… 174
三、账务处理程序的种类 ……………………………………………… 174
四、账务处理的一般程序 ……………………………………………… 174

任务二　记账凭证账务处理程序 ………………………………………… 175
一、记账凭证账务处理程序的概念与特点 …………………………… 175
二、记账凭证账务处理程序的凭证与账簿设置 ……………………… 175
三、记账凭证账务处理程序的内容 …………………………………… 175
四、记账凭证账务处理程序的优缺点及适用范围 …………………… 176

任务三　科目汇总表账务处理程序 ……………………………………… 208
一、科目汇总表账务处理程序的概念与特点 ………………………… 208
二、科目汇总表的编制 ………………………………………………… 208
三、科目汇总表账务处理程序的凭证与账簿设置 …………………… 209
四、科目汇总表账务处理的内容 ……………………………………… 209
五、科目汇总表账务处理程序的优缺点及适用范围 ………………… 210

任务四　汇总记账凭证账务处理程序 …………………………………… 218
一、汇总记账凭证账务处理程序的概念与特点 ……………………… 218
二、汇总记账凭证的编制 ……………………………………………… 218
三、汇总记账凭证账务处理程序的凭证与账簿设置 ………………… 219
四、汇总记账凭证账务处理程序的内容 ……………………………… 219
五、汇总记账凭证账务处理程序的优缺点及适用范围 ……………… 220

项目小结 …………………………………………………………………… 221
项目训练与测试 …………………………………………………………… 222

项目七　财产清查　　227

任务一　财产清查概述 …………………………………………………… 227
一、财产清查的概念和意义 ……………………………………………… 228
二、财产清查的种类 ……………………………………………………… 229
三、财产清查的一般程序 ………………………………………………… 230

任务二　货币资金清查 …………………………………………………… 231
一、库存现金的清查 ……………………………………………………… 231
二、银行存款的清查 ……………………………………………………… 233

任务三　实物资产清查 …………………………………………………… 234
一、实物资产的清查方法 ………………………………………………… 235
二、存货的盘存制度 ……………………………………………………… 236
三、存货清查结果的处理 ………………………………………………… 237
四、固定资产清查结果的处理 …………………………………………… 238

任务四　往来款项清查 …………………………………………………… 239
一、往来账项清查的方法 ………………………………………………… 240
二、往来账项清查结果的处理 …………………………………………… 240

项目小结 ……………………………………………………………………… 242
项目训练与测试 ……………………………………………………………… 242

项目八　财务报告　　246

任务一　财务报告概述 …………………………………………………… 246
一、财务报告的概念和内容 ……………………………………………… 246
二、财务报告的意义 ……………………………………………………… 247
三、会计报表的种类 ……………………………………………………… 247
四、财务报告编制的基本要求 …………………………………………… 248

任务二　资产负债表 ……………………………………………………… 249
一、资产负债表概述 ……………………………………………………… 249
二、资产负债表的编制方法 ……………………………………………… 251

任务三　利润表 …………………………………………………………… 256
一、利润表概述 …………………………………………………………… 257
二、利润表的编制方法 …………………………………………………… 257

任务四　现金流量表 ……………………………………………………… 259
一、现金流量表的概念 …………………………………………………… 260
二、现金流量表的结构 …………………………………………………… 260
三、现金流量表的作用 …………………………………………………… 260

任务五　所者者权益变动表 ……………………………………………… 262
一、所有者权益变动表的概念和内容 ………………………………… 262
二、所有者权益变动表的结构 ………………………………………… 262
三、所有者权益变动表的作用 ………………………………………… 264

任务六　财务报表附注 …………………………………………………… 264
一、附注的主要内容 …………………………………………………… 264
二、附注的作用 ………………………………………………………… 265

项目小结 ……………………………………………………………………… 266
项目训练与测试 ……………………………………………………………… 267

附　录　一文了解全电发票　　272

一、发票的发展 ………………………………………………………… 272
二、开展全面数字化的电子发票试点的背景 ………………………… 272
三、全电发票的票面信息 ……………………………………………… 272
四、全电发票的优点 …………………………………………………… 273
五、全电发票受票 ……………………………………………………… 273
六、全电发票报销入账归档 …………………………………………… 273

项目一 步入会计工作

学习目标

知识目标：

理解会计的含义、基本职能，掌握会计核算的基本前提，掌握会计的核算基础，了解会计信息质量要求。

能力目标：

能够初步掌握会计信息质量的要求，能够理解和应用会计核算的基本前提。

素质目标：

树立中国会计文化自信，培养学生成为称职会计职业人的意识。

任务一 认知会计

任务引例

甲、乙、丙、丁四名会计专业的新生，在一起聊起了什么是会计这一话题，四人各有各的想法。

甲说："会计就是指一个人。比如，我邻居张大叔，人称张会计。"

乙说："不对，会计是一项工作，如打打算盘、记记账。"

丙说："会计是指一个机构，一个部门，如我们常常听到公司里的财务部、财务处，就是会计部门。"

丁说："你们都错了，会计是一门学科，如我们学校开设的会计专业。"

结果，他们谁也说服不了谁。

讨论：你认为会计到底是什么呢？

知识讲解

一、会计的产生与发展

（一）会计的产生

会计产生于经济管理的需要。最初，会计只是生产职能的附属部分。人类要生存，就需要进行物质资料的生产。生产活动一方面创造物质财富，取得一定的劳动成果；另一方面要发生劳动耗费，包括人力和物力的耗费。取得更多的劳动成果，耗用更少的劳动耗费，这是人们永恒的追求。因此，必须采用一定的方法对劳动耗费和劳动成果进行记录、计算，并以此比较和分析，这就产生了会计。

（二）会计的发展

会计的发展主要经历了以下三个阶段。

1. 古代会计阶段

在原始社会，由于文字还没有出现，人们对劳动成果的记录一般有两种方式：一是简单刻记方式；二是直观绘图计数、记事方式。诸如"结绳记事""契刻记事"等原始的简单记录，就是会计的萌芽。

这一阶段的会计只是生产者在"生产实践之外，附带地把收入、支付等记载下来"，只是"生产职能的附带部分"。随着社会生产力发展到一定阶段，特别是出现商品生产以后，会计才逐渐从生产职能中分离出来，成为一种专门的工作。在这一阶段，会计的特点是以实物和货币作为计量单位，以官厅会计为主，会计核算采用"单式记账法"。

2. 近代会计阶段

近代会计是从复式簿记开始的。在这一阶段，有两个重要的时间，称为近代会计发展史上的两座里程碑。

中世纪地中海的一些城市是当时的世界贸易中心，其中，意大利的佛罗伦萨、热那亚、威尼斯等地的商业和金融业特别繁荣，日益发展的商业和金融业要求不断改进和提高复式记账方法。1494年，意大利传教士、数学家卢卡·帕乔利（Luca Pacioli）出版了一本著作——《算数、几何、比及比例概要》，其中一章"簿记论"，全面系统地介绍了威尼斯的复式记账法，并从理论上给予必要的阐述。该书推动了复式簿记在全球范围内的广泛传播，从而影响了许多国家会计的发展。因此，该书的出版被誉为会计发展史上的第一座里程碑，标志着近代会计的开始。

18世纪末和19世纪初，随着产业革命的发展，股份有限公司这种经营形式出现了，从而对会计提出了更高的要求，会计服务范围不断扩大，会计的内容从记账、算账发展到编制和审查报表，并且企业会计需接受外界的监督。1853年，英国成立了第一个会计师协会——爱丁堡会计师协会，被认为是近代会计发展史上的第二座里程碑。

在近代会计阶段，会计的特点如下：①以货币作为主要计量单位；②作为独立的管理职能，以企业会计为主；③会计核算采用"复式记账法"，形成一套完整的会计核算方法，会计成为一门学科。

3. 现代会计阶段

20世纪50年代以后，进入现代会计阶段。一方面，电子计算技术被推广到会计领域，引起并继续促进会计工艺的彻底革命，使会计的性质、职能和作用发生了很大的变化；另一方面，传统的会计逐渐形成了两个独立的分支：财务会计和管理会计。前者主要为企业外部关系人提供财务信息，后者主要帮助企业内部管理者进行经营决策。管理会计的诞生成为会计发展史上的第三座里程碑。会计发展到现在，在"大、智、移、云、区、物"新技术环境下，其信息的处理方式已逐渐实现智能化，如财务共享、财务机器人正在替代传统的会计方法，会计理论也在不断发展和创新。

从上述会计产生和发展的过程可以看出，会计是适应社会生产的发展而产生并发展的，它与一定时期社会的经济发展水平紧密相关，并对社会经济发展起到重要的促进作用。随着社会生产力的不断发展，会计经历了一个从简单到复杂、由低级到高级的发展和完善过程。经济越发展，会计越重要。现代数学、现代管理科学与会计的结合，特别是电子计算机在会计数据处理中的应用，使会计工作的效能得到大幅提高，扩大了会计信息的范围，提高了会计信息的准确性和及时性。

二、会计的概念

由会计的产生及发展史可见，人类为了管理其有限资源，运用了一系列的专门方法对经济活动进行管理，从而追求资源使用的最大效益。从"管理"这一本质出发，可将会计的概念概括为"以货币为主要计量单位，运用一系列专门的方法，对企事业单位或其他经济组织的经济活动进行连续、系统、全面的核算和监督的一项经济管理工作"。从其概念中我们可以总结出会计的以下特征：

（1）会计以货币为主要计量单位；
（2）会计拥有一系列专门方法；
（3）会计具有核算和监督的基本职能；
（4）会计的本质是管理活动。

三、会计的职能

会计的职能是指会计在经济管理活动中所具有的功能，可分为基本职能和拓展职能两部分。

（一）会计的基本职能

《中华人民共和国会计法》（以下简称《会计法》）将会计的基本职能表达为会计核算和会计监督。

1. 会计的核算职能

会计核算职能，也称反映职能，是指会计以货币为主要计量单位，对特定主体的经济活动进行确认、计量、记录和报告。会计核算贯穿经济活动的全过程，会计核算职能是会计的首要（最基本）职能。

会计确认是指依据一定的标准，核实、辨认经济业务是否属于会计核算的内容，以及归属于哪类性质的业务的过程。会计计量是指主要以货币为计量单位对各项经济交易或事项及其结果进行计量的过程。会计记录是指对经过会计确认、会计计量的经济业务，采用一定方法填制会计凭证、登记会计账簿的过程。会计报告是以会计账簿记录为依据，采用表格和文字等形式，把会计凭证和会计账簿记录的会计资料进一步进行系统性加工汇总整理形成财务状况、经营成果和现金流量等的结构性表述的过程。

2. 会计的监督职能

会计监督职能，也称会计控制职能，是指会计人员在进行核算的同时，依据国家法律法规、政策以及会计准则，对特定主体经济活动和相关会计核算的真实性、合法性和合理性进行监督检查。

在上述会计监督的内容中，"真实性"，即要求经济活动是客观实际发生的，而不是虚构伪造的；"合法性"，即要求经济活动要符合国家有关法律法规；"合理性"，即要求经济活动要符合企业内部有关规定。

会计监督贯穿经济活动全过程，包括事前监督、事中监督和事后监督。事前监督，是指在经济活动发生前进行预测、决策，主要表现为对计划和预算的审查，是否与目标一致；事中监督，是指在经济活动发生过程中，对于发现的问题提出建议，促使有关部门采取措施，调整经济活动；事后监督，是指对已经发生的经济活动进行检查、分析、考核和评价。

3. 会计核算职能与监督职能的关系

会计的核算职能和监督职能是相辅相成、辩证统一的关系。

会计核算是会计监督的基础和前提条件，没有会计核算所提供的各种信息，会计监督就失去了依据；而会计监督是会计核算质量的保证，没有监督所提供的质量保障，会计核算就很难做到真实、可靠，也就失去了存在的意义。

会计基本职能的主要内容如图 1-1 所示。

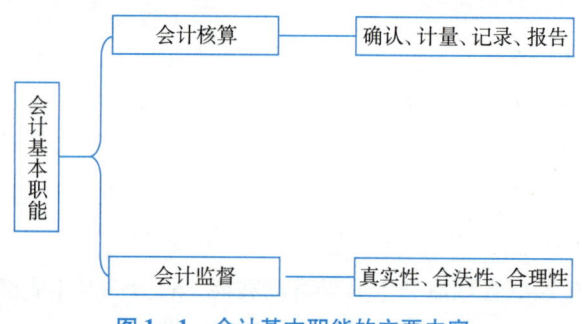

图 1-1 会计基本职能的主要内容

（二）会计的拓展职能

随着会计在经济生活中重要性不断提高，其职能范围也在不断扩大、延伸。除上述基本职能外，会计还具有预测经济前景、参与经济决策、评价经营业绩等拓展职能。

引例解析

在日常生活中，会计有多种含义。甲、乙、丙、丁四个人的看法都说明了会计含义的一部分，但每个人说的又不全面。会计是一项经济管理活动，一项为生产经营活动服务的社会实践，这就是说，会计是指会计工作。同时，会计工作实践势必有实践经验的总结和概括，就有会计理论，就有会计工作赖以进行的指导思想。会计是解释和指导会计实践的知识体系，是一门学科。可见，会计既包括会计理论，也包括会计实践；既指会计学科，也指会计工作。

四．会计对象

会计对象，是指会计核算和监督的内容，具体是指社会再生产过程中能以货币表现的经济活动。以货币表现的经济活动通常又称价值运动或资金运动。因此，会计核算和监督的内容即会计对象就是资金运动。

不同单位在社会再生产过程中经济活动的内容不同，其具体的资金运动就有所区别。制造业企业的资金运动最具代表性，下面以制造业企业为例，说明会计对象的具体内容。制造业企业资金运动通常表现为资金投入、资金运用（资金的循环与周转）和资金退出三个过程。

（一）资金投入

资金投入指的是资金进入企业。企业进行生产经营活动的前提是必须拥有一定数量的资金，资金投入包括所有者投入的资金和债权人投入的资金两部分，前者构成了企业的所有者权益，后者构成了企业的债权人权益（企业的负债）。投入企业的资产一部分形成了流动资产（如货币资金、原材料等），另一部分形成了非流动资产（如厂房、机器设备、专利权等）。资金投入是企业资金运动的起点。

（二）资金运用

企业将资金运用于生产经营活动，就形成了资金的循环与周转，具体分为供应过程、生产过程和销售过程三个阶段。

1. 供应过程

供应过程是生产的准备过程。在供应过程中，企业一般要用货币资金去购买材料物资，发生材料价款、运输费、装卸费等材料采购成本，与供应单位发生货款的结算关系，企业的资金从货币资金形态转化为储备资金形态。

2. 生产过程

生产过程是产品的制造过程。劳动者利用机器设备、生产工具对原材料进行加工制造，形成在产品、半成品，最后生产出产成品。通过生产过程中物化劳动和活劳动的耗费，材料物资转化为在产品或半成品，资金由储备资金形态转换为生产资金形态，随着产品完工，在产品或半成品成为产成品而进入成品仓库，生产资金形态转换为成品资金形态。

3. 销售过程

销售过程是产品价值的实现过程。在销售过程中，企业将生产的产品销售出去，收回货币资金，成品资金形态转换为货币资金形态。

由此可见，随着生产经营活动的进行，企业的资金从货币资金形态开始，依次经过供应过程、生产过程和销售过程三个阶段，分别表现为储备资金、生产资金、成品资金，最后又回到货币资金形态，这种资金运动的过程称为资金的循环。资金不断循环，称为资金周转。

（三）资金退出

企业收回的货币资金，在补偿生产耗费以后，还应偿还各种债务、上交各种税金、向投资者分配利润等，通过这些活动，一部分资金便离开企业，剩余的资金则留在企业，继续用于企业的再生产过程。

制造业企业的资金运动如图1-2所示。

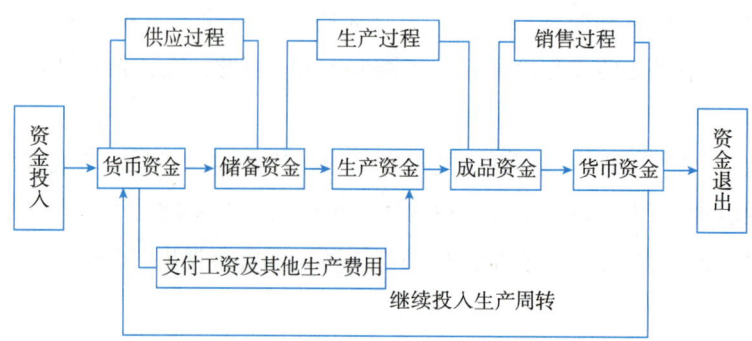

图1-2 制造业企业的资金运动

知识链接

商品流通企业和行政事业单位资金运动过程

商品流通企业的经营过程分为商品购进和商品销售两个过程。在商品购进过程中，货币资金转化为商品资金；在商品销售过程中，资金又由商品资金转化为货币资金。因此，商品流通企业的资金运动是沿着"货币资金—商品资金—货币资金"的方式循环周转。

行政、事业单位的资金主要来源于国家财政拨款。行政、事业单位的经济活动，一方面按预算从国家财政取得拨入资金，另一方面按预算以货币资金支付各项费用，因此其资金运动的形式为"资金拨入—资金付出"。

五、会计基本假设

会计基本假设又称会计核算的基本前提，是对会计核算所处时间、空间环境等所做的合理设定，是设计和选择会计方法的重要依据。

会计基本假设包括会计主体、持续经营、会计分期和货币计量。

（一）会计主体

会计主体是会计为之服务的对象，其对会计核算范围从空间上进行了有效的界定。一般来说，凡是进行独立核算的单位均为会计主体。

会计主体不同于法律主体。法律主体是指具有法人资格的单位，因而所有的法律主体都是一个会计主体；但是会计主体不一定都是法律主体，会计主体可以是独立法人，也可以是非法人，可以是一个企业，也可以是企业内部的一个单位，可以是一个单一的企业，也可以是由几个企业组成的企业集团。

（二）持续经营

持续经营是指在可预见的将来，会计主体将会按照当前的规模和状态持续经营下去，不会停业和破产，也不会大规模削减业务，即在可预见的未来，该会计主体不会停业清算，所持有的资产将正常运营，所负有的债务将正常偿还。

持续经营假设规定了会计核算的时间范围，为计量提供了理论依据。对企业来说，如果持续经营这一前提不存在了，那么，一系列的会计准则和会计方法也相应地会丧失其存在的基础，持续经营保证的是会计信息的稳定性和一致性。例如,企业购买了价值20万元的设备,预计使用年限为10年,按照平均年限法,每年应分摊折旧费用2万元,这个费用的分摊方法就是建立在持续经营假设的基础之上的。如果企业面临破产清算,这台设备就只能按照当时的公允价值去抵偿债务了。

(三) 会计分期

会计分期,又称会计期间,是指将一个会计主体持续经营的生产经营活动划分为一个个连续的、长短相同的期间,以便分期结算账目和编制财务会计报告,及时为信息使用者提供会计信息。

会计分期假设是对持续经营假设的补充,是持续经营的客观要求。企业经营活动从时间上来看是持续不断的,如果等全部经营过程结束后再核算,就无法及时满足信息使用者的信息需求,也不能满足自身管理的需要。因此,会计上就将连续不断的经营过程人为地划分为若干相等的时段,分段进行核算,分段编制财务报告,每一个时间段称为一个会计期间。

会计期间分为年度和中期。我国的会计年度自公历每年的1月1日起至12月31日止。会计中期是短于一个完整的会计年度的报告期间,包括半年度、季度、月度。

知识链接

世界各国的会计年度

中国、俄罗斯、德国等国家采用公历制,即从公历1月1日至12月31日为一个会计年度。
英国、加拿大、日本等国家采用四月制,即从4月1日至次年3月31日为一个会计年度。
澳大利亚、瑞典、埃及等国家采用七月制,即从7月1日至次年6月30日为一个会计年度。
美国、缅甸、泰国等国家采用十月制,即从10月1日至次年9月30日为一个会计年度。

(四) 货币计量

货币计量是指会计主体在会计确认、计量、记录和报告时采用货币作为统一的计量单位,反映会计主体的生产经营活动。

我国会计准则规定,会计核算以人民币作为记账本位币。业务收支以外币为主的企业,可以选定其中一种货币作为记账本位币,但编制的财务会计报告应当折算为人民币。在境外设立的中国企业向国内报送的财务会计报告,应当折算为人民币反映。

上述四个基本假设是相互联系、紧密结合的,会计主体确立了会计核算的空间范围,持续经营和会计分期确立了会计核算的时间长度,而货币计量为会计核算提供了必要手段。没有会计主体,就不会有持续经营;没有持续经营,就不会有会计分期;没有货币计量,就不会有现代会计。

六、会计基础

会计基础,是指企业在会计确认、计量、记录和报告的过程中所采用的基础,是确认一定会计期间的收入和费用,从而确定经营成果的标准。由于会计基本假设产生了本期和非本期的区别,出现了权责发生制和收付实现制的区别,因此会计基础有两种:权责发生制和收付实现制。

(一) 权责发生制

权责发生制,是指以取得收取款项的权利或支付款项的义务为标志来确定本期收入和费用,即凡是当期已经实现的收入和已经发生或者应当负担的费用,无论款项是否收付,都应当作为当期的收入和费用,计入利润表;凡是不属于当期的收入和费用,即使款项已在当期收付,也不应当作为当期的收入和费用。

在实务中,企业交易或者事项的发生时间与相关款项收付时间有时并不完全一致。例如,本期款项已经收到,但销售并未实现而不能确认为本期的收入;或者款项已经支付,但与本期的生产经营活动无关而不能确认为本期的费用。例如,某公司5月销售商品一批,价值8 000元,7月收到货款,在权责发生制下,8 000元货款应确认为该公司5月的收入。为了真实、公允地反映特定会计期间的财务状况和经营成果,企业应当以权责发生制为基础进行会计确认、计量、记录和报告。

(二) 收付实现制

收付实现制,是指以现金的实际收付为标志来确定本期收入和费用,即凡是本期收到的款项的收入或支出款项的费用,不管款项是否归属于本期,均确认为本期的收入和费用;凡是本期未实际收到的款项的收入或未实际支付款项的费用,即使应当归属于本期,也不能作为本期的收入或费用。上例中,8 000元货款由于是在7月收到,在收付实现制下应确认为7月收入。

在我国,政府会计由预算会计和财务会计构成。其中,预算会计采用收付实现制,国务院另有规定的,依照其规定;财务会计采用权责发生制。

【情境训练1-1】

佳美服饰有限公司20×5年7月发生相关经济业务如下:

(1) 购买办公用品10 000元,用银行存款支付;
(2) 预付下半年度房屋租赁费72 000元;
(3) 销售商品20 000元,款项未收到;
(4) 收回外单位5月所欠货款30 000元;
(5) 以银行存款支付6月水电费2 500元;
(6) 预收货款10 000元,款项已存入银行;
(7) 购买材料40 000元,用银行存款支付25 000元,余款尚未支付;
(8) 销售商品35 000元,收到银行存款20 000元,余款尚未收到。

根据权责发生制和收付实现制,佳美服饰有限公司7月收入与费用如表1-1所示。

表1-1 两种会计基础下的收入和费用情况

交易序号	权责发生制		收付实现制	
	收入(元)	费用(元)	收入(元)	费用(元)
(1)		10 000		10 000
(2)		12 000		72 000
(3)	20 000		0	
(4)	0		30 000	
(5)		0		2 500
(6)	0		10 000	
(7)		40 000		25 000
(8)	35 000		20 000	
合计	55 000	62 000	60 000	109 500

分析提示：

权责发生制：属于当期的收入、费用应当确认为当期收入、费用，不以是否收付货币为依据。

收付实现制：收到货币当期确认收入，支付货币当期确认费用。

任务二　了解会计工作

任务引例

佳美服饰有限公司于年末发现公司销售萎缩，无法实现年初设定的销售收入目标。考虑在春节前后，公司销售可能会出现较大幅度的增长，公司为此提前预计库存商品销售，在年末制作了若干存货出库凭证，并确认销售收入实现。

讨论： 你认为佳美服饰有限公司的做法正确吗？如果不正确，违背了哪一项会计信息质量要求？

知识讲解

一、会计的目标

会计的目标是指会计所需要达到的目的，是要求会计工作完成的任务或达到的标准。《企业会计准则——基本准则》中明确指出，财务会计报告的目标是"向财务会计报告使用者提供与企业财务状况、经营成果和现金流量等有关的会计信息，反映企业管理层受托责任履行情况，有助于财务会计报告使用者作出经济决策"。从这一表述来看，会计一方面要反映企业的受托责任，另一方面要满足财务会计报告使用者的决策需要。

二、会计信息使用者及其质量要求

（一）会计信息使用者

1. 企业外部的信息使用者

（1）投资者（或股东）

这里的投资者包括两层含义：一是现存的投资者；二是潜在的、未来的投资者。投资者最关心的是其权益的风险，投资能否增值，投资报酬或投资回报有多大，能否满足其期望的投资收益要求。这些决定投资者是否向企业投资、是否还要追加投资、是否需要收回或转让投资。因此，投资者阅读与分析报表的重点是企业的获利能力、投资回报率及企业经营的风险水平，以此做出自己的投资决策。

（2）债权人

企业的债权人包括银行、非金融机构（如财务公司、保险公司等）、企业债券的购买者等。债权人把资金贷给公司，其目标是收回本金，并获得约定的利息收入。所以，债权人关心的是企业的偿债能力，包括短期偿债能力和长期偿债能力，而并非企业的盈利能力。

(3) 政府及其相关部门

政府对几乎所有的企业实行程度不等的管理，了解企业所承担的义务情况。如税务部门使用会计信息确定企业生产经营成果和税源，国有资产管理部门使用信息掌握、监控企业国有资产保值增值情况，审计机关使用信息保证企业是否遵守有关的财经纪律，证券管理部门使用信息对上市公司进行审查和监管。

(4) 社会公众

社会公众也关心企业的生产经营活动，包括对所在地区做出的贡献、刺激消费、环境保护、提供社区服务等。因此，在会计信息中提供有关企业发展前景及其能力、经营效益及其效率等方面的信息，可以满足社会公众的信息需要。

(5) 供应商

与企业债权人向企业提供债务融资情况相似，供应商在向企业提供商品或劳务后也成为企业的债权人。他们必须判断企业能否支付所购商品或劳务的价款。大多数商品或劳务供应商对企业的短期偿债能力十分关注，有些供应商可能与企业存在较为长久的稳固的经济联系，因此，也会对企业的长期偿债能力予以额外关注。

(6) 客户

客户指企业产品的购买者，在许多情况下，企业可能成为某个客户的重要的商品或劳务供应商，此时，客户就会关心企业能否长期持续经营下去，能否与之建立并维持长期的业务关系，能否为其提供稳定的货源。

2. 企业内部的信息使用者

(1) 经营者

经营者即企业的经营管理人员，他们受企业业主或股东的委托，对投入企业资本的保值和增值担负责任。经营者负责企业的日常经营活动，必须确保公司支付给股东与风险相适应的投资回报，及时偿还企业各种到期债务，使企业的各种经济资源得到充分有效的利用，为企业不断获得盈利。因此，经营者不仅关心企业经营成果的表现，还关心企业财务状况变化的原因和企业经营发展的趋势。

(2) 企业职工

企业职工通常与企业存在长久、持续的关系，他们关心工作岗位的稳定性、工作环境的安全性以及获取报酬的前景。因而，他们对企业的获利能力和偿债能力比率都会予以关注。

（二）会计信息质量要求

会计信息质量要求是对企业财务报告所提供会计信息质量的基本要求，是使财务报告所提供会计信息对投资者等信息使用者决策有用应具备的基本特征，主要包括可靠性、相关性、可理解性、可比性、实质重于形式、重要性、谨慎性和及时性等。

1. 可靠性

可靠性又称真实性、客观性，要求企业应当以实际发生的交易或者事项为依据进行会计确认、计量、记录和报告，如实反映符合确认和计量要求的各项会计要素及其他相关信息，保证会计信息真实可靠、内容完整。

企业的会计信息要满足会计信息使用者的决策需要，必须做到内容真实、数字准确、资料可靠。如果企业的会计核算不是以实际发生的交易或事项为依据，企业的会计信息就是不可靠的，就会误导会计信息使用者，会计工作也就失去了其存在的意义。

2. 相关性

相关性又称有用性，要求企业提供的会计信息应当与财务会计报告使用者的经济决策需要相关，有助于财务会计报告使用者对企业过去、现在或者未来的情况做出评价或者预测。

为了使企业提供的会计信息对信息使用者有用，会计核算的整个过程必须与信息需要相关联。企业在选择会计核算程序和方法时必须考虑企业经营特点和管理的需要，设置账簿时要考虑有利于信息的输出和不同信息使用者的需要。

值得注意的是，会计信息的相关性应以可靠性为基础，在可靠性的前提下尽可能做到相关性，不能把两者对立起来。

3. 可理解性

可理解性要求企业提供的会计信息应当清晰明了，便于财务会计报告使用者理解和使用。

企业提供会计信息的目的在于使信息使用者有效使用会计信息，让其了解会计信息的内涵和会计信息的内容，这就要求财务会计报告所提供的会计信息应当清晰明了，便于理解和运用。

4. 可比性

可比性要求企业提供的会计信息应当相互可比，可比性要求包括两层含义：

（1）纵向可比

同一企业不同时期发生的相同或者相似的交易或者事项，应当采用一致的会计政策，不得随意变更。纵向可比便于会计信息使用者了解并比较同一企业在不同时期的会计信息，客观地评价过去、预测未来，从而做出决策。

（2）横向可比

不同企业同一会计期间发生的相同或者相似的交易或者事项，应当采用规定的会计政策，确保会计信息口径一致、相互可比。横向可比便于会计信息使用者评价不同企业的财务状况、经营成果和现金流量及其变动情况等。

5. 实质重于形式

实质重于形式要求企业应当按照交易或者事项的经济实质进行会计确认、计量、记录和报告，不应仅以交易或者事项的法律形式为依据。

企业发生的交易或事项在多数情况下，其经济实质与法律形式是一致的，但是也有例外。例如，融资租入的固定资产，在租赁期满以前，所有权没有转移给承租人，从法律形式来看，企业并不拥有其所有权，但从经济实质来看，与该项固定资产相关的收益和风险已经转移给承租人，承租人实际也能行使对该项固定资产的控制，因此承租人应该按照实质重于形式的要求，将融资租入固定资产视同自有固定资产进行会计确认、计量、记录和报告。

6. 重要性

重要性要求企业提供的会计信息应当反映与企业财务状况、经营成果和现金流量等有关的所有重要交易或者事项。

重要性的应用需要依赖职业判断，主要从业务的金额和性质两个方面加以确定。如果一项业务的金额在收入、费用或资产总额中所占的比重较大，就应当严格按照规定的会计方法和程序进行核算；反之，可以采用简单的方法和程序进行核算。如果一项经济业务比较特殊，不对它单独反映就有可能遗漏重要事实，就应当严格核算，单独反映，提请注意；反之，就不需要单独反映和提示。

7. 谨慎性

谨慎性要求企业对交易或者事项进行会计确认、计量、记录和报告应当保持应有的谨慎，不应高估资产或者收益、低估负债或者费用。

谨慎性要求会计在面临不确定性因素进行职业判断时，保持应有的谨慎，充分估计各种风险或损失，不应高估资产或者收益、低估负债或者费用。例如，企业的资产有迹象表明发生减值，就应按照谨慎性要求计提资产减值准备。但是，谨慎性的应用也不允许企业设置秘密准备，如果企业故意低估资产或收益、高估负债或者费用，将不符合会计信息的可靠性和相关性要求，损害会计信息质量，从而对使用者的决策产生误导，是企业会计准则所不允许的。

8. 及时性

及时性要求企业对已经发生的交易或者事项，应当及时进行会计确认、计量、记录和报告，不得提前或者延后。

会计信息具有时效性，即使是可靠、相关的会计信息，如果不及时提供，也失去了时效性。在会计确认、报告过程中贯彻及时性，一是要及时收集会计信息，即在经济交易或者事项发生后，及时收集整理各种原始单据；二是要及时处理会计信息，编制财务会计报告；三是要及时传递会计信息，将编制的财务会计报告及时传递给财务报告使用者，便于其使用和决策。

引例解析

佳美服饰有限公司的做法显然是不正确的，该做法不是以实际发生的交易事项为依据，而是虚构的交易事项，违背了会计信息质量要求的可靠性原则，也违背了我国会计法的规定。

三、会计核算方法

会计核算方法是指对会计主体进行核算和监督时所采用的方法，主要包括设置账户、复式记账、填制和审核会计凭证、登记账簿、成本计算、财产清查、编制财务报告7种方法。

1. 设置账户

设置账户是一种对会计对象的具体内容进行分类核算和监督的专门方法。会计对象所包含的内容非常广泛，为了对经济业务进行有效的核算和监督，就必须对会计对象进行科学的分类，为每一类会计对象设置一个账户，分别登记它们的增加、减少和结存情况，以便为经济管理提供所需要的各种信息和数据。

2. 复式记账

复式记账是一种对所发生的每项经济业务，以相等的金额，同时在两个或两个以上相互联系的账户中进行登记的记账方法。企业任何一种经济业务发生都有其来龙去脉，如企业购买原材料，采用复式记账方法，一方面记录银行存款的减少，另一方面记录原材料的增加，这样既可以全面反映每一笔经济业务的全貌，又便于试算平衡，核对账簿记录是否正确。

3. 填制和审核会计凭证

会计凭证是记录经济业务事项、明确经济责任的书面证明，是登记账簿的依据。填制和审核会计凭证是在每项经济业务发生后，将其发生时间、内容、数量和金额在会计凭证上记录，保证会计资料真实、完整的有效手段。

4. 登记账簿

登记账簿，简称记账，是一种以审核无误的会计凭证为依据，将经济业务的内容连续、系统地记录在账页上的专门方法。通过登记会计账簿，能将分散的经济业务进行汇总，连续、系统地提供每一类经济活动完整的资料，了解经济活动发展变化的全过程。

5. 成本计算

成本计算是一种通过对成本计算对象进行归集和分配，从而计算出不同成本计算对象的总成本和单位成本的专门方法。如制造业企业生产经营各阶段都会有各项费用的发生或支付，为了考核各个阶段费用支出的多少和成本水平的高低，必须分别按照材料采购品种、数量以及生产产品的品种、数量归集费用，计算其总成本和单位成本。通过成本计算，可以考核企业物化劳动和活劳动的耗费程度，从而为成本控制、价格决策和经营成果的确定提供有用的资料。

6. 财产清查

财产清查是一种对各项财产物资、货币资金进行实物盘点，对各项往来款项进行核对，以查明其实有数的专门方法。具体做法是将实物盘点的结果和账面进行对比，将企业的债权、债务金额逐笔与对方单位核对，如发现账实不符，应立即查明原因，确定责任，并调整账面记录，做到账实相符。财产清查既加强了财产物资的管理，又保证了会计资料的准确性和真实性。

7. 编制财务报告

编制财务报告是一种根据日常会计核算的资料汇总整理，以特定表格的形式定期并总括地反映一定时期会计主体的经济活动情况和结果的专门方法。

一般在经济业务发生以后，首先，要填制或取得并审核原始凭证，按照设置的会计账户，运用复式记账法，编制记账凭证；其次，要根据会计凭证登记会计账簿，根据会计账簿和有关资料，对生产经营过程中发生的各项费用进行成本计算，并依据财产清查的方法对账簿的记录加以核实；最后，在账实相符的基础上，根据会计账簿编制财务报告。

在会计核算过程中，填制和审核会计凭证是开始环节，登记账簿是中间环节，编制财务报告是最后环节。会计核算的7种方法相互联系、相互配合，形成一个完整的方法体系，如图1-3所示。

四、会计工作组织

会计工作是一项复杂细致的综合性经济管理工作，为充分履行会计的职能，必须科学地组织会计工作，会计工作组织包括以下四个方面：

1. 设置会计机构

会计机构是各单位从事会计工作的职能部门。《会计法》规定：各单位应当根据会计业务的需

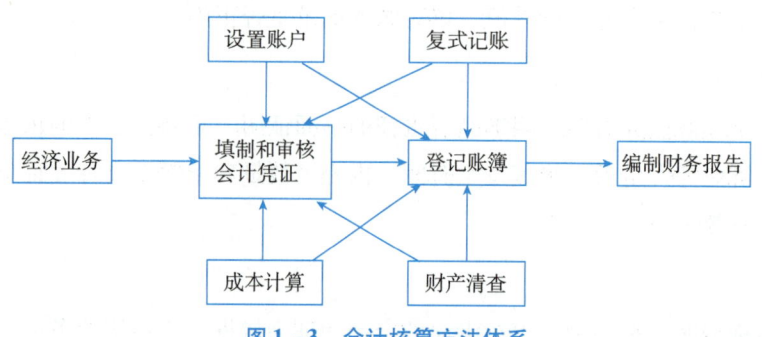

图 1-3 会计核算方法体系

要，设置会计机构，或者在有关机构中设置会计人员并指定会计主管人员，不具备设置条件的，应当委托经批准设立从事会计代理记账业务的中介机构代理记账。

会计机构常用的称谓为会计（财务）部（处、科、股、组）等，各单位的会计机构，在行政领导人的领导下开展会计工作。在设置总会计师的单位，其会计机构由总会计师直接领导，负责组织和监督本单位财务工作，制定本单位的财务会计制度，处理本单位的财务收支，并对本单位的经济活动进行核算汇总，编制本单位的会计报表，同时接受上级主管部门的指导和监督。

2. 配备会计人员

会计人员是直接从事会计工作的专业技术人员。《会计法》规定，会计人员的职责包括以下四个方面：第一，进行会计核算；第二，进行会计监督；第三，拟定本单位办理会计事务的具体办法；第四，参与制订经济计划、业务计划，编制预算和财务计划，考核分析其执行情况。

会计机构负责人应根据本单位的具体情况，合理安排工作岗位、工作量，要使会计人员分工协作、密切配合、井然有序地做好会计工作。会计工作岗位可一人一岗，也可一人多岗或一岗多人，但出纳人员不得兼管稽核、会计档案保管和收入、费用、债权债务账目的登记工作，对会计人员的工作岗位要有计划地进行轮换、交流。会计工作岗位设置由单位根据会计业务的需要确定，一般包括会计主管、出纳、财产物资核算、成本费用核算、财务成果核算、资金核算、往来核算、总账报表、稽核等岗位。

知识链接

会计人员的专业技术职务

会计人员的专业技术资格分为初级、中级和高级三个层次，即助理会计师、会计师和高级会计师。其中，初级会计专业技术资格和中级会计专业技术资格实行全国统一考试，高级会计专业技术资格采用考、评结合的办法。会计专业技术资格实行全国统一组织、统一考试时间、统一考试大纲、统一考试命题、统一合格标准的考试制度。

目前，会计专业初级资格考试科目为初级会计实务和经济法基础两科，参加初级资格考试的人员，必须在一个考试年度内通过两个科目的考试。会计专业中级资格考试科目为中级会计实务、财务管理、经济法三科，参加考试的人员必须在连续两个考试年度内通过全部科目的考试。

3. 制定会计规章制度

会计规章制度是进行会计工作的依据，是进行会计工作和会计核算的保障，各单位应根据《会计法》《企业财务会计报告条例》《会计基础工作规范》等会计法规，按照国家统一会计制度，结合本单位的业务特点和管理要求，制定财务管理制度和会计核算办法。

知识链接

会计职业道德

会计职业道德是会计人员在进行会计活动、处理会计关系时所形成的职业规律、职业观念和职业原则等的总和。它既是会计行业对本行业人员在职业活动中行为的要求，又是会计行业对社会所应负的道德责任与义务。会计职业道德的内容包括八个方面：

（1）爱岗敬业。要求会计人员正确认识会计职业，树立职业荣誉感；热爱会计工作，敬重会计职业；安心工作，任劳任怨；严肃认真，一丝不苟；忠于职守，尽职尽责。

（2）诚实守信。要求会计人员做老实人，说老实话，办老实事，不搞虚假；保密守信，不为利益所诱惑；执业谨慎，信誉至上。

（3）廉洁自律。要求会计人员树立正确的人生观和价值观；公私分明、不贪不占；遵纪守法，一身正气。

（4）客观公正。要求会计人员端正态度，依法办事；实事求是，不偏不倚；如实反映，保持应有的独立性。

（5）坚持准则。要求会计人员熟悉国家法律、法规和国家统一的会计制度，始终坚持按法律、法规和国家统一的会计制度的要求进行会计核算，实施会计监督。

（6）提高技能。要求会计人员具有不断提高会计专业技能的意识和愿望；具有勤学苦练的精神和科学的学习方法，刻苦钻研，不断进取，提高业务水平。

（7）参与管理。要求会计人员在做好本职工作的同时，努力钻研业务，全面熟悉本单位经营活动和业务流程，主动提出合理化建议，积极参与管理，使管理活动更有针对性和实效性。

（8）强化服务。要求会计人员树立服务意识，提高服务质量，努力维护和提升会计职业的良好社会形象。

4. 会计档案管理

会计档案是指会计凭证、会计账簿和会计报表以及其他有关财务工作的文件，它是记录和反映经济业务的重要史料和证据。各单位必须加强对会计档案管理工作的领导，建立、健全会计档案的立卷、归档、保管和销毁等管理制度，切实把会计档案管好。

五、会计基本工作流程

会计基本工作流程是会计人员在会计期间内，按照国家规定的会计制度，运用一定的会计方法，遵循一定的会计步骤对经济业务事项进行记录、计算、汇总、报告，从填制和审核会计凭证开始，到登记会计账簿，直至形成会计报表的过程。通常，将这种依次发生、周而复始的会计处理过程称为会计循环。

会计处理过程包括期初账务处理、日常账务处理和期末账务处理三个阶段。

（一）期初账务处理

典型工作任务是建账，各单位应按照国家统一会计制度的规定，建立会计账簿，在账簿中登记有关账户的期初余额。

（二）日常账务处理

典型工作任务是制单和记账。

（1）根据实际发生的经济业务事项，填制和审核会计凭证（制单）。

（2）根据审核无误的会计凭证，登记账簿（记账、过账）。账簿包括日记账、明细分类账、总分类账和备查账等。总分类账可以根据记账凭证逐笔登记，还可以定期对记账凭证进行汇总，编制"科目汇总表"或"汇总记账凭证"，据以登记总分类账。

（三）期末账务处理

典型工作任务是编报。

（1）账项调整。根据账簿记录进行相关费用提取、摊销以及损益结转的账务处理。

（2）结账、对账。做到账证相符、账账相符和账实相符。

（3）编制会计报表。

思政在线

中国会计发展史

中国会计最早出现于商朝的甲骨文。我国早在西周时期就设有专门核算官方财物收支的官职——司会，对财物收支采取了"月计岁会"的方法，又设司书、职内、职岁、职币四职来管理会计业务，其中司书掌管会计账簿，职内掌管财务收入账户，职岁掌管财务支出账户，职币掌管财务结余，同时建立了定期会计报表制度、专仓出纳制度、财务稽核制度等，初步形成了会计工作组织系统。

春秋时期，孔子提出了中国最早的会计原则："会计当而已矣"，意思就是会计要平衡、真实、准确，与现在的"可靠性"原则相似。

唐宋时期出现了"四柱结算法"和"四柱清册"。"四柱结算法"是按照"旧管"（上期结存）、"新收"（本期收入）、"开除"（本期支出）、"实在"（期末结存）这"四柱"特定的格式，定期结算账目的一种会计方法。"四柱清册"是以"四柱"为基本格式，以"四柱结算法"为基本方法所编制的一种会计报告。"四柱结算法"集中归结了中式会计的基本原理，是中式会计方法体系的核心与精髓。

明清时期是中国单式簿记的持续发展和复式簿记产生的时期。随着资本主义经济关系的萌芽和产生，在民间商界产生了中国固有的复式记账法：①"龙门账"。它把全部经济事项划分为"进"（各项收入）、"缴"（各项支出）、"存"（各项资产）、"该"（各项负债和资本）四大类，遵循"有来必有去，来去必相等"的记账规则处理账目。②"四脚账"，又名"天地合账"。此种账法有两种结册编制，一为"彩项结册"，相当于近代的"损益计算表"；二为"存除结册"，相当于近代的"资产负债表"。这两种账法代表中国会计的先进水平。

20世纪初，我国学者蔡锡勇编写了《连环账谱》，谢琳、孟森合编了《银行簿记学》，正式将西方会计学的借贷记账法引入我国，从而拉开了我国学习引进西方簿记的序幕。

中华人民共和国成立初期，基于进行大规模社会主义经济建设的需要，我国先后制定出多种统一的会计制度，强化了对会计工作的组织和指导。党的十一届三中全会后，会计工作受到前所未有的重视，1985年1月颁布的《中华人民共和国会计法》成为我国第一部会计大法，并于1993年和

2017年进行了两次修订。随着市场经济的发展和对外开放的需要，财政部1992年颁布了《企业会计准则》和《企业财务通则》，对原有的会计制度进行了进一步改革，奠定了我国会计国际化的基石。同年，财政部颁发了13个行业的企业会计制度，1998年颁布了股份制企业公司会计制度。为了进一步规范企业会计核算工作，提高信息质量，财政部于2000年颁布了统一的《企业会计制度》，2004年4月颁布了《小企业会计制度》。

为了加强中国会计国际协同，财政部于2006年2月发布了新的《企业会计准则》，它由1项基本准则和38项具体准则组成，这是我国会计规范体系建设的一个里程碑事件。2010年4月，财政部公布了《中国企业会计准则与国际财务报告准则持续趋同路线图》，旨在实现中国企业会计准则与国际财务报告准则的持续趋同。2010年和2017年，财政部又先后发布了新订和修订的若干企业会计准则。至此，我国由1项基本准则和40多项具体准则以及相关应用指南构成的企业会计准则体系基本建成，实现了与国际财务报告准则的实质性趋同。

在人类文明发展演进的漫长旅程中，中国会计因其完备的制度设计、超卓的思想见识、长期领先的专业技术、深厚的历史文化积淀而独树一帜，对世界尤其是周边国家会计文化的进步产生了深远影响。

项目小结

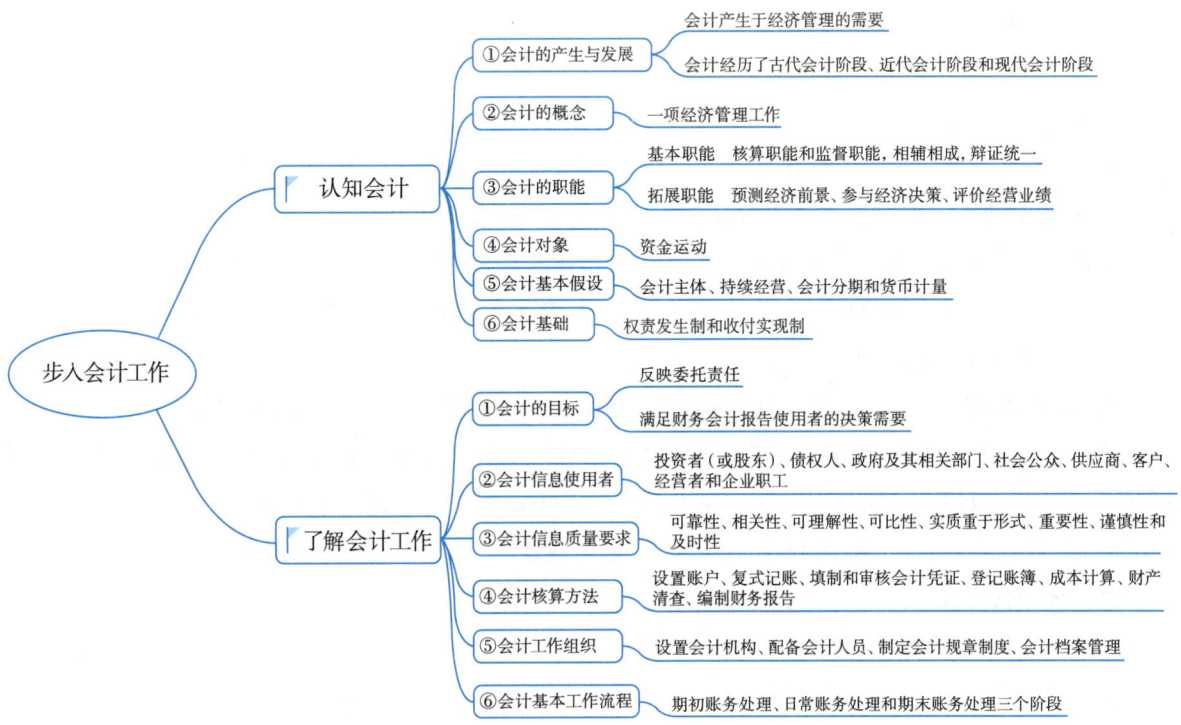

项目训练与测试

一、单项选择题

1. 会计的基本职能是（　　）。
   A. 核算和监督　　B. 分析和考核　　C. 预测和决策　　D. 以上说法都对

2. 会计是以（　　）为主要计量单位。
   A. 实物　　B. 货币　　C. 劳动量　　D. 价格

3. 会计核算和监督的内容是特定主体的（　　）
   A. 实物运动　　B. 资金运动　　C. 经济资源　　D. 经济活动

4. 明确（　　）是组织会计核算工作的首要前提，因为它界定了会计活动的空间范围和会计人员的责权范围。
   A. 会计主体　　B. 持续经营　　C. 货币计量　　D. 会计分期

5. 下列各项中，不属于企业会计基本假设的是（　　）。
   A. 货币计量　　B. 会计主体　　C. 实质重于形式　　D. 持续经营

6. （　　）是指在正常情况下，会计主体的生产经营活动按既定的经营方针和预定的经营目标会无限期地经营下去，在可预见的未来，不会停产倒闭。
   A. 会计主体　　B. 持续经营　　C. 货币计量　　D. 会计分期

7. 不同企业发生的相同或相似的交易或事项，应采用规定的会计政策，确保会计信息口径一致，体现了（　　）要求。
   A. 可靠性　　B. 可比性　　C. 可理解性　　D. 及时性

8. 根据权责发生制，以下属于20×5年8月收入或费用的是（　　）
   A. 8月支付20×5年的房屋租金　　B. 商品在8月销售，但是货款尚未收到
   C. 8月缴纳7月水电费　　D. 8月收到一笔款项，商品还未完工

9. 我国企业会计核算的基础是（　　）。
   A. 收付实现制　　B. 现金收付制　　C. 权责发生制　　D. 现收现付制

10. 某企业6月采购10 000元办公用品交付使用，支付第二季度短期借款利息6 000元，其中4—5月累计计提利息4 000元。不考虑其他因素，该企业6月应确认的费用为（　　）元。
    A. 12 000　　B. 10 000　　C. 6 000　　D. 5 500

二、多项选择题

1. 会计核算的基本前提有（　　）。
   A. 会计主体　　B. 持续经营　　C. 核算与监督　　D. 货币计量
   E. 会计分期

2. 会计信息的使用者包括（　　）。
   A. 投资者和债权人　　B. 供应商
   C. 企业内部经营管理者　　D. 政府部门
   E. 社会公众

3. 会计的产生和发展大致经历了（　　）三个阶段。
A. 古代会计阶段　　B. 近代会计阶段　　C. 科学会计阶段　　D. 现代会计阶段
4. 可比性包括（　　）两个方面。
A. 纵向可比　　　　B. 内外可比　　　　C. 横向可比　　　　D. 历史可比
5. 会计期间可以分为（　　）。
A. 月度　　　　　　B. 季度　　　　　　C. 半年度　　　　　D. 年度
6. 下列各种方法中，属于会计核算方法的是（　　）。
A. 设置账户　　　　B. 预测决策　　　　C. 财产清查　　　　D. 登记账簿
7. 下列各项中，属于会计信息质量要求的有（　　）。
A. 可靠性　　　　　B. 相关性　　　　　C. 连续性　　　　　D. 实质重于形式
8. 下列说法正确的有（　　）。
A. 法律主体一定是会计主体，会计主体不一定是法律主体
B. 会计主体假设界定了从事会计工作和提供会计信息的空间范围
C. 会计主体可以是企业中的一个特定部分，也可以是几个企业组成的企业集团
D. 会计人员只能核算和监督所在会计主体的经济业务，不能核算和监督其他主体的经济业务
9. 下列各项中，可确认为会计主体的有（　　）。
A. 子公司　　　　　B. 销售部门　　　　C. 集团公司　　　　D. 母公司
10. 下列各项中，关于企业会计信息可靠性表述正确的有（　　）。
A. 企业应当保持应有的谨慎，不高估资产或者收益、不低估负债或费用
B. 企业提供的会计信息应当相互可比
C. 企业应当保证会计信息真实可靠、内容完整
D. 企业应当以实际发生的交易或事项为依据进行确认、计量、记录和报告

三、判断题

1. 各企业可以自行制定会计制度，进行会计核算。（　　）
2. 会计监督职能是指会计人员在进行会计核算之后，对特定的主体经济活动的合法性、合理性进行审查。（　　）
3. 权责发生制基础要求以收到或支付的现金作为确认收入和费用的依据。（　　）
4. 法律主体一定是会计主体，但会计主体不一定是法律主体。（　　）
5. 会计以货币作为唯一的计量单位。（　　）
6. 会计主体是指会计工作服务的特定对象，是企业会计确认、计量、记录和报告的时间范围。（　　）
7. 预测和决策非常重要，因此是会计的基本职能。（　　）
8. 企业应当以实际发生的交易或事项为依据进行确认、计量、记录和报告，体现了可靠性信息质量要求。（　　）
9. 会计是一项经济管理活动。（　　）
10. 会计核算职能是会计监督职能的保障。（　　）

四、业务题

资料：某企业 20×5 年 6 月发生以下经济业务：

（1）销售商品 30 000 元，款项已收到并存入银行；

（2）用银行存款支付本月广告费 20 000 元；

（3）收到 A 单位预付货款 50 000 元，款项已存入银行；

（4）销售商品 25 000 元，尚未收到货款；

（5）支付本季度借款利息 3 000 元（每月 1 000 元）；

（6）收到 B 单位 2 月所欠购货款 60 000 元，款项存入银行；

（7）预付第三季度财产保险费 1 500 元。

要求：分别用权责发生制和收付实现制计算该企业 20×5 年 6 月的收入和费用。

业务序号	权责发生制		收付实现制	
	收入（元）	费用（元）	收入（元）	费用（元）
（1）				
（2）				
（3）				
（4）				
（5）				
（6）				
（7）				
合计				

五、思考题

1. 简述会计核算和会计监督的关系。
2. 会计信息质量要求有哪些？如何理解"实质重于形式"原则？
3. 会计基本假设的基本内容有哪些？
4. 权责发生制和收付实现制的核心区别是什么？

项目二 会计基础知识

学习目标

知识目标：

了解会计要素的含义，理解各会计要素的特征、确认条件及分类，掌握反映各会计要素平衡关系的会计等式，掌握经济业务对会计等式的影响；理解会计科目的含义、分类及设置原则，掌握会计科目名称及其与会计账户的区别；了解会计记账方法的种类，掌握复式记账法的记账原理。

能力目标：

掌握不同经济业务涉及的会计要素及其对会计要素增减变动的影响；能划分不同经济业务涉及的会计科目及其账户；能够使用借贷记账法进行记账。

素质目标：

培养诚信做人、言而有信的道德品质；具备持续学习、与时俱进的人生态度；通过复式记账法引出因果关系，体会"种瓜得瓜，种豆得豆""少壮不努力，老大徒伤悲"等人生哲理，学会感恩，记感恩之心，强感恩之账。

任务一 会计要素与会计等式

任务引例

佳美服饰有限公司由张力、罗浩、王涛三人共同创立，注册资本500万元（其中三人各出资100万元，从银行借入长期借款200万元）。企业筹建发生以下支出：购建厂房200万元，购买设备150万元，购买材料100万元，留存现金50万元。

讨论：佳美服饰有限公司筹办及经营事项如何用会计语言进行表述？

知识讲解

一、会计要素

会计要素是对会计核算和监督的经济活动按照其经济特征进行基本分类后形成的若干要素，是会计核算对象的具体分类。会计要素按照其性质分为资产、负债、所有者权益、收入、费用和利润，其中，资产、负债和所有者权益是反映企业财务状况的静态会计要素，收入、费用和利润是反映企业经营成果的动态会计要素，如图2-1所示。

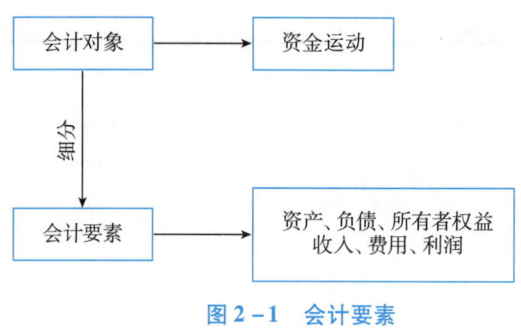

图2-1 会计要素

（一）资产

1. 资产的定义及特征

资产，是指由企业过去的交易或事项形成的、由企业拥有或控制的、预期给企业带来经济利益的资源。根据资产的定义，资产的特征如下：

（1）资产是由过去的交易或事项形成的。资产应当由企业过去的交易或事项形成，过去的交易或事项包括采购、建造、生产、销售等行为。资产必须是过去的交易或事项已经实现的现实资产，不能是预计未来发生的交易或事项产生的结果，因此，未来发生的交易或事项不能形成资产。例如，企业与供应商4月签订购买原材料的合同，约定发货付款时间在5月，那么原材料应该作为5月的资产进行核算，而不是4月的。

（2）资产是由企业拥有或控制的资源。资产作为企业的一项资源，必须是由企业拥有或者控制的，拥有即享有某项资源的所有权，控制即虽然不拥有其所有权，但该资源带来的经济利益的流入一直能够为企业所控制，本质上就是该企业一直享有资源所带来的经济利益。例如，租赁固定资产，承租方并不拥有租入固定资产的所有权，但是由于承租方在租赁期间控制该固定资产的使用，实质上一直享有其带来的经济利益，因此，企业对租入的固定资产具有控制权，应将其作为自己的使用权资产进行会计核算。

（3）资产预期能给企业带来经济利益。资产具有可以直接或间接使现金及现金等价物流入企业的潜力，资产的本质就是预期带来经济利益的流入，如果一项资产丧失了交换价值或者使用价值，即不能给企业带来经济利益的流入，那么应将其作为费用或者损失确认，不能再定义为资产。例如，已经霉烂变质的库存商品，尽管实物依旧存在，但是由于其不能使用或出售，不能给企业带来经济利益，因此不能将其仍作为资产核算，而应当将其作为一项资产的损失。

2. 资产的确认条件

将一项资产确认为资产，在符合资产定义的同时，还要满足以下两个条件：

（1）与该资源有关的经济利益很可能流入企业。能为企业带来经济利益是资产的本质特征，但是在现实生活中，由于经济环境瞬息万变，与资源有关的经济能够流入企业以及流入多少具有一定的不确定性。例如，赊销产生的应收账款，应收账款是资产也是债权，这笔资产有一定的不确定性，客户有可能按时付款，也有可能因为种种原因无法付款，只有当确定赊销款很可能收回时，才能确认为应收账款，不然就应该确认为损失。因此，资产的确认应该和经济利益流入企业的可能性相结合判断。

（2）该资源的成本或者价值能够可靠计量。只有当一项资源的成本或价值能够可靠估计时，才能将其确认为一项资产。例如，购买的原材料、生产的产品、建造的厂房，只有当这些资产的成本能够可靠估计时，才能确认为资产进行核算。

3. 资产的分类

资产按其流动性，可分为流动资产和非流动资产。

（1）流动资产

流动资产，是指预计在资产负债表日起一年内（含一年）或者一个正常营业周期内变现、出售、耗用、交换的资产或清偿负债能力不受限制的现金及现金等价物。主要包括货币资金、交易性金融资产、应收及预付款项、存货、合同资产等。

①货币资金，包括库存现金、银行存款、其他货币资金。

②交易性金融资产是指企业为了近期出售而持有的金融资产，如从二级市场上购入为了短期赚取买卖差价的股票、债券、基金等。

③应收及预付款项是指企业在生产经营过程中产生的各种短期债权，包括应收票据、应收账款、预付账款、其他应收款等。

④存货是指企业在生产过程或提供劳务过程中耗用的材料物料，处在生产过程中的在产品、半成品，准备出售的产成品或商品等。

⑤合同资产是指企业已向客户转让商品而有权收取对价的权利，且该权利取决于时间流逝之外的其他因素。例如，企业向客户销售两项可明确区分的商品 A 和商品 B，企业因已交付其中一项商品 A 而有权收取款项，但最终款项收回还取决于企业交付另一项商品 B，企业应当将 A 商品收款权利作为合同资产（和应收账款的区别）。

（2）非流动资产

非流动资产是指流动资产以外的资产，主要包括长期股权投资、债权投资、固定资产、无形资产、长期应收款等。

①长期股权投资通常是指企业长期持有，不准备随时出售的股票投资，投资方能够对被投资方施加不同程度的影响，按照其所持有的股份比例对被投资方享有权利及承担责任。

②债权投资是指按照摊余成本计量的金融资产，如对普通债券的投资，投资收益包括本金加利息的合同现金流量。

③固定资产是指使用超过一个会计年度，主要为了生产产品、提高劳务、出租或经营管理而持

有的长期资产，如厂房、设备。

④无形资产是指企业拥有或控制的没有实物形态但具有可辨认特征的非货币性资产。例如商标权、著作权、土地使用权等。

⑤长期应收款是指企业采用具有融资性质的分期收款销售商品和提供劳务，租赁产生的各种长期应收款项。

（二）负债

1. 负债的定义及特征

负债是由过去的交易或事项形成的，预期会导致企业经济利益流出的现时义务。根据负债的定义，负债的特征如下：

（1）负债是由过去的交易或事项形成的。负债是由已经发生的交易或事项形成的，企业将在未来发生的交易或事项，不能形成负债。例如，采购原材料时赊欠供应商的货款，作为应付账款核算；企业计划向银行贷款，由于未发生，不能确定为负债。

（2）清偿负债预期会导致经济利益流出企业。负债的清偿预期使经济利益流出企业是负债的一个本质特征，而偿还的方式也是多种多样的。例如，用现金、原材料、固定资产偿还债务，通过提供劳务的方式偿还，还可以将负债转为资本等。

（3）负债是企业承担的现时义务。负债必须是现行条件下企业已经存在的现时义务，而不能是还没有发生的潜在义务，也就是说，只有过去的交易或事项形成的才是企业现时义务，而还未发生的未来承诺不能形成现时义务。例如，过去向银行借款产生的偿还义务就属于现时义务，而计划向银行借款，由于借款事件还未发生，因而不能确认为企业的负债。

2. 负债的确认条件

将一项现时义务确认为负债，除要符合负债的定义外，还需要同时满足以下两个条件：

（1）与该义务有关的经济利益很可能流出企业。履行负债清偿的现时义务会导致经济利益流出企业，但在实务中，债务偿还使得经济利益的流出具有一定的不确定性，这就需要依靠职业判断进行估计，只有确定预期经济利益很可能流出企业的现时义务才能确定为负债。

（2）预期未来流出的经济利益能够可靠估计。负债的确认在确定经济利益很可能流出企业的同时，需要对其流出的金额进行可靠估计。

3. 负债的分类

按照债务偿还期限的长短，负债可分为流动负债和非流动负债。

（1）流动负债

流动负债是指偿还期限在自资产负债表日起一年内（含一年），或者超过一年的一个正常营业周期内，以及企业无权自主将清偿日期延迟至资产负债表日后一年以上的债务。具体包括短期借款、应付票据、应付账款、应付职工薪酬、应交税费、应付利息、应付股利、其他应付款、一年内到期的非流动负债等。

（2）非流动负债

非流动负债是指流动负债以外的其他负债，主要包括长期借款、应付债券、长期应付款、预计负债、递延收益等。

(三) 所有者权益

1. 所有者权益的定义

所有者权益,是指企业资产扣除负债后由所有者享有的剩余权益,又称股东权益。所有者权益是所有者对企业净资产的索取权,是企业资产扣除负债后所有者享有的净额,既可以反映对所有者投入资本的增值保值情况,又体现了对债权人权益的保护。

2. 所有者权益的特征

(1) 除非发生减资、清算及分配现金股利,企业不需要偿还所有者权益。

(2) 所有者凭借所有者权益有权参与企业利润分配及剩余财产的索取。

(3) 企业进行清算时,只有当企业偿还了所有债务后,剩余的财产才能返还给所有者。

根据以上特征,可以对比分析所有者权益与负债的区别:

(1) 负债是企业对债权人的责任,是需要偿还的现时义务;而所有者权益是企业对股东承担的责任,一般情况下接受的投资是不需要归还的。

(2) 债权人只享有按时收回本金及利息的权利,无权参与企业的经营管理及利润分配活动;而投资者既可以参与公司的经营管理,又享有利润分配的权利。

(3) 在企业进行破产清算时,负债具有优先求偿权,企业只有在清偿了所有债务以后,剩余的资产才能按照投资比例返还给投资者。

3. 所有者的确认条件

所有者权益是企业资产扣除负债后的所有者享有的净资产,因此,所有者权益的确认和计量依赖于资产和负债的确认和计量。例如,企业接受投资者投入的资产,当该项资产符合资产确认条件时,也就符合所有者权益的确认条件;该资产的价值能够可靠计量时,所有者权益的金额也就能够确定。

4. 所有者权益的内容

企业的资金来源于两个方面:一是债务来源,二是所有者投入。债务是债权人对企业资产的要求权,所有者权益是所有者对企业资产的要求权。所有者权益具体包括所有者投入资本(实收资本或股本、资本公积中的资本溢价或股本溢价)、其他综合收益、留存收益(盈余公积和未分配利润)等。

(1) 投入资本,是指投资者投入企业的各种财产物资,它既包括构成企业注册资本或者股本的部分(实收资本或股本),也包括投入资本超过投资者所占注册资本份额或股本的部分,这部分作为资本公积(资本溢价或股本溢价)来进行反映。

(2) 其他综合收益,是指企业根据会计准则规定未在当期损益中确认的各项利得和损失。

(3) 留存收益,是指从历年实现的利润中提取和留存于企业内部的积累,包括盈余公积和未分配利润。盈余公积是指企业按照国家法律规定及企业自己内部需求提取的一定公共积累;未分配利润是指企业年度终了累计的未分配利润或累计未弥补亏损,是留待以后年度分配或待分配的利润。

其他综合收益属于直接计入所有者权益的利得或损失,不在基础会计中学习,所以为了简化,所有者权益结构如图2-2所示。

资产、负债、所有者权益三大会计要素是反映企业某一特定时刻拥有的经济资源及其来源结

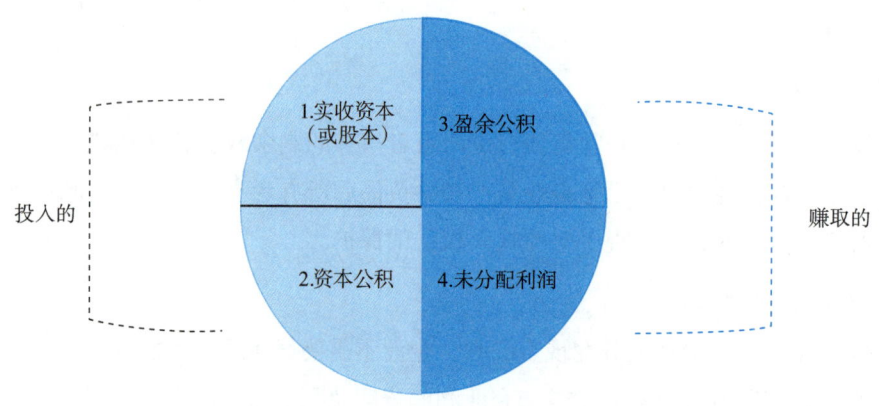

图 2-2 所有者权益结构

构,表明企业预期偿还债务流出的经济利益金额及企业投资者在总资产中所占的净额,从而体现出企业的偿债能力,是反映企业财务状况的静态会计要素。

引例解析

创办佳美服饰有限公司,三位创始人各投资 100 万元,属于所有者权益中的实收资本;从银行借入的 200 万元属于负债中的长期负债;筹建期间,购建厂房的 200 万元、购买设备的 150 万元属于资产中的固定资产;购买材料的 100 万元属于资产中的原材料;留存现金 50 万元属于资产中的银行存款。

(四)收入

会计要素2

1. 收入的定义及特征

收入是指日常的交易形成的、会导致所有者权益增加的、与所有者投入资本无关的经济利益的总流入,包括销售商品收入、提供劳务收入、租金收入等,但不包括为客户或第三方代收的款项。根据收入的定义,收入的特征如下:

(1)收入是企业在日常活动中形成的。日常活动是指企业为完成经营活动目标而进行经常性及与之相关的活动,并非偶然发生的交易或事项。例如,制造业销售商品、原材料,服务业提供劳务就属于日常经营活动。

(2)收入会导致所有者权益增加。收入会导致经济利益流入企业,同样会使企业的所有者权益增加。例如,销售商品并收到银行存款,使经济利益流入企业,收入的增加使利润增加,企业的所有者权益增加;而企业向银行借款,也使经济利益流入企业,但是由于并未使所有者权益增加,反而增加了一项企业的现时还款义务,因此,其不能视为收入,而应当视为一项负债。

(3)收入是与所有者投入资本无关的经济利益总流入。收入会导致企业经济利益的流入,是企业经营资产的所得。例如,销售商品收到货币资金,或形成债权将来收到经济利益的流入,才表明该交易满足收入的特征。但是接受投资者的投入也会使经济利益流入企业,而其并非日常经营活动形成的,因此,其不能确认为收入,而是直接作为所有者权益确认。

2. 收入的确认条件

企业获得收入的方式多种多样,即使不同收入来源的特点有所区别,但其确认收入的条件是相同的。当企业与客户之间的合同同时满足以下条件时,企业在客户取得商品控制权时确认收入:

(1) 合同各方已批准该合同并承诺将履行各自义务；

(2) 该合同明确了合同各方与转让商品或提供劳务相关的权利和义务；

(3) 该合同有明确的与转让商品或提供劳务相关的支付条款；

(4) 该合同具有商业实质，即履行该合同将改变企业未来现金流量的风险、时间分布及金额；

(5) 企业因向客户转让商品或提供劳务而有权取得对价而且很可能收回。

3. 收入的分类

按照企业从事日常经营活动的性质，收入可分为销售商品收入、提高劳务收入和让渡资产使用权收入；按照企业经营业务的主次，收入可以分为主营业务收入和其他业务收入。

知识链接

企业日常经营活动产生的与投入资本无关的经济利益的流入属于收入，如销售商品产生的现金流入；那非日常经营活动（如接受捐赠）产生的现金流入是否也是收入呢？答案是否定的，非日常经营活动引起企业现金流入在会计上称为利得。收入与利得的异同点如表2-1所示。

表2-1 收入与利得的异同点

项目	共同点	不同点	会计核算方法
收入	企业经济利益的流入	日常活动引起的	计入主营业务收入或其他业务收入
利得	企业经济利益的流入	非日常活动引起的	计入营业外收入或其他综合收益

（五）费用

1. 费用的定义及特征

费用，是指企业日常经营活动发生的、会导致所有者权益减少的、与向所有者分配利润无关的经济利益的总流出。根据费用的定义，费用的特征如下：

(1) 费用是企业日常经营活动形成的。费用必须是由企业日常经营活动产生的，这些日常活动的界定与收入日常活动的界定相一致。例如，工业企业为生产产品花费的成本费用、服务业为提供劳务而付出的代价，属于费用；与之相比，自然灾害、行政罚款等属于非日常活动形成的经济利益流出，就属于损失而不是费用。

(2) 费用会导致所有者权益的减少。与费用相关的经济利益流出企业会使得所有者权益减少。例如，企业用银行存款支付广告费，与广告费相关的经济利益流出企业，使得企业的利润减少，因此减少了所有者权益。不会导致所有者权益减少的经济利益流出不符合费用的定义，不应确认为费用。例如，企业偿还借款，虽然经济利益流出企业，但由于是偿还债务，并非所有者权益的减少，因此，不能确认为费用。

(3) 费用是与向所有者分配利润无关的经济利益的总流出。费用的发生会使得经济利益流出企业，从而导致资产的减少或负债的增加，其表现形式为现金及现金等价物的流出，固定资产、无形资产及存货的耗用或流出等，而非因向所有者分配利润使得经济利益流出企业。向所有者分配利润也会导致经济利益流出企业，但该经济利益的流出属于所有者权益项目的抵减，不能确认为费用。

2. 费用的确认条件

费用的确认除满足其定义外，还需符合以下三个方面条件：

(1) 与费用相关的经济利益很可能流出企业；

(2) 经济利益流出企业的结果会使得资产减少或者负债增加；

(3) 经济利益的流出必须能够可靠计量。

3. 费用的分类

按照费用和收入的关系，费用可以划分为主营业务成本、其他业务成本、税金及附加以及期间费用。

主营业务成本是指企业在日常主营经营活动中销售商品和提供劳务发生的成本。企业销售商品和提供劳务发生的成本包括为生产商品和提供劳务发生的直接费用和间接费用。其中直接费用包括直接材料费用（生产耗用材料）、直接人工费用（生产工人薪酬）；间接费用是指生产部门为组织和管理生产而发生的费用，如车间管理人员的工资薪酬，将其称为制造费用，按照一定的分配标准，分配至各个产品及劳务成本中去。企业生产产品和提供劳务发生的直接费用和间接费用先计入产品或劳务的成本中，待其销售或确认收入时转为主营业务成本或其他业务成本。

税金及附加是指企业在生产经营过程中承担的相关税费及附加费。例如，消费税、印花税、房产税、城建税及教育费附加等。

期间费用，是指为了取得当期收入而发生的不能归属到产品成本而计入当期损益的费用，包括管理费用、销售费用、财务费用。管理费用，是指企业行政管理部门为组织和管理企业的生产经营活动而发生的各种日常费用，如行政管理人员的工资、企业开办费、日常办公费、业务招待费、管理用固定资产的折旧及维修费等。销售费用，是指企业销售商品及材料、提供劳务过程中发生的各种费用，如销售机构发生的经常性开支、广告费、业务宣传费、展览费、质量保证费及销售过程中由企业自己承担的包装费、运输费、保险费、装卸费等。财务费用，是指企业在生产经营过程中为筹集资金而发生的各项筹资费用，如借款的手续费、借款利息等。

知识链接

企业日常经营活动产生的与利润分配无关的经济利益的流出属于费用，如销售商品产生的成本、日常发生的期间费用等；那非日常经营活动（如自然灾害造成的损失）产生的现金流出是否也是费用呢？答案是否定的，非日常经营活动引起企业现金流出在会计上称为损失。费用和损失的异同点如表2-2所示。

表2-2 费用和损失的异同点

项目	共同点	不同点	会计核算方法
费用	企业经济利益的流出	日常活动引起的	计入营业成本、期间费用等
损失	企业经济利益的流出	非日常活动引起的	计入营业外支出或其他综合收益

（六）利润

1. 利润的定义

利润是指企业在一定会计期间的经营成果。包括收入减去费用后的净额及直接计入当期损益的利得和损失。通常情况下，当企业取得利润时，企业的所有者权益就会增加；当企业的利润为负数时（发生亏损），企业的所有者权益就会减少。

2. 利润的分类

利润分为营业利润、利润总额、净利润。

营业利润是指企业日常经营活动产生的利润。它等于营业收入（主营业务收入＋其他业务收入）减去营业成本（主营业务成本＋其他业务成本）、税金及附加、销售费用、管理费用、研发费用、财务费用、信用减值损失、资产减值损失，加上其他收益、公允价值变动收益（或减去损失）、投资收益（或减去损失）、资产处置收益（或减去损失）的金额。

利润总额是在营业利润的基础上加上营业外收入，减去营业外支出后的金额。营业外收入是指直接计入当期损益的利得和损失，包括非流动资产报废收益、盘盈利得、捐赠利得等。营业外支出是指直接计入当期损益的损失，包括非流动资产的报废损失、盘亏损失、捐赠支出、非常损失、罚款支出等。

净利润是利润总额减去所得税费用后的净额。所得税费用是指企业经营利润应缴纳的所得税。

3. 利润的确认条件

利润由收入减去费用、直接计入当期损益的利得和损失计算而来。因此，其确认主要依赖于收入和费用、利得和损失的确认，金额也主要取决于它们。

收入、费用、利润是反映企业一段期间经营成果的动态会计要素，也反映了企业盈利水平的高低，有助于会计信息使用者结合企业财务状况水平，对企业经营业绩进行评价，对未来做出预测，从而能够做出正确的决策。

【情境训练 2-1】

假设你作为创业者，年初成为某个体工商户的业主（自主决定你的经营业务），在筹办初期通过各种方式筹集资金，创办后开始有业务收入，如销售商品或提供服务收入，同时，会产生各项成本费用支出，包括采购原材料、购置设备、广告宣传、发放工资等；经过一年的经营将产生利润。

现结合会计六要素，划分个体户经营过程中发生的各项经济业务所属的会计要素，并记载自己年初的资产、负债、所有者权益的具体数额，以及该年的收入、费用、利润金额。

分析提示：

年初，你开设了一家串串店，总共投入15万元，自掏腰包10万元，向亲友借款5万元。全年主要开支如下：店铺租赁费15万元，购置冷柜、火锅等设备5万元，广告宣传费3万元，员工工资12万元，水电费2万元，食材费32万元；全年总共收入100万元。

上述经济业务涉及的会计要素如下：串串店初创时，自掏腰包的10万元属于所有者权益，向亲友借款5万元属于负债，二者属于资金的来源，总共15万元，形成年初的资产总额。

经营过程中，购置的冷柜、火锅等设备属于资产要素；店铺租赁费、广告费、员工工资、水电费、食材费等属于费用要素，总共64万元；收入100万元属于收入要素；利润等于收入减去费用，所以本年度利润为36（100－64）万元。

二、会计要素计量属性及其应用原则

会计计量是将符合确认条件的会计要素登记入账并列报于财务报表而确定其金额的过程。企业应当按照规定的计量属性对各个会计要素进行计量，确定其金额。会计计量属性主要包括历史成本、重置成本、可变现净值、现值和公允价值等。

（一）历史成本

历史成本又称实际成本，是指取得或制造某项财产物资时实际支付的现金或者现金等价物金额。采用历史成本计量时，资产按照企业购置一项资产时实际支付的现金及现金等价物的金额，或者按照购置时所付对价的公允价值计量。负债按照企业因承担现时义务而实际收到的款项或资产的金额，或者承担现时义务的合同金额，或者按照日常活动中为偿还负债预期需要支付的现金及现金等价物的金额计量。

（二）重置成本

重置成本又称现行成本，是指在当前市场条件下，重新取得同样一项资产所需支付的现金及现金等价物金额。采用重置成本计量时，资产按照在当前市场下，企业取得相同或类似资产所需支付的代价金额计量。负债按照现在偿还债务所需支付的现金及现金等价物的金额计量。

（三）可变现净值

可变现净值，是指在正常生产经营过程中以预计售价减去进一步加工和销售所必需的预计税金、费用后的净值。按照可变现净值计量时，资产按照资产当前的市场预计售价，减去该资产至完工估计还要发生的成本、估计销售时发生的费用及税金的净额来计量。

（四）现值

现值，是指对未来现金流量以恰当的折现率进行折现后的价值，是考虑货币时间价值因素的一种计量属性。采用现值计量时，资产按照其持续使用和最终出售，预计未来产生的现金流量，按照一定的折现率折现计算的金额计量。负债按照预计未来将要偿还的净现金流量，按照一定的折现率折现的金额计量。

（五）公允价值

公允价值，是指市场参与者在计量日发生的有序交易中，出售一项资产所能收到或者转移一项负债所需支付的价格。例如，交易性金融资产的核算采用公允价值。

三、会计等式

会计等式，又称会计恒等式、会计方程式或会计平衡等式，是运用数学平衡式来表明会计要素之间基本关系的等式。

（一）会计等式的表现形式

企业要从事生产经营活动，必须拥有或者控制一定数量和质量的资产，如货币资金、固定资产等。企业的资产来源于两个方面：一是企业所有者投入；二是从企业债权人借入。企业所有者给企业投入的资产，以供企业生产经营赚取利润，其对相应的资产拥有要求权，这种要求权称为所有者权益。企业债权人借给企业的资产，要求企业有偿使用，其对相应的资产具有求偿权，这种求偿权称为债权人权益，也就是企业的负债。

资产表明企业拥有资源的种类和数量，负债和所有者权益体现资源的来源渠道，即谁提供的资源及数量。资金的存在形式（资产）等于资金的来源（负债+所有者权益），因此，资产、负债、所有者权益三者之间在数量上存在以下等量关系：

$$资产 = 负债 + 所有者权益 \qquad (2-1)$$

这一恒等式是反映企业在某一特定时点财务状况的静态等式，即资产、负债、所有者权益三者的平衡关系，因此，该等式也被称为财务状况等式、静态会计等式或基本会计等式，它是复式记账法的理论基础——所有经济业务的发生都不会破坏其恒等关系，也是编制资产负债表的依据。

企业生产经营的目的是赚取收入，从而实现盈利。企业在获得资产后，将其运用于生产经营活动，使其不断改变自身形态，为企业带来经济利益的流入，获得收入，而企业获得收入的同时会发生相应的费用。计算收入减去费用的余额，才能确定一段期间的盈利水平，确定实现的利润总额。在不考虑利得和损失的情况下，收入、费用、利润之间的关系用以下等式表示：

$$收入 - 费用 = 利润 \qquad (2-2)$$

这一等式反映企业经营成果实现的动态过程，因此也被称为经营成果等式或动态会计等式。收入、费用、利润三者之间的恒等关系是编制利润表的依据。

利润是企业的经营成果，是对企业投资者的回报，在当期利润未进行分配之前，全部归所有者拥有，因此所有者权益会增加，同时资产等额增加。所以，在企业生产经营过程中，以上两个会计等式又可以结合到一起转化为

$$资产 = 负债 + 所有者权益 + 利润$$

或　资产 = 负债 + 所有者权益 + （收入 - 费用）。

利润经过分配，其中一部分留在企业又转为所有者权益，上述等式重新表示为：

$$资产 = 负债 + 所有者权益$$

这一公式表示企业成立之初在资产、负债、所有者权益恒等的基础上，经过一段时间的生产经营，产生一定的经营成果，到期末，三者重新建立新的恒等关系。可以看出任何一个会计时间点，资产、负债、所有者权益三者在数量上一直保持恒等关系。所以，式（2-1）被称为会计恒等式。

【情境训练2-2】

1. 20×5年2月1日，佳美服饰有限公司由张力、罗浩、王涛三人共同创立，注册资本500万元（其中三人各出资100万元，从银行借入长期借款200万元）。

a. 张力、罗浩、王涛三人共出资300万元；

b. 从银行借入200万元借款。

上述200万元和300万元资金均属于企业资金的来源，存入银行，形成企业的资产，其之间的关系可以用一个恒等式来表示：银行存款（500万元）= 银行借款（200万元）+ 股东投入（300万元）。

上述恒等式用会计语言表示，可以写成资产 = 负债 + 所有者权益。

资产：存入银行的500万元，不管是股东出资的300万元，还是从银行借入的200万元，都属于企业资金的来源，供企业支配，构成企业的资产。

负债：从银行借入的200万元，是属于企业承担的未来经济利益会流出企业的义务，即要向银

行归还200万元,所以是负债。

所有者权益:张力、罗浩、王涛三人投入300万元,属于三人在公司中真正拥有的资产,是总资产减去负债之后的剩余净资产。

2. 公司开始运营后,银行存款用于多方面开支,花费200万元购建厂房,150万元购买设备,100万元购买原材料,50万元留存在银行,上述等式变化为资产(厂房+设备+原材料+银行存款)=负债+所有者权益,即500万元(200万元+150万元+100万元+50万元)=200万元+300万元。

3. 到了年底,会计核算了公司的经营状况,有收入200万元,发生成本费用100万元,产生100万元的利润(利润=收入-费用)。同时,资产状况也发生了变化,资产总额变成了600万元(银行存款150万元+其他资产450万元),那现在会计恒等式该如何表示呢?

资产(600万元)=负债(200万元)+所有者权益(300万元)+利润(收入-费用)。

等号左边是年底的资产金额,等号右边的200万元和300万元是年初的负债和所有者权益金额,等号右边的差额即当年赚取的利润,也就是公司当年给股东带来的净收益,属于新增的所有者权益。因此,恒等式变成了:资产(600万元)=负债(200万元)+所有者权益(400万元),即(投入资本+利润)。

用会计语言表示,即资产=负债+所有者权益(实收资本300万元+未分配利润100万元)。

所以,会计恒等式始终保持平衡,是会计核算的资产负债表编制的基础。

(二) 经济业务及其对会计等式的影响

1. 经济业务

在会计上,凡是能够用货币表现的经济业务必须进行会计核算,如采购材料、销售商品、支付费用、利润分配等;还有一类经济业务不应办理会计手续,或不能用会计方法来核算,如签订采购合同、销售合同等。我们此处所说的经济业务是指能够用货币表现的经济业务。

2. 交易或事项对会计等式的影响

企业发生的交易或事项按照其对财务状况等式的影响不同,分为以下9种基本类型:

(1) 一项资产增加,另一项资产等额减少的经济业务。例如,用银行存款购买原材料的业务,银行存款减少的同时原材料又增加,因此资产总额没有发生变化,这项交易属于资产内部不同资产等额一增一减,会计恒等式没有发生变化。

(2) 一项资产增加,另一项负债等额增加的经济业务。例如,企业向银行借入短期借款的业务,银行存款增加的同时短期借款这个负债也等额增加,这种类型的业务属于会计恒等式等号两边资产负债同时增加相同的金额,等式仍旧平衡。

(3) 一项资产增加,另一项所有者权益等额增加的经济业务。例如,企业接受投资者使用银行存款投资,银行存款增加的同时实收资本这项所有者权益等额增加,这种类型的业务属于会计恒等式等号两边资产和所有者权益同时增加相同的金额,等式仍旧平衡。

(4) 一项资产减少,另一项负债等额减少的经济义务。例如,用银行存款归还短期借款,银行存款减少的同时短期借款等额减少,这种类型的经济业务属于会计恒等式等号两边资产和负债同时减少相同的金额,等式仍旧平衡。

(5) 一项资产减少，另一项所有者权益等额减少的经济业务。例如，投资者撤资，用银行存款退回其投资金额，银行存款减少的同时实收资本这项所有者权益等额减少，这种类型的业务使得会计恒等式等号两边资产和所有者权益同时减少相同的金额，等式仍旧平衡。

(6) 一项负债增加，另一项负债等额减少的经济业务。例如，已到期的应付票据无力偿还转变成应付账款，应付票据减少的同时应付账款等额增加，这种类型的业务使得负债总额内部等额一增一减，会计恒等式没有变化。

(7) 一项所有者权益增加，另一项所有者权益等额减少的经济业务。例如，将资本公积转增资本，资本公积减少的同时实收资本等额增加，这种类型的业务使得所有者权益总额内部等额一增一减，会计恒等式没有变化。

(8) 一项负债增加，另一项所有者权益等额减少的经济业务。例如，宣告分配现金股利，利润分配这项所有者权益减少的同时应付股利等额增加，这种类型的业务使得会计恒等式右边负债和所有者权益等额一增一减，会计恒等式没有变化。

(9) 一项负债减少，另一项所有者权益等额增加的经济业务。例如，将公司债务应付账款转为实收资本，应付账款减少的同时，实收资本等额增加，这种类型的业务使得会计恒等式右边所有者权益和负债等额一增一减，会计恒等式没有变化。

【例2.1】 20×5年5月，万方制造有限公司（以下简称万方公司）发生以下经济业务：

(1) 用银行存款200 000元购买原材料。

这项业务发生后，万方公司的一项资产（银行存款）减少200 000元，一项资产（原材料）增加200 000元，会计等式左边资产要素内部两项资产同时等额增减200 000元，会计等式没有发生变化。属于以上第（1）种经济业务。

(2) 向银行借入短期借款800 000元。

这项业务发生后，万方公司的一项资产（银行存款）增加800 000元，一项负债（短期借款）增加800 000元，会计等式两边资产和负债同时增加800 000元，会计等式仍旧平衡。属于以上第（2）种经济业务。

(3) 接受投资者用银行存款投资1 000 000元。

这项业务发生后，万方公司的一项资产（银行存款）增加1 000 000元，一项所有者权益（实收资本）增加1 000 000元，会计等式两边资产和所有者权益同时增加1 000 000元，会计等式仍旧平衡。属于以上第（3）种经济业务。

(4) 以银行存款归还200 000元的前欠货款。

这项业务发生后，万方公司的一项资产（银行存款）减少200 000元，一项负债（应付账款）减少200 000元，会计等式两边资产和负债同时减少200 000元，会计等式仍旧平衡。属于以上第（4）种经济业务。

(5) 企业减少注册资本，以银行存款退回股东3 000 000元。

这项业务发生后，万方公司的一项资产（银行存款）减少3 000 000元，一项所有者权益（实收资本）减少3 000 000元，会计等式两边资产和所有者权益同时减少3 000 000元，会计等式仍旧平衡。属于以上第（5）种经济业务。

(6) 已到期的应付票据200 000元因无力偿还转换为应付账款。

这项业务发生后，万方公司的一项负债（应付票据）减少 200 000 元，一项负债（应付账款）增加 200 000 元，会计等式右边负债要素内部两项负债同时等额增减 200 000 元，会计等式没有发生变化。属于以上第（6）种经济业务。

(7) 公司用 10 000 000 元的资本公积转增资本。

这项经济业务发生后，万方公司的一项所有者权益（资本公积）减少 10 000 000 元，一项所有者权益（实收资本）增加 10 000 000 元，会计等式右边所有者权益要素内部两项所有者权益同时增减 10 000 000 元，会计等式没有发生变化。属于以上第（7）种业务。

(8) 经过股东大会决议，企业宣告发放 5 000 000 元的现金股利。

这项业务发生后，万方公司的一项所有者权益（利润分配）减少 5 000 000 元，一项负债（应付股利）增加 5 000 000 元，会计等式右边负债和所有者权益同时增减 5 000 000 元，会计等式没有发生变化。属于以上第（8）种经济业务。

(9) 经批准，将欠 A 公司的 6 000 000 元货款转为对万方公司的投资。

这项业务发生后，万方公司的一项负债（应付账款）减少 6 000 000 元，一项所有者权益（实收资本）增加 6 000 000 元，会计等式右边所有者权益和负债同时增减 6 000 000 元，会计等式没有发生变化。属于以上第（9）种经济业务。

综上所述，每一项经济业务的发生，都会使会计恒等式一边或两边相关项目发生等额变化，如若涉及等号一边变化，有关项目发生金额相等、方向相反的变化；如若涉及等号两边变化，有关项目发生金额相同、方向相同的变化，但不管哪种变化，会计等式始终保持平衡关系。

任务二　会计科目和账户

任务引例

佳美服饰有限公司创办初期，资金的来源主要靠投资人投入及从银行借入的长期借款。企业初期资金主要用于购置办公大楼、厂房、原材料、机器设备、车辆等；日常的开支主要是办公费、广告宣传费、利息支出、人工费、水电费、材料费等；库房存放的是产成品；日常主要靠销售商品来赚钱；企业具有良好的社会责任感，经常通过红十字会进行社会捐赠；企业一直处于盈利状态，每年赚取利润后进行利润分配。

讨论：佳美服饰有限公司涉及的经济业务，如何用具体的会计科目来表示？

知识讲解

一、会计科目

（一）会计科目的概念

会计科目，简称科目，是按照经济业务的内容和管理的需求，对会计要素的具体内容进行分类核算的科目，是进行会计核算和提供会计信息的基础。

企业的经济活动种类繁多，经常出现同一会计要素下不同内容的经济活动。例如，厂房、设备、库存商品都属于企业的资产，但它们的经济内容及在经济活动中起的作用各不相同，厂房设备主要用来生产产品，库存商品主要用来销售。又如，企业欠供应商的货款及欠银行的借款都属于负债，但它们属于不同内容的经济活动。为了对各类会计要素下不同的经济活动进行详细、完整、清晰的记录和反映，对每一大类会计要素下面的不同内容进行定义，为其取个名称，名称用会计语言来表示就是"会计科目"——也就是会计要素的具体分类。每个企业根据自己的业务内容和会计需要来设置会计科目。会计科目可以按照经济内容分类，也可以按照提供信息的详细程度及其统驭关系分类。

知识链接

（1）会计科目是复式记账的基础；

（2）会计科目是编制记账凭证的基础；

（3）会计科目是成本核算及财产清查的基础；

（4）会计科目是编制报表的基础。

（二）会计科目的分类

1. 按反映的经济内容分类

会计科目按照其反映的经济内容不同，划分为资产类科目、负债类科目、共同类科目、所有者权益类科目、成本类科目和损益类科目。每一类科目按照一定的标准可以再细分为具体科目。

（1）资产类科目，是指对资产会计要素按照反映内容进行具体分类核算的科目，按照资产的流动性分为流动资产和非流动资产的科目。反映流动资产的会计科目有"库存现金""银行存款""交易性金融资产""应收账款""原材料""库存商品"等，反映非流动资产的会计科目有"长期股权投资""在建工程""固定资产""无形资产"等。

（2）负债类科目，是指对负债会计要素按照反映内容进行具体分类核算的科目，按照负债偿还期限的长短分为反映流动性负债和非流动性负债的科目。反映流动性负债的会计科目有"短期借款""应付账款""应付职工薪酬""应交税费"等，反映非流动性负债的会计科目有"长期借款""应付债券""长期应付款"等。

（3）共同类科目，是既有资产要素性质，又有负债要素性质的会计科目。例如，有反映银行间业务往来资金清算款项的"清算资金往来"科目、反映金融企业采用分账制核算外币交易所产生的不同币种之间兑换的"货币兑换"科目、反映企业开展套期保值业务的"套期工具"科目等。

（4）所有者权益类科目，是对所有者权益类会计要素进行具体分类核算的科目。主要有反映企业资本金的"实收资本"或"股本"科目、反映企业资本溢价的"资本公积"科目、反映企业获取利润的"本年利润"科目、反映企业分配利润的"利润分配"科目、反映企业留存收益的"盈余公积""未分配利润"科目等。

（5）成本类科目，是指对可归属于产品生产及劳务提供中发生的直接费用和间接费用，具体进行分类核算的科目。主要有反映生产产品耗用直接材料和直接人工的"生产成本"科目、反映生产产品间接耗用费用的"制造费用"科目、反映小企业提供劳务耗用费用的"劳务成本"科目、反映企业研发无形资产耗用费用的"研发支出"科目等。

(6) 损益类科目,是指对收入、费用要素及非日常经营活动的具体内容进行分类核算的科目。主要有反映收入的"主营业务收入""其他业务收入"等科目;反映费用的"主营业务成本""其他业务成本""管理费用""销售费用""财务费用"等科目;反映非日常经营活动的"营业外收入""营业外支出"等科目。

2. 按提供信息的详细程度及统驭关系分类

会计科目按照提供信息的详细程度及统驭关系分为总分类科目和明细分类科目。

(1) 总分类科目

总分类科目又称一级科目,是对会计要素的具体内容进行总括分类,提供总括信息的会计科目。总分类科目一般由国家统一的会计制度制定。

(2) 明细分类科目

明细分类科目是对总分类科目按照反映经济内容和管理需求作的进一步分类,是提供更为详细、更加具体信息的会计科目。如果总分类科目下所属明细科目较多,为了适应管理需求和会计核算,可在总分类科目下面设置二级明细科目(子目),在二级明细科目下设置三级明细科目(细目),以此类推设置更多的级次。例如,在"固定资产"总分类科目下可以开设"厂房""设备""车"等二级科目,在各二级科目下面又可以根据厂房、设备、车的名称、编号等开设三级科目,对固定资产做明细分类核算。

总分类科目和明细分类科目的性质相同,都是对同一个经济业务进行的会计核算,只是提供信息的详略程度不同。总分类科目提供的是总括的信息,对下属的明细科目具有统驭的作用;明细分类科目提供的是更为详细的信息,对其所属的总分类科目具有补充说明的作用。

企业设置会计科目要按照企业规模的大小及业务需求而定,规模大、业务复杂的企业可以根据需要设置总分类科目、二级科目、三级科目等,而规模小、业务简单的企业一般只需要设置一级科目和二级科目就够了。

(三) 会计科目的设置

1. 会计科目的设置原则

(1) 合法性原则。企业设置的会计科目应当符合国家统一的会计制度要求。

(2) 相关性原则。企业设置的会计科目要根据会计信息使用者的需求而定,满足对内对外的会计信息使用。

(3) 实用性原则。企业设置的会计科目要根据企业的经济需要设置,满足单位需求。

2. 常用的会计科目

我国《企业会计准则》规定的企业主要会计科目如表 2-3 所示。

表 2-3 会计科目

序号	编号	会计科目名称	序号	编号	会计科目名称
一、资产类					
1	1001	库存现金	3	1003	存放中央银行款项
2	1002	银行存款	4	1004	备用金

续表

序号	编号	会计科目名称	序号	编号	会计科目名称
5	1011	存放同业	43	1475	合同履约成本
6	1012	其他货币资金	44	1476	合同履约成本减值准备
7	1021	结算备付金	45	1477	合同取得成本
8	1031	存出保证金	46	1478	合同取得成本减值准备
9	1101	交易性金融资产	47	1481	持有待售资产
10	1111	买入返售金融资产	48	1482	持有待售资产减值准备
11	1121	应收票据	49	1485	应收退货成本
12	1122	应收账款	50	1501	债权投资
13	1123	预付账款	51	1502	债权投资减值准备
14	1131	应收股利	52	1503	其他债权投资
15	1132	应收利息	53	1504	其他权益工具投资
16	1201	应收代为追偿款	54	1511	长期股权投资
17	1211	应收分保账款	55	1512	长期股权投资减值准备
18	1212	应收分保合同准备	56	1521	投资性房地产
19	1221	其他应收款	57	1531	长期应收款
20	1231	坏账准备	58	1532	未实现融资收益
21	1301	贴现资产	59	1541	存出资本保证金
22	1302	拆出资金	60	1601	固定资产
23	1303	贷款	61	1602	累计折旧
24	1304	贷款损失准备	62	1603	固定资产减值准备
25	1311	代理兑付证券	63	1604	在建工程
26	1321	代理业务资产（受托代销资产）	64	1605	工程物资
27	1401	材料采购	65	1606	固定资产清理
28	1402	在途物资	66	1611	未担保余值
29	1403	原材料	67	1621	生产性生物资产
30	1404	材料成本差异	68	1622	生产性生物资产累计折旧
31	1405	库存商品	69	1623	公益性生物资产
32	1406	发出商品	70	1631	油气资产
33	1407	商品进销差价	71	1632	累计折耗
34	1408	委托加工物资	72	1641	使用权资产
35	1411	周转材料	73	1701	无形资产
36	1421	消耗性生物资产	74	1702	累计摊销
37	1431	贵金属	75	1703	无形资产减值准备
38	1441	抵债资产	76	1711	商誉
39	1451	损余物资	77	1801	长期待摊费用
40	1471	存货跌价准备	78	1811	递延所得税资产
41	1473	合同资产	79	1901	待处理财产损溢
42	1474	合同资产减值准备	80	1821	独立账户资产

续表

序号	编号	会计科目名称	序号	编号	会计科目名称
二、负债类					
81	2001	短期借款	100	2251	应付保单红利
82	2002	存入保证金	101	2261	应付分保红利
83	2003	拆入资金	102	2271	租赁负债
84	2004	向中央银行借款	103	2311	代理买卖证券款
85	2011	吸收存款	104	2312	代理承销证券款
86	2012	同业存放	105	2313	代理兑付证券款
87	2021	贴现负债	106	2314	代理业务负债
88	2101	交易性金融负债	107	2401	递延收益
89	2111	卖出回购金融资产款	108	2501	长期借款
90	2201	应付票据	109	2502	应付债券
91	2202	应付账款	110	2601	未到期责任准备金
92	2203	预收账款	111	2602	保险责任准备金
93	2205	合同负债	112	2611	保户储金
94	2211	应付职工薪酬	113	2621	独立账户负债
95	2221	应交税费	114	2701	长期应付款
96	2231	应付利息	115	2702	未确认融资费用
97	2232	应付股利	116	2711	专项应付款
98	2241	其他应付款	117	2801	预计负债
99	2245	持有待售负债	118	2901	递延所得税负债
三、共同类					
119	3001	清算资金往来	122	3201	套期工具
120	3002	货币兑换	123	3202	被套期项目
121	3101	衍生工具			
四、所有者权益类					
124	4001	实收资本	129	4103	本年利润
125	4002	资本公积	130	4104	利润分配
126	4003	其他综合收益	131	4201	库存股
127	4101	盈余公积	132	4301	专项储备
128	4102	一般风险准备	133	4401	其他权益工具
五、成本类					
134	5001	生产成本	138	5401	工程施工
135	5101	制造费用	139	5402	工程结算
136	5201	劳务成本	140	5403	机械作业
137	5301	研发支出			
六、损益类					
141	6001	主营业务收入	144	6031	保费收入
142	6011	利息收入	145	6041	租赁收入
143	6021	手续费及佣金收入	146	6051	其他业务收入

续表

序号	编号	会计科目名称	序号	编号	会计科目名称
147	6061	汇兑损益	162	6502	提取保险责任准备金
148	6101	公允价值变动损益	163	6511	赔付支出
149	6111	投资收益	164	6521	保单红利支出
150	6115	资产处置损益	165	6531	退保金
151	6117	其他收益	166	6541	分出保费
152	6201	摊回保险责任准备金	167	6542	分保费用
153	6202	摊回赔付支出	168	6601	销售费用
154	6203	摊回分保费用	169	6602	管理费用
155	6301	营业外收入	170	6603	财务费用
156	6401	主营业务成本	171	6604	勘探费用
157	6402	其他业务成本	172	6701	资产减值损失
158	6403	税金及附加	173	6711	营业外支出
159	6411	利息支出	174	6801	所得税费用
160	6421	手续费及佣金支出	175	6901	以前年度损益调整
161	6501	提取未到期责任准备金			

引例解析

企业对会计要素按其内容具体细分后形成会计科目。佳美服饰有限公司涉及的会计科目如下：初创期投资者投入的资金记入"实收资本"，从银行借入的长期借款记入"长期借款"；购置的办公大楼、厂房、机器设备、车辆记入"固定资产"；原材料记入"原材料"；日常开支的办公费记入"管理费用"；广告宣传费记入"销售费用"；利息支出记入"财务费用"；生产产品时耗费的直接人工费、材料费记入"生产成本"；间接人工、水电等费用记入"制造费用"；库房中存放的产成品计入"库存商品"；日常销售商品的收入记入"主营业务收入"；社会捐赠记入"营业外支出"；每年进行的利润分配记入"利润分配"。

二、账户

（一）账户的概念

会计科目是根据经济内容对会计要素所做的具体分类，但是仅局限于分类科目名称，没有特定的结构和格式，也就不能反映各项经济活动的发生引起各项资产、负债、所有者权益、收入、费用、利润类会计要素的增减变动情况及其结果。为了对企业的财务状况和经营成果进行全面、系统、连续的确认和计量，以提供企业经营管理的会计信息，有效监督经济活动的过程及结果，必须根据会计科目设置对应的账户，来反映会计要素的增减变动过程及结果。账户是以会计科目为名称，同时具备一定的格式和结构，用来反映会计要素的增减情况及其结果。

会计科目和账户是两个既有区别又有联系的概念。会计科目和账户所反映的会计要素的经济内容相一致，账户是根据会计科目设置，会计科目是账户的名称。例如，会计科目中有"银行存款"科目，根据这个会计科目开设的账户称为"银行存款"账户。因此，会计科目的性质决定了账户的性质，其分类也和会计科目一致。根据企业核算的经济内容，账户可分为资产类账户、负债类账户、共同类账户、所有者权益类账户、成本类账户、损益类账户；根据提供信息的详细程度及统驭关系，账户可分为总分类账户和明细分类账户。

（二）账户的基本结构

账户是具有一定的格式，能够连续、系统、完整地记录经济业务发生引起会计要素增减变动及结果的载体。而企业经济业务发生引起各项会计要素的变动，从数量上看要么增加，要么减少。例如，企业销售商品收到银行存款，银行存款的金额就会增加，而当企业用银行存款购买原材料时，银行存款就会减少。因此，账户的基本结构也就分为两列，一列记录各项会计要素的增加，另一列记录各项会计要素的减少。在实务工作中，为了全面、完整地反映引起会计要素增减变动的经济活动的内容、记账时间、记账依据，一个完整的账户结构除了"增加"和"减少"等基本信息外，还应当包括"日期""凭证号数""摘要""余额"等内容。账户的一般格式如表2-4所示。

表2-4 账户的一般格式

年		凭证		摘要	增加	减少	余额
月	日	字	号				

为了便于教学研究，通常用简化的账户格式"T"型账户，如图2-3所示。

图2-3 "T"型账户

账户一般提供期初余额、本期增加额、本期减少额、期末余额四个金额要素。经济业务发生后，根据其影响的会计要素的增减变动记入相应的栏目内。上述账户的左方和右方分别用来记录账户的增加（减少）和减少（增加）金额，在一定期间内（月、年）记录到账户的增加方的数额合计称为本期增加发生额，记录到账户减少方的数额合计称为本期减少发生额。增加发生额和减少发生额之间的差额称为账户的余额，余额按时间分为期初余额和期末余额，期初余额来自上期结转，其实就是上期期末余额。如果没有期初余额，期末余额就是本期增加发生额与本期减少发生额之间的差额；如果有期初余额，期末余额计算公式表示为

$$期末余额 = 期初余额 + 本期增加发生额 - 本期减少发生额$$

值得注意的是，在账户中哪一方登记增加（或减少），取决于账户的性质及其结构。

任务三　会计记账方法

任务引例

佳美服饰有限公司经营过程中发生以下业务：购买材料100万元，其中购买材料银行存款支付60万元，欠款40万元；银行存款支付办公费10万元、广告宣传费30万元；销售产品收入150万元，产品成本90万元。

讨论： 佳美服饰有限公司发生的经济业务，如何使用借贷记账法进行会计记账？

知识讲解

一、会计记账方法的种类

经济业务发生后，按照一定的会计方法进行核算和监督，即记账方法。记账方法是对发生的经济业务依据会计科目进行分类、整理，然后登记会计账簿的方法。按照记录方式的不同，记账方法可以分为单式记账法和复式记账法。

（一）单式记账法

单式记账法是比较古老的会计记账方法。单式记账法是指经济业务发生后，对其引起的会计要素增减变动只在一个账户中进行登记的方法。它通常只是对一项经济业务做单方面记录，不能反映经济业务的来龙去脉，而且平时只登记库存现金、银行存款、应收账款、应付账款的业务。例如，用银行存款购买10 000元的原材料，对其只是记录银行存款减少10 000元，不记录原材料的增加；赊销商品20 000元，对其只是记录应收账款增加20 000元，不记录收入的增加；赊购原材料15 000元，对其只是记录应付账款增加15 000元，不记录原材料的增加。对于以上业务都仅是在一个账户中进行会计登记，都属于单式记账。

单式记账法的记账方法简单，工作量小。但是各账户之间没有对应关系，也缺乏内在平衡关系，不能系统反映一项经济业务的来龙去脉，也不便于检验账户登记的正确与否，只能进行简单的记录。随着经济的发展，以及社会化大生产的需要，单式记账法逐渐被复式记账法替代。

（二）复式记账法

1. 复式记账法的含义

复式记账法，是指对一项经济业务，都必须在两个或两个以上相互联系的账户中以相同的金额同时进行登记，全面、系统、完整地反映会计要素增减变动的一种记账方法。

比如，前例中，用银行存款购买10 000元的原材料，采用复式记账法，这项业务涉及"银行存款"和"原材料"两个相关联的账户，因此，一方面记录银行存款减少10 000元，另一方面记录原材料增加10 000元。

复式记账法的理论依据是会计等式。一项经济业务的发生引起会计要素增减变动，但是会计等式永远是平衡的，内在原因就在于复式记账法对每一项经济业务，都在两个或两个以上相互联系的账户中以相等的金额记录。这样不仅通过账户之间的对应关系来全面反映资金运动的来龙去脉，而且利用平衡关系可以检验账户记录的正确性，因此，它是一种科学的记账方法。目前，世界各国都使用的是复式记账法，对经济业务进行全面、系统的记录。

2. 复式记账法的种类

国际上复式记账法的种类很多，但通用的是借贷记账法。我国在长期会计实践中形成的有收付记账法、增减记账法、借贷记账法等多种复式记账方法。收付记账法又分为资金收付记账法、现金收付记账法、钱物收付记账法等，这些复式记账法在我国计划经济时期长时期使用，后来随着经济体制向市场经济转换，为了与国际会计惯例趋同，1992年11月30日，财政部发布的《企业会计准则——基本准则》第八条规定"会计记账采用借贷记账法"。至此，我国会计记账方法统一为借贷记账法。

二、借贷记账法

（一）借贷记账法的产生与发展

借贷记账法起源于13世纪的意大利。在当时，意大利的一些沿海城市海上贸易有了很大发展，商品交换日益频繁，以经营货币为主要业务的借贷资本家出现，借贷资本家将收进来的存款记在贷主（Creditor）的名下，表示"欠人"的增加，而对于付出去的放款记在借主（Debtor）的名下，表示"人欠"的增加。因此，"借""贷"的初始含义是从资本家的角度来解释。随着经济生活的日趋复杂，人们运用"借""贷"记录的不局限于经济业务发生涉及货币的增减，还要涉及各项财产物资的增减和收入费用的发生。这样，"借""贷"两字就失去了原有的含义，逐渐演变为纯粹的记账符号。15世纪，借贷记账法在理论上得到比较完善的发展，1494年意大利数学家卢卡·帕乔利所著的《算数、几何、比及比例概要》一书问世，该书用数学原理对"借贷记账法"做了系统的论述和概括，被公认为借贷记账正式产生的标志，揭开了会计史上崭新的一页。

我国最早介绍借贷记账法的书籍是1905年由蔡锡勇所著的《连环账簿》，1907年，谢霖和孟森合著的《银行簿记学》在日本东京发行，成为我国第二部介绍借贷记账法的书籍。1858年（清咸丰八年）后由英国人控制的海关是我国最早应用借贷记账法的部门。此外，西方资本家在中国开办的工厂、商行、银行也有些使用借贷记账法。1993年7月，我国改变了多种记账法并行的做法，统一了记账方法，规定企业一律采用借贷记账法，使得我国的记账方法符合了国际惯例，开始使用世界通行的"会计语言"。

（二）借贷记账法的内容

借贷记账法，是一种以"借"和"贷"作为记账符号，对每一项引起会计要素增减变动的经济业务，以相等的金额在两个或两个以上相互关联的账户中同时记录的复式记账法。

1. 借贷记账法的记账符号

记账符号表示记账方向，是指会计上用不同的符号对发生的经济业务所涉及的金额记入相关账户左边金额栏或右边金额栏。借贷记账法的记账符号是"借"和"贷"。"借"和"贷"仅反映账户的左边和右边，没有其他意义，既不代表增加也不代表减少。而对于一个账户的增加和减少到底登记在哪个方向，取决于会计账户的性质和核算内容。

2. 借贷记账法的账户结构

借贷记账法下，账户的左边为借方，账户的右边为贷方。为便于理论教学及实务应用，通常账户的格式用"T"型账户来表示，如图2-4所示。

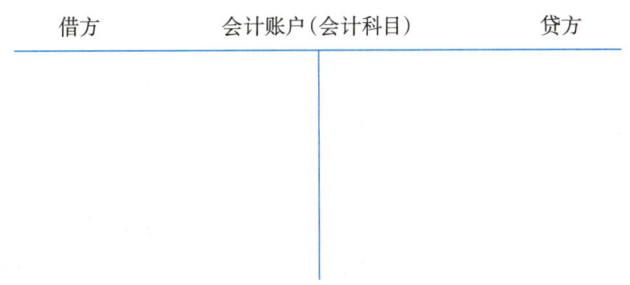

图2-4 借贷记账法的"T"型账户

借贷记账法下，所有账户的借方和贷方按照相反方向登记增加额和减少额，即一方登记增加额，另一方登记减少额。但至于"借方"登记增加，"贷方"登记减少，还是"贷方"登记增加，"借方"登记减少，则取决于账户的性质与所记录经济内容的性质。

账户按照反映的经济内容，分为资产类、负债类、共同类、所有者权益类、成本类、损益类，损益类按其性质又分为损益收入类和损益费用类。通常情况下，资产类、成本类、损益费用类账户借方登记增加额，贷方登记减少额；负债类、所有者权益类、损益收入类账户贷方登记增加额，借方登记减少额。

（1）资产类和成本类账户结构

借贷记账法下，资产类和成本类账户借方登记增加额，贷方登记减少额，期末余额一般在借方。其余额计算公式为

期末借方余额 = 期初借方余额 + 本期借方发生额 - 本期贷方发生额

资产类和成本类账户结构用"T"型账户表示，如图2-5所示。

借方	资产类和成本类账户		贷方
期初余额	××××		
本期增加额	××××	本期减少额	××××
	××××		××××
本期借方发生额合计	××××	本期贷方发生额合计	××××
期末余额	××××		

图2-5 资产类和成本类账户结构

（2）负债类和所有者权益类账户

借贷记账法下，负债类和所有者权益类账户借方登记减少额，贷方登记增加额，期末余额一般在贷方。其余额计算公式为

期末贷方余额 = 期初贷方余额 + 本期贷方发生额 - 本期借方减少额

负债类和所有者权益类账户结构用"T"型账户表示，如图2-6所示。

（3）损益类账户结构

损益类账户主要包括损益收入类账户和损益费用类账户。收入会使利润增加，最终会引起所有者权益增加，所以损益收入类账户和所有者权益类账户的账户结构一致；费用一般是由资产转换而

借方		负债类和所有者权益类账户	贷方
		期初余额	××××
本期减少额	××××	本期增加额	××××
	××××		××××
本期借方发生额合计	××××	本期贷方发生额合计	××××
		期末余额	××××

图 2-6　负债类和所有者权益类账户结构

来，它的增加会使所有者权益减少，因此，损益费用类账户结构与资产类账户结构一致，与所有者权益类账户结构相反。

借贷记账法下，损益收入类账户借方登记减少额，贷方登记增加额。收入净额在期末从其相反方向转入"本年利润"账户，用来计算当期利润，结转后本账户没有余额。损益收入类账户结构用"T"型账户表示，如图 2-7 所示。

借方		损益收入类账户	贷方
本期减少额	××××	本期增加额	××××
本期转出额	××××		××××
本期借方发生额合计	××××	本期贷方发生额合计	××××

图 2-7　损益收入类账户结构

借贷记账法下，损益费用类账户借方登记增加额，贷方登记减少额。费用净额在期末从其相反的方向转入"本年利润"账户，用来计算当期利润，结转后本账户没有余额。损益费用类账户结构用"T"型账户表示，如图 2-8 所示。

借方		损益费用类账户	贷方
本期增加额	××××	本期减少额	××××
	××××	本期转出额	××××
本期借方发生额合计	××××	本期贷方发生额合计	××××

图 2-8　损益费用类账户结构

根据以上账户类结构阐述，所有账户借、贷方反映的发生额和余额归纳如图 2-9 所示。

借方	账户名称	贷方
资产增加		资产减少
成本增加		成本减少
负债减少		负债增加
所有者权益减少		所有者权益增加
损益收入类减少		损益收入类增加
损益费用类增加		损益费用类减少
资产、成本期末余额		负债、所有者权益期末余额

图 2-9　账户结构

3. 借贷记账法的记账规则

记账规则是指采用某种记账方法登记具体经济业务时必须遵循的规则。借贷记账法的记账规则是"有借必有贷，借贷必相等"。也就是发生的每一项经济业务必然涉及两个或两个以上的相关账户，一方（或几方）登记在借方，另一方（或几方）登记在贷方，计入不同账户借方和贷方的金额相等，如若是涉及多个借贷方账户，计入借方金额合计数等于计入贷方金额合计数。

引例解析

使用借贷记账法记账要将一个经济业务至少在两个账户中进行记录，以反映经济业务的来龙去脉。佳美服饰有限公司发生的经济业务使用借贷记账法记账具体表示如下：

购买材料100万元，银行存款支付60万元，欠款40万元，记入借方"原材料"增加100万元的同时，贷方"银行存款"减少60万元，贷方"应付账款"增加40万元；发生办公费10万元，记入借方"管理费用"增加10万元的同时，贷方"银行存款"减少10万元；广告宣传费30万元，记入借方"销售费用"增加30万元的同时，贷方"银行存款"减少30万元；销售商品收入150万元，收到货款150万元，记入借方"银行存款"增加150万元的同时，贷方记入"主营业务收入"（不考虑增值税）150万元，此外，结转产品成本，记入借方"主营业务成本"增加90万元，贷方记入"库存商品"减少90万元。

借贷记账法规则具体运用的示例，如（例2.2）至（例2.5）所示。

（**例2.2**）万方公司购入一台机器设备，价款50 000元，用银行存款支付，不考虑增值税因素。

这项经济业务发生后，万方公司的固定资产增加50 000元，同时银行存款减少50 000元。它涉及"固定资产"和"银行存款"两个资产账户，在"固定资产"账户借方登记50 000元的同时，在"银行存款"账户贷方登记50 000元。该项经济业务在"T"型账户中的登记如图2－10所示。

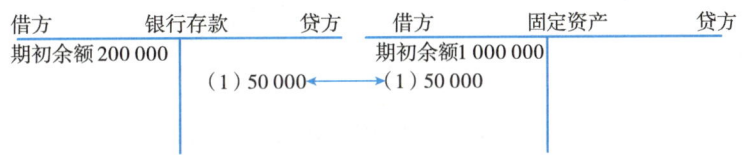

图 2－10　以银行存款购入固定资产

（**例2.3**）万方公司收到投资者投资，价款100 000元，并存入银行。

这项经济业务发生后，万方公司的银行存款增加100 000元，同时实收资本增加100 000元。它涉及"银行存款"和"实收资本"两个资产账户，在"银行存款"账户借方登记100 000元的同时，在"实收资本"账户贷方登记100 000元。该项经济业务在"T"型账户中的登记如图2－11所示。

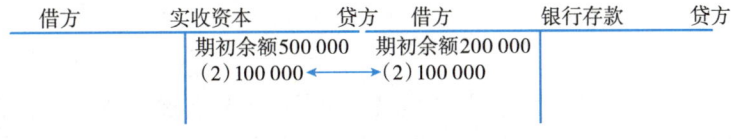

图 2－11　收到投资者投入资本金

（**例2.4**）经协商，中国银行借给万方公司的长期借款250 000元转作对该企业的投资。

这项经济业务发生后，万方公司的实收资本增加250 000元，同时长期借款减少250 000元。它涉及"实收资本"和"长期借款"两个资产账户，在"实收资本"账户贷方登记250 000元增加的同时，在"长期借款"账户借方登记250 000元减少。该项经济业务在"T"型账户中的登记如图2－12所示。

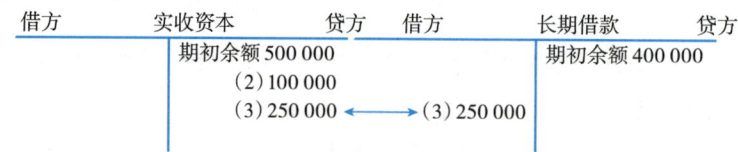

图 2-12　长期借款转作股权

（例2.5）万方公司用银行存款偿还短期借款 50 000 元，偿还前欠货款 20 000 元。

这项经济业务发生后，万方公司的银行存款减少 70 000 元，同时短期借款减少 50 000 元，应付账款减少 20 000 元。它涉及"银行存款""短期借款"和"应付账款"三个资产账户，在"银行存款"账户贷方登记 70 000 元的同时，在"短期借款"账户借方登记 50 000 元，"应付账款"借方登记 20 000 元。该项经济业务在"T"型账户中的登记如图 2-13 所示。

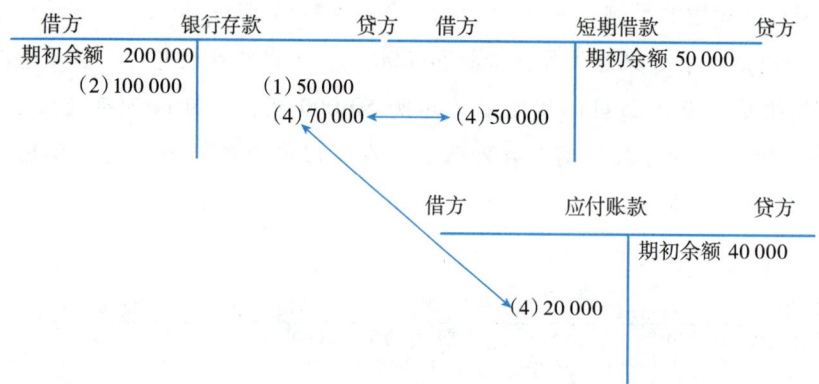

图 2-13　银行存款归还短期借款及前欠货款

4. 借贷记账法下账户对应关系与会计分录

（1）账户的对应关系

借贷记账法下，对每笔交易或事项都要至少在两个相关的账户中登记，相关账户形成应借、应贷的对应关系，存在这种对应关系的账户，称为对应账户。

例如，用银行存款购买原材料的经济业务，要记入"原材料"账户借方的同时，记入"银行存款"账户的贷方，"原材料"和"银行存款"就形成了账户的对应关系，"原材料"和"银行存款"也就是对应账户。

（2）会计分录

会计分录，简称分录，是对每项经济业务应借、应贷的账户名称（科目）及其金额记录的一种方式。每笔会计分录由三个要素构成，即应借应贷方向（记账符号）、相互对应科目（账户名称）及其金额。（例2.2）至（例2.5）所列示四项经济业务用会计分录表示分别如下：

①借：固定资产　　　　　　　　　　　　　　　　　　　　　　　　50 000
　　贷：银行存款　　　　　　　　　　　　　　　　　　　　　　　　　　50 000
②借：银行存款　　　　　　　　　　　　　　　　　　　　　　　　100 000
　　贷：实收资本　　　　　　　　　　　　　　　　　　　　　　　　　　100 000
③借：长期借款　　　　　　　　　　　　　　　　　　　　　　　　250 000
　　贷：实收资本　　　　　　　　　　　　　　　　　　　　　　　　　　250 000

④借：短期借款　　　　　　　　　　　　　　　　　　　　　　　　　　50 000
　　　应付账款　　　　　　　　　　　　　　　　　　　　　　　　　　20 000
　　贷：银行存款　　　　　　　　　　　　　　　　　　　　　　　　　　70 000

按照一项经济业务所涉及账户的多少，会计分录分为简单分录和复合分录。简单分录，是指只涉及一个借方账户和一个贷方账户的会计分录，即一借一贷的会计分录，如【例2.2】至【例2.4】的会计分录。复合分录是一项经济业务有两个以上（不含两个）对应账户的会计分录，即一借多贷、多借一贷、多借多贷的会计分录，如【例2.5】所示。

复合分录其实是由若干简单分录组合而成的，但为了保障账户的对应关系清晰明了，一般不应将不同经济业务的简单分录合并，编制一个多借多贷的复合分录。一笔复合分录可以分解为若干简单分录，若干简单分录也可以合并为一笔复合分录，复合或分解的目的在于分录能够更好地反映经济业务的实质。

在借贷记账法下，一般编制会计分录的步骤如下：

①分析一项经济业务所涉及的账户及其性质。一项经济业务发生后，首先分析这项经济业务所涉及账户是属于资产、负债、所有者权益，还是成本、费用、收入。

②确定涉及账户的金额是增加还是减少。

③根据涉及账户的结构，确定增加或减少金额应该记入相关账户的借方还是贷方。

④检查会计分录中的账户、金额及借贷方是否正确，是否符合借贷记账法的记账规则。

【情境训练2-3】

佳美服饰有限公司20×5年11月发生以下经济业务，想想如何运用借贷记账法编制会计分录：

（1）11月15日，将库存现金10 000元存入银行。

（2）11月18日，用银行存款20 000元购置原材料，材料已验收入库，不考虑增值税。

（3）11月20日，向中国银行借入短期借款100 000元。

（4）11月21日，收到江山公司以前所欠货款25 000元，存入银行。

（5）11月25日，购入一台不需要安装的机器设备，用银行存款支付50 000元，剩余50 000元尚未支付。

（6）11月25日，用银行存款30 000元支付以前所欠大东公司货款。

（7）11月30日，用银行存款5 000元购买办公用品。

（8）11月30日，收到瑞华公司用专利权进行投资，双方协商价为300 000元。

分析提示：

以（5）为例进行会计分录编制：

①分析涉及的账户　→　固定资产　　　银行存款　　　应付账款
②分析金额增减变动　→　增加100 000　　减少50 000　　增加50 000
③确定记账方向　→　借　　　　　　　贷　　　　　　贷
④写出完整分录　→　借：固定资产　　　　　　　　　　　　　　　　　100 000
　　　　　　　　　　贷：银行存款　　　　　　　　　　　　　　　　　　50 000
　　　　　　　　　　　　应付账款　　　　　　　　　　　　　　　　　　50 000

5. 借贷记账法下的试算平衡

试算平衡是指依据借贷记账法的记账规则和会计恒等式（资产＝负债＋所有者权益），通过对所有账户本期发生额合计和余额合计进行计算比较，来检查账户记录正确与否的一种方法。

（1）试算平衡的分类

试算平衡根据依据不同，分为发生额试算平衡和余额试算平衡。

①发生额试算平衡。

发生额试算平衡，是指本期所有账户借方发生额合计等于贷方发生额合计，用公式表示为

本期全部账户借方发生额合计＝本期全部账户贷方发生额合计

发生额试算平衡的依据是借贷记账法的记账规则，即"有借必有贷，借贷必相等"。

②余额试算平衡。

余额试算平衡，是指全部账户本期期末（期初）借方余额合计等于全部账户本期期末（期初）贷方余额合计，用公式表示为

本期全部账户期末（期初）借方余额合计＝本期全部账户期末（期初）贷方余额合计

只有资产（包括成本）、负债、所有者权益类账户期末有余额，资产类的账户余额在借方，负债类和所有者权益类的账户余额在贷方，所以余额试算平衡的依据是会计恒等式资产＝负债＋所有者权益。

（2）试算平衡表的编制

试算平衡是通过编制试算平衡表进行的。试算平衡表通常是在期末结出各账户的本期发生额合计和期末余额后进行编制的。试算平衡表一般设置期初余额、本期发生额、期末余额三大栏目，每个栏目下分设"借方"和"贷方"两个小栏（见表2-5）。各大栏中借方合计数和贷方合计数相等，如若不相等，则存在记账错误。为了简化表格，试算平衡表也可仅按照本期发生额编制，不填列各账户的期初余额和期末余额。

表2-5 试算平衡表

年 月 日　　　　　　　　　　　　　　　　　　　　　　　　　　单位：元

账户名称	期初余额		本期发生额		期末余额	
	借方	贷方	借方	贷方	借方	贷方
合计						

试算平衡只是从借方和贷方金额是否相等来检验账户记录正确与否的一种方法。如果借贷双方发生额合计和余额合计相等，表明账户记录基本正确，但有些账户记录错误并不能通过金额试算平衡检验出来。因此，试算不平衡，表示账户记录一定有问题，但即使试算平衡，也不能说账户记录完全没有问题。

通常不影响试算平衡关系的错误账户记录如下：

①漏记某项经济业务，使得本期借贷双方金额都少记相等金额，借贷仍旧平衡；

②重记某项经济业务，使得本期借贷双方金额都多记相等金额，借贷仍旧平衡；

③某项经济业务借贷方计入正确的账户，但是金额同时多记或少记，借贷仍旧平衡；

④某项经济业务记错有关账户，但是借贷方金额相等，借贷仍旧平衡；

⑤某项经济业务账户记录时，颠倒了记账方向，借贷仍旧平衡；

⑥登记账户时，偶尔发生的借方和贷方多记或少记的金额相互抵销，借贷仍旧平衡。

以上六种情况都会使得即使试算平衡，但是账户记录仍旧有问题，因此，要对一切会计记录进行定期的检查，以确保账户记录的正确性。

【例2.6】20×5年1月初，万方公司各账户余额如表2-6所示。

表2-6 期初余额

20×5年1月1日　　　　　　　　　　　　　　　　　　　　　　　　　单位：元

账户名称	期初借方余额	账户名称	期初贷方余额
库存现金	10 000	短期借款	150 000
银行存款	300 000	应付票据	130 000
原材料	150 000	应付账款	400 000
固定资产	12 000 000	实收资本	11 780 000
合计	12 460 000	合计	12 460 000

20×5年1月万方公司发生的部分经济业务（不考虑增值税）如下：

(1) 从银行提取现金5 000元备用。

(2) 购入50 000元原材料一批，已验收入库，货款尚未支付。

(3) 收到投资者投入资本金500 000元，存入银行。

(4) 用银行存款归还3个月前应付账款30 000元。

(5) 签发两个月到期的商业汇票50 000元抵付以前所欠货款。

(6) 用银行存款250 000元购买一台不需要安装的机器设备。

(7) 经协商，将所欠丙单位的应付账款200 000元转为对本企业的投资。

(8) 购买100 000元原材料一批，已验收入库，用银行存款支付60 000元货款，其余货款尚未支付。

(9) 用银行存款200 000元归还短期借款100 000元，偿还所欠货款100 000元。

根据以上业务，编制的会计分录如下：

(1) 借：库存现金　　　　　　　　　　　　　　　　　　　　5 000
　　　贷：银行存款　　　　　　　　　　　　　　　　　　　　　　5 000

(2) 借：原材料　　　　　　　　　　　　　　　　　　　　　50 000
　　　贷：应付账款　　　　　　　　　　　　　　　　　　　　　　50 000

(3) 借：银行存款　　　　　　　　　　　　　　　　　　　500 000
　　　贷：实收资本　　　　　　　　　　　　　　　　　　　　　500 000

(4) 借：应付账款　　　　　　　　　　　　　　　　　　　　30 000
　　　贷：银行存款　　　　　　　　　　　　　　　　　　　　　　30 000

(5) 借：应付账款　　　　　　　　　　　　　　　　　　　　50 000
　　　贷：应付票据　　　　　　　　　　　　　　　　　　　　　　50 000

(6) 借：固定资产　　　　　　　　　　　　　　　　　　　250 000

         贷：银行存款   250 000
(7) 借：应付账款   200 000
         贷：实收资本   200 000
(8) 借：原材料   100 000
         贷：银行存款   60 000
             应付账款   40 000
(9) 借：短期借款   100 000
         应付账款   100 000
         贷：银行存款   200 000

根据上述会计分录登记总分类账，期末结算各账户总分类账的本期发生额和期末余额，如图2-14至图2-21所示。

借方	银行存款		贷方
期初余额	300 000		
	(3) 500 000		(1) 5 000
			(4) 30 000
			(6) 250 000
			(8) 60 000
			(9) 200 000
本期借方发生额合计	500 000	本期贷方发生额合计	545 000
期末余额	255 000		

图2-14 "银行存款"账户

借方	库存现金		贷方
期初余额	10 000		
	(1) 5 000		
本期借方发生额合计	5 000	本期贷方发生额合计	0
期末余额	15 000		

图2-15 "库存现金"账户

借方	原材料		贷方
期初余额	150 000		
	(2) 50 000		
	(8) 100 000		
本期借方发生额合计	150 000	本期贷方发生额合计	0
期末余额	300 000		

图2-16 "原材料"账户

借方	实收资本		贷方
		期初余额	11 780 000
		(3) 500 000	
		(7) 200 000	
本期借方发生额合计	0	本期贷方发生额合计	700 000
		期末余额	12 480 000

图2-17 "实收资本"账户

借方	应付账款		贷方
		期初余额	400 000
(4) 30 000		(2) 50 000	
(5) 50 000		(8) 40 000	
(7) 200 000			
(9) 100 000			
本期借方发生额合计	380 000	本期贷方发生额合计	90 000
		期末余额	110 000

图 2-18 "应付账款"账户

借方	应付票据		贷方
		期初余额	130 000
		(5) 50 000	
本期借方发生额合计	0	本期贷方发生额合计	50 000
		期末余额	180 000

图 2-19 "应付票据"账户

借方	短期借款		贷方
		期初余额	150 000
(9) 100 000			
本期借方发生额合计	100 000	本期贷方发生额合计	0
		期末余额	50 000

图 2-20 "短期借款"账户

借方	固定资产		贷方
期初余额	12 000 000		
(6) 250 000			
本期借方发生额合计	250 000	本期贷方发生额合计	0
期末余额	12 250 000		

图 2-21 "固定资产"账户

根据各账户的期初余额、本期发生额、期末余额，编制总分类账户的试算平衡表进行试算平衡，如表 2-7 所示。

表 2-7 总分类账户试算平衡表

20×5 年 1 月 31 日　　　　　　　　　　　　　　　　　　　　　单位：元

账户名称	期初余额		本期发生额		期末余额	
	借方	贷方	借方	贷方	借方	贷方
库存现金	10 000		5 000		15 000	
银行存款	300 000		500 000	545 000	255 000	
原材料	150 000		150 000		300 000	
固定资产	12 000 000		250 000		12 250 000	
应付账款		400 000	380 000	90 000		110 000
应付票据		130 000		50 000		180 000
短期借款		150 000	100 000			50 000
实收资本		11 780 000		700 000		12 480 000
合计	12 460 000	12 460 000	1 385 000	1 385 000	12 820 000	12 820 000

由表2-7可以看出，本期发生额借贷合计、期末余额借贷合计相等，表明账户记录基本无误。

思政在线

罗永浩之六亿元"真还传"

2020年4月1日一场3小时17分钟的抖音带货直播，观看人数超过4800万人次，成交额达到1.1亿元，这是罗永浩第一次直播带货，凭借自己脱口秀式的带货方式、专注与忠诚的态度，创下抖音直播带货新纪录。而作为创新科技知名企业家进行直播带货（当时受到很多人的嘲讽），归根结底缘于偿还之前公司所欠的6亿元巨额债务。

从依靠诙谐幽默的教学方式而风靡大江南北的新东方任课教师，到开办没有任何商业广告进驻的纯粹性博客网站牛博网，到创办"老罗和他的朋友们教育科技有限公司"，即北京市海淀区至圣嘉德培训学校，再到演讲出书。一路上老罗彪悍、叛逆、幽默、诡异、独立，而最重要的是他拥有罕见的对这个世界的温柔和善意。直到2011年，乔布斯去世，罗永浩又打起了手机的主意，立志3年内收购苹果手机，他找到雷军商讨，但这个疯狂的想法未能和雷军达成共识，他开始自己一个人做手机。2012年5月，锤子科技（北京）有限公司（以下简称锤子科技）成立了，一心要做"东半球第二好"手机。他还是一如既往的任性且自信，认真又执着。

锤子科技首发T1手机，发布会获得巨大成功，但是由于老罗过于追求真，导致T1延迟发货，出现大量退单，后续产能困难、预定量乌龙、大幅降价等不好的事情就像多米诺骨牌一样，连环发生。然而后期推出的坚果手机、T2手机还是未能解决T1手机存在的问题。最终，消费者对老罗的耐心和信任逐渐消耗殆尽。到2018年底，锤子科技的资金链发生断裂，彼时46岁的老罗欠下6亿元的巨额债务。2019年，字节跳动收购锤子科技团队，罗永浩离开。

在这6亿元债务中，老罗承担个人无限连带责任的其实有1亿多元，剩余的4亿多元为公司债务，但是老罗没有通过选择让公司破产来逃避对投资者和债权人的责任，他说一个人要言而有信，要对信任你的人负责任。因此，他一个人扛下了所有的债务。所以才有了后来直播偿还6亿元的"真还传"，也有了"欠银行100元，睡不着觉的是你；而欠银行6亿元，睡不着觉的是银行"这个自我调侃的梗。

到2023年6月，罗永浩度过了3年的直播带货、参加综艺等生涯，同时，他的还债生涯也接近尾声，"真还传"终于要迎来它的大结局。就在大家以为老罗还会继续带货赚钱的时候，他却重新开始了一段新的旅程。6月12日深夜，罗永浩发文，"一眨眼竟然快十三年了，过得真快啊。明天我就正式退出微博和所有的社交平台，再次埋头创业去了"。再次踏上创业之路的老罗选择的是AR赛道，他想做一些了不起的事情，想创造更大的社会价值。有人评价过罗永浩，"某种程度上，他应该是个伤痕累累的人，但他又好像是完全崭新的"。

老罗终究还是原来那个老罗，任性且自信，认真又执着，充满理想，一如他的自传扉页上写的那般：有的鸟来到世间，是为了做它该做的事，而不是专门躲枪子儿的。

如若人生注定是一场艰难困苦的长途跋涉，那么，真正的勇士是明知道最终大概率会失败，但是他仍旧会义无反顾地出发，去努力，去拼搏。路漫漫其修远兮，吾将上下而求索。

项目小结

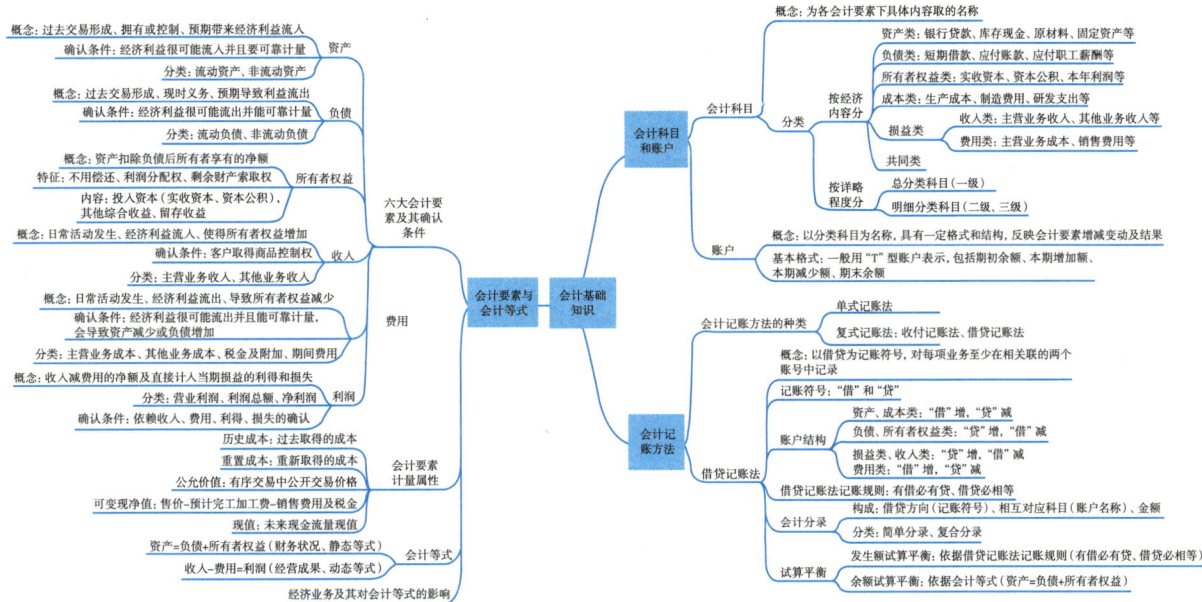

项目训练与测试

一、单项选择题

1. 银行存款、厂房、设备、应收款项属于会计要素中的（　　）。
   A. 资产　　　　B. 负债　　　　C. 所有者权益　　D. 收入

2. 未分配利润是属于（　　）类的会计要素。
   A. 资产　　　　B. 负债　　　　C. 所有者权益　　D. 费用

3. 收入是指企业日常经济活动发生的、会导致所有者权益增加、与所有者投入资本无关的（　　）。
   A. 经济利益的总流入　　　　B. 经济利益的总流出
   C. 生产成本　　　　　　　　D. 偶然收益

4. 用银行存款偿还短期借款，对会计恒等式的影响是（　　）。
   A. 资产内部项目一增一减　　B. 资产与负债同时减少
   C. 资产和所有者权益同时减少　D. 资产和负债同时增加

5. 下列会计等式错误的是（　　）。
   A. 资产 = 负债 + 所有者权益　　B. 收入 − 费用 = 利润
   C. 资产 + 费用 = 负债 + 所有者权益 + 收入　D. 资产 − 负债 = 所有者权益

6. 下列各项中，不会引起资产总额发生增加变动的是（　　）。
   A. 购入原材料一批，款项尚未支付　　B. 从银行借入短期借款
   C. 收回应收账款存入银行　　　　　　D. 销售产品收到款项存入银行

7. 某企业 8 月资产总额是 200 万元，收回应收账款 20 万元以后，企业总资产是（ ）元。
   A. 220 万　　　　B. 200 万　　　　C. 180 万　　　　D. 160 万

8. 会计要素最基本的计量属性是（ ）。
   A. 重置成本　　　B. 历史成本　　　C. 现值　　　　　D. 可变现净值

9. A 企业 9 月 1 日资产总额是 500 万元，9 月发生以下经济业务：①4 日采购原材料 20 万元，货款已支付；②10 日从银行借入长期借款 100 万元；③25 日用银行存款偿还前欠其他单位货款 30 万元，则 9 月 30 日资产总额是（ ）元。
   A. 550 万　　　　B. 560 万　　　　C. 570 万　　　　D. 580 万

10. 会计科目是（ ）。
    A. 会计要素的名称　B. 报表的项目　　C. 账簿的名称　　D. 账户的名称

11. 下列属于资产类会计科目的是（ ）。
    A. 预付账款　　　B. 预收账款　　　C. 应付账款　　　D. 本年利润

12. 下列属于负债类会计科目的是（ ）。
    A. 应收账款　　　B. 预收账款　　　C. 主营业务成本　D. 利润分配

13. 下列属于成本类会计科目的是（ ）。
    A. 主营业务成本　B. 生产成本　　　C. 销售费用　　　D. 管理费用

14. 会计账户开设的依据是（ ）。
    A. 会计要素　　　B. 会计对象　　　C. 会计科目　　　D. 计量属性

15. 下列各项中，与负债类账户结构相同的是（ ）账户。
    A. 资产类　　　　B. 所有者权益类　C. 收入类　　　　D. 费用类

16. 账户按（ ）的不同，可以分为总分类账户和明细分类账户。
    A. 会计科目　　　　　　　　　　　B. 用途和结构
    C. 提供信息的详略程度　　　　　　D. 会计对象

17. 下列属于总分类科目的是（ ）。
    A. 红星有限责任公司　　　　　　　B. 实收资本
    C. 甲材料　　　　　　　　　　　　D. 中国银行

18. 下列属于明细分类科目的是（ ）。
    A. 应收账款　　　B. 银行存款　　　C. 生产成本　　　D. 业务招待费

19. 会计科目和会计账户的区别是（ ）。
    A. 会计科目是会计账户的名称
    B. 会计科目能反映科目的增减变动，会计账户不行
    C. 会计科目有结构，会计账户没有
    D. 没有区别

20. 复式记账法是对每项经济业务都必须用相等的金额至少在两个账户中同时登记，其登记的账户是（ ）。
    A. 资产类账户　　　　　　　　　　B. 负债类账户
    C. 总分类账户和明细分类账户　　　D. 对应账户

21. 复式记账法所依据的会计恒等式是（　　）。
   A. 资产＝负债＋所有者权益　　　　　B. 收入－费用＝利润
   C. 资产＋费用＝负债＋所有者权益＋收入　D. 资产＝权益

22. 借贷记账法的理论基础是（　　）。
   A. 会计对象　　　B. 会计要素　　　C. 会计等式　　　D. 复式记账法

23. 借贷记账法作为一种复式记账法，其"借""贷"表示（　　）。
   A. 记账规则　　　B. 账户结构　　　C. 账户对应关系　　　D. 记账符号

24. 账户分为借贷两方，借方登记增加，还是贷方登记增加，取决于（　　）。
   A. 记账方法　　　B. 记账规则　　　C. 会计核算方法　　　D. 账户性质

25. 某资产类账户期初借方余额为10 000元，本期借方发生额为5 000元，贷方发生额余额为3 000元，则该账户本期期末余额为（　　）元。
   A. 15 000　　　B. 8 000　　　C. 12 000　　　D. 10 000

26. 某权益类账户本期期初余额为20 000元，本期借方发生额为4 500元，期末余额为25 000元，则该账户本期贷方发生额为（　　）元。
   A. 4 500　　　B. 5 000　　　C. 5 500　　　D. 9 500

27. 下列账户登记在贷方的是（　　）。
   A. 银行存款的增加　　　　　　　　B. 短期借款的减少
   C. 主营业务收入的增加　　　　　　D. 主营业务成本的增加

28. "借""贷"记账符号表示（　　）。
   A. 债权债务关系变化　　　　　　　B. 借方登记增加，贷方登记减少
   C. 有借必有贷，借贷必相等　　　　D. 记账方向

29. 借贷记账法发生额试算平衡的依据是（　　）。
   A. 借贷记账法的记账规则　　　　　B. 会计恒等式
   C. 经济业务的内容　　　　　　　　D. 账户性质

30. 借贷记账法余额试算平衡的依据是（　　）。
   A. 资金运动的变化规律　　　　　　B. 会计恒等式
   C. 会计账户结构　　　　　　　　　D. 账户平行登记

二、多项选择题

1. 资产的基本特征包括（　　）。
   A. 资产是由过去的交易或事项形成的　B. 资产必须是投资者投入或向债权人借入的
   C. 资产是企业拥有或者控制的　　　　D. 资产预期能够给企业带来经济利益的流入
   E. 资产是有实物形态的

2. 下列反映企业财务状况的会计要素有（　　）。
   A. 资产　　　B. 负债　　　C. 所有者权益　　　D. 收入
   E. 费用

3. 下列反映企业经营成果的会计要素有（　　）。
   A. 资产　　　B. 负债　　　C. 收入　　　D. 费用

E. 利润

4. 下列只能引起资产和负债同时减少的经济业务的有（　　）。

　A. 从银行取出 2 000 元备用金

　B. 用银行存款偿还 200 000 元短期借款

　C. 接受投资收到 300 000 元，款项存入银行

　D. 从银行取得长期借款 500 000 元

　E. 用银行存款偿还前欠货款 50 000 元

5. 期间费用包括（　　）。

　A. 制造费用　　　B. 管理费用　　　C. 销售费用　　　D. 财务费用

　E. 主营业务成本

6. 会计的计量属性包括（　　）。

　A. 历史成本　　　B. 重置成本　　　C. 可变现净值　　　D. 现值

　E. 公允价值

7. 会计恒等式用公式表示为（　　）。

　A. 资产＝负债＋所有者权益　　　B. 收入－费用＝利润

　C. 资产＝债权人权益＋所有者权益　　　D. 资产＝权益

　E. 资产＝负债＋所有者权益＋（收入－费用）

8. 会计科目按照所属的会计要素不同，分为（　　）。

　A. 资产类　　　B. 负债类　　　C. 所有者权益类　　　D. 收入类

　E. 成本类　　　F. 费用类　　　G. 损益类

9. 账户中的各项金额包括（　　）。

　A. 期初余额　　　B. 本期增加额　　　C. 本期减少额　　　D. 期末余额

10. 下列属于资产类会计科目的是（　　）。

　A. 固定资产　　　B. 预收账款　　　C. 预付账款　　　D. 应收账款

11. 下列属于所有者权益类会计科目的是（　　）。

　A. 实收资本　　　B. 资本公积　　　C. 本年利润　　　D. 盈余公积

12. 下列属于成本类会计科目的是（　　）。

　A. 制造费用　　　B. 生产成本　　　C. 主营业务成本　　　D. 其他业务成本

　E. 管理费用

13. 账户的特点可以归纳为（　　）。

　A. 不同的方向登记增加额和减少额

　B. 一个账户借方登记金额和贷方登记金额相等

　C. 账户的余额一般和账户增加额的方向在同一个方向

　D. 上期的期末余额等于本期的期初余额

　E. 上期的期末余额等于本期的期末余额

14. 下列账户中各项金额关系正确的有（　　）。

　A. 本期期末余额＝本期期初余额＋本期增加额－本期减少额

B. 本期期末余额 = 本期期初余额

C. 本期期末余额 = 本期增加额 + 本期减少额

D. 本期期末余额 + 本期减少额 = 本期期初余额 + 本期增加额

15. 下列关于会计科目和账户的说法，正确的有（　　）。

A. 会计科目是会计账户的名称

B. 会计科目分为资产类、负债类、所有者权益类、成本类、损益类、共同类

C. 会计账户不仅反映会计科目的增减变动，还能反映变动的结果

D. 所有的账户均有期末余额

16. "借""贷"记账符号表示（　　）。

A. "借"方表示增加，"贷"方表示减少

B. 记账方向

C. 记账金额

D. "借"方表示资产的增加，"贷"方表示负债的增加

17. "借"字表示（　　）。

A. 资产的增加　　　B. 负债的减少　　　C. 所有者权益的减少

D. 费用的增加　　　E. 收入的增加

18. "贷"字表示（　　）。

A. 资产的减少　　　B. 负债的增加　　　C. 所有者权益的减少

D. 费用的增加　　　E. 收入的增加

19. 每一笔会计分录都包括（　　）。

A. 记账方向　　　B. 会计科目　　　C. 金额　　　D. 单位

E. 试算平衡

20. 不能通过试算平衡发现的错误有（　　）。

A. 某项经济业务重复登记

B. 计入错误的会计账户

C. 某项经济业务未登记入账

D. 借贷方同时登记相等的错误金额

E. 借方登记入账，贷方未登记入账

三、判断题

1. 发生任何经济业务，都会引起资产和权益类至少两个项目的增减变化，而且变化后资产和权益仍旧恒等。（　　）

2. 企业向供应商赊购 200 000 元原材料，因此，企业的资产内部一增一减相同金额。（　　）

3. 经济业务的发生，可能会破坏会计等式的平衡关系。（　　）

4. 资产与权益之间没有任何关系。（　　）

5. 账户余额的方向一般是不确定的。（　　）

6. 所有的会计总分类科目都要设置明细分类账。（　　）

7. 在设置会计科目时，允许企业在不违背会计准则的前提下，在不影响会计核算要求和会计报

表指标汇总的条件下，根据实际情况自行设置一些科目。（　　）

8. 通过试算平衡来进行检验账户记录，如果试算平衡，则账户记录一定没有问题。（　　）

9. 凡是借方余额的账户一定是资产类账户。（　　）

10. T 型账户的结构中，左边代表借方，右边代表贷方。（　　）

四、业务题

1. 练习资产、负债、所有者权益会计要素的确认、计量。

资料：某企业 20×5 年 9 月发生以下经济业务：

①从银行提取现金 5 000 元作为备用金。

②从银行借入短期借款 100 000 元。

③收回客户前欠货款 200 000 元，款项存入银行。

④用银行存款 250 000 元购入一台设备。

⑤收到投资者投入 1 000 000 元，存入银行。

⑥用银行存款 150 000 元偿还以前货款。

⑦采购原材料 50 000 元，款项暂时未付。

⑧使用银行存款 300 000 元发放工资。

⑨将现金 3 000 元存入银行。

⑩用银行存款偿还长期借款 200 000 元。

⑪员工出差预借差旅费 3 000 元，财务部门以现金支付。

要求：

（1）分析每笔经济业务所引起的资产和权益有关项目的增减变化情况，填入资产和权益变动表中。

资产和权益变动表

单位：元

业务序号	涉及的资产、权益项目	资产		负债和所有者权益	
		增加金额	减少金额	增加金额	减少金额
合计					

（2）检验资产和权益的增减净额，验证两者是否相等。

2. 练习会计要素、会计科目的确认。

资料：某工业企业部分经济业务内容与对应会计科目如下表所示：

经济业务内容与会计科目对应表

序号	经济业务内容	应属会计科目大类	应属具体会计科目
1	企业厂房		
2	企业办公大楼		
3	库存原材料		
4	库存产成品		
5	库存半成品		
6	企业机器设备		
7	保险柜里的现金		
8	企业运输车辆		
9	偿还期为5年的借款		
10	存入开户银行的款项		
11	企业职工预借的款项		
12	应付供货单位款项		
13	预付供货单位款项		
14	应收客户款项		
15	预收客户款项		
16	收入投资者投入资金		
17	组织车间生产管理发生的费用		
18	车间生产产品发生的直接费用		
19	企业行政管理部门发生的办公费		
20	企业发生的广告宣传费		
21	企业销售部门发生的业务招待费		
22	企业借款发生的利息费用		
23	预收的包装物押金		
24	预付的包装物押金		
25	应收的个人赔偿款		
26	应付职工工资		
27	应交各种税费		
28	销售商品实现收入		
29	销售商品的成本		
30	销售商品负担的税金		
31	本年实现的净利润		
32	利润中提取的盈余公积金		
33	进行利润分配		
34	应付给股东的现金股利		
35	企业拥有的专利权、商标权		

要求：根据资料所列经济内容，完成相应表格内容。

3. 练习借贷记账法的记账原理。

资料：

（1）某企业20×5年11月1日有关总分类账户的期初余额如下表所示：

总分类账户期初余额　　　　　　　　　　　　　　　　　　　　　　　　单位：元

账户名称	借方金额	账户名称	贷方金额
库存现金	5 000	短期借款	300 000
银行存款	400 000	应付账款	250 000
应收账款	200 000	实收资本	727 000
其他应收款	2 000		
原材料	20 000		
库存商品	120 000		
生产成本	80 000		
固定资产	250 000		
无形资产	200 000		
合计	1 277 000	合计	1 277 000

（2）该企业11月发生以下经济业务：

① 5日，企业接受投资者投入一项专利权，价值为100 000元。

② 10日，用银行存款偿还前欠货款150 000元。

③ 12日，收到外单位前欠货款120 000元。

④ 20日，从银行借入短期借款80 000元，直接用于归还前欠货款。

⑤ 23日，购入设备一台，价值150 000元，款项暂未支付。

⑥ 25日，管理人员出差回来报销差旅费2 000元。

⑦ 25日，车间生产产品领用原材料5 000元。

⑧ 28日，车间产品部分产品完工，价值50 000元。

⑨ 30日，用银行存款100 000元归还短期借款。

要求：

（1）根据资料（1）开设总分类账户，并录入期初余额。

（2）根据资料（2）的经济业务，编写会计分录。

（3）根据发生的经济业务登记账户发生额并结出期末余额。

（4）编制本月发生额和余额试算平衡表。

五、思考题

1. 会计要素有哪些？其特征及各要素之间的关系是什么？

2. 会计等式有哪些？

3. 什么是会计科目？为什么要设置会计科目？

4. 会计科目和会计账户的区别及关联是什么？

5. 为什么要设置会计账户？如何理解会计对象、会计要素和会计账户之间的关系？

6. 借贷记账法的基本内容是什么？

项目三
借贷记账法的应用

学习目标

知识目标：

理解制造企业生产经营各环节的核算内容；掌握制造企业生产经营各环节中经济业务核算应用的账户及账务处理。

能力目标：

能编制制造企业主要经营过程典型业务的会计分录；能计算企业的生产成本和财务成果。

素质目标：

严格遵守会计准则，具有良好的遵纪守法意识和会计职业道德观念；培养学生细心、耐心和谨慎的职业习惯。

任务一 筹集资金业务核算

任务引例

万方制造有限公司是一家从事机械零部件生产的增值税一般纳税人企业。为抓住市场机遇，公司计划扩建数字化生产车间，预计需新增资金300万元。

讨论： 万方公司可以通过哪些渠道筹集所需资金？

知识讲解

资金筹集是指企业根据其创建经营的需要，通过不同的渠道得到企业所需资金的过程。资金筹集是企业生产经营活动的首要条件，可以说筹资是企业资金运动的开端和基础。制造企业的资金来源一般包含两部分：第一，接受投资者对企业的投资，也就是所有者投资，构成企业的所有者权益；第二，向债权人借入资金，形成企业的负债。企业筹集资金的形式如图 3-1 所示。

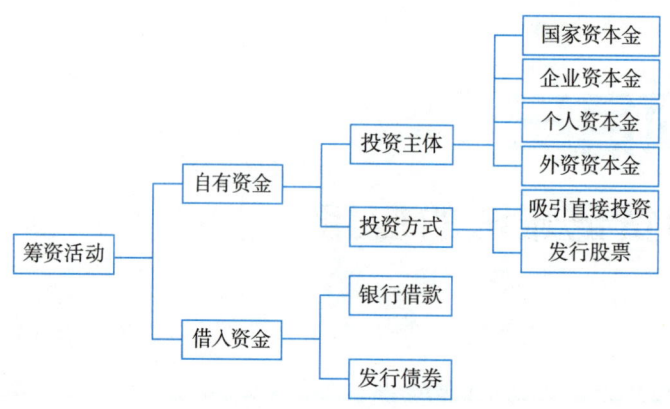

图 3-1 企业筹集资金的形式

债权人因将资金借给企业而形成的对企业资产的要求权为企业的负债；投资者因将资金投入企业而形成的对企业资产的要求权为企业的所有者权益或股东权益。虽然债权人的要求权和投资人的要求权在会计上均称为权益，但它们在会计处理上存在根本差异。

引例解析

万方公司可通过吸收投资和借款等渠道筹集资金。投资者投入的资本金构成所有者权益，而借入的资金属于企业负债。

知识链接

《公司法》对股东出资的规定

根据《公司法》，股东可以用货币出资，也可以用实物、知识产权、土地使用权等可以用货币估价并可以依法转让的非货币财产作价出资；但是，法律、行政法规规定不得作为出资的财产除外。对作为出资的非货币财产应当评估作价，核实财产，不得高估或者低估作价。法律、行政法规对评估作价有规定的，从其规定。股东应当按期足额缴纳公司章程中规定的各自所认缴的出资额。股东以货币出资的，应当将货币出资足额存入有限责任公司在银行开设的账户；以非货币财产出资的，应当依法办理其财产权的转移手续。

一、账户设置

企业通常设置以下账户对筹集资金业务进行核算。

（一）"实收资本（或股本）"账户

"实收资本（或股本）"账户属于所有者权益类账户，用以核算和监督企业接受投资者投入的实际资本。"实收资本（或股本）"账户贷方反映企业实际收到投资者投入的资本额，借方则反映企业依法减少的资本额，期末余额在贷方，反映企业实际所有的资本或股本总额。该账户应按投资者设置明细账户，进行明细分类核算。其账户结构如图 3-2 所示。

（二）"资本公积"账户

"资本公积"账户属于所有者权益类账户，用以核算所有者投入资本超过其在注册资本（或股本）中所占份额的部分和其他资本公积等。资本公积包含两部分内容：资本溢价（股本溢价）和其

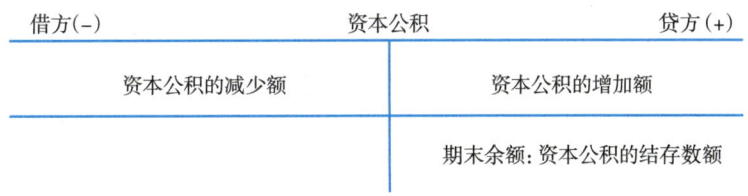

图 3-2 "实收资本（或股本）"账户

他资本公积。"资本公积"账户贷方表示资本公积的增加，借方表示资本公积的减少，期末余额在贷方，表示资本公积结存数额。该账户应按资本公积的项目设置明细账户，进行明细分类核算。其账户结构如图 3-3 所示。

图 3-3 "资本公积"账户

（三）"银行存款"账户

"银行存款"账户属于资产类账户，用以核算企业在银行或其他金融机构各种款项的收入、支出和结存情况。"银行存款"账户借方表示银行存款的增加，贷方表示银行存款的减少，期末余额在借方，反映在期末时存放在银行或其他金融机构中的存款数额。其账户结构如图 3-4 所示。

图 3-4 "银行存款"账户

（四）"库存现金"账户

"库存现金"账户属于资产类账户，用来核算和监督企业现金的收入、支出和结存情况。"库存现金"账户借方表示企业现金的增加，贷方表示企业现金的减少，期末余额在借方，反映在期末时企业持有的库存现金数额。其账户结构如图 3-5 所示。

借方(+)	银行存款	贷方(-)
增加的存款款项		减少的存款款项
期末余额：结存的银行存款数额		

图 3-5 "库存现金"账户

(五)"固定资产"账户

"固定资产"账户属于资产类账户,用来核算和监督企业持有的固定资产的原始价值。"固定资产"账户借方表示固定资产增加的原始价值,贷方表示固定资产减少的原始价值,期末余额在借方,反映企业现有固定资产的原始价值。该账户可按固定资产类别设置明细账户,进行明细分类核算。其账户结构如图3-6所示。

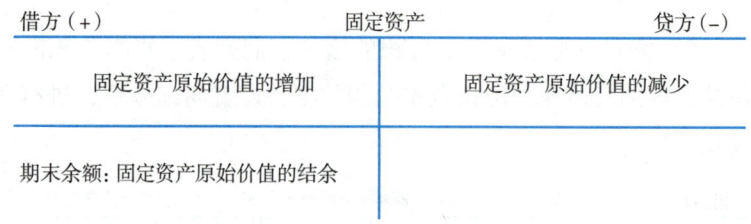

图3-6 "固定资产"账户

(六)"短期借款"账户

"短期借款"账户属于负债类账户,用来核算企业向银行或其他金融机构借入的期限在1年以内(含1年)的各种借款(本金)的增减变动及结余情况。"短期借款"账户贷方表示借款的取得,即短期借款本金的增加额,借方表示借款的偿还,即短期借款本金的减少额,期末余额在贷方,表示企业期末尚未偿还的短期借款本金结余额。该账户可按借款种类、贷款单位和币种设置明细账户,进行明细分类核算。其账户结构如图3-7所示。

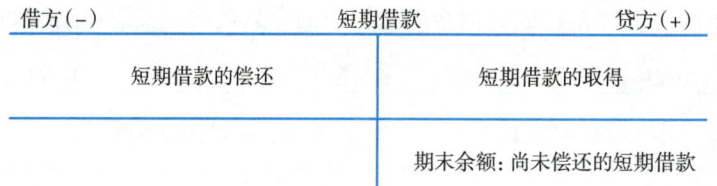

图3-7 "短期借款"账户

(七)"长期借款"账户

"长期借款"账户属于负债类账户,用来核算和监督企业向银行及其他金融机构借入的期限在1年以上的各种借款的借入、归还及结余情况。"长期借款"账户贷方表示长期借款的增加额(包括本金和各期计算出来的应付未付的利息),借方表示已偿还的长期借款(偿还的本金和利息),期末余额在贷方,反映企业尚未偿还的长期借款。该账户应按贷款单位和贷款种类设置明细账户,进行明细分类核算。其账户结构如图3-8所示。

借方(-)	长期借款	贷方(+)
偿还的本金和利息		借入的长期借款本金和到期还本付息的未付利息
		期末余额:尚未偿还的长期借款本息数

图3-8 "长期借款"账户

二、投入资金业务的核算

所有者投入资本按照投资主体的不同可以分为国家资本金、法人资本金、个人资本金和外商资本金等。所有者投入的资本主要包括实收资本（或股本）和资本公积。

实收资本（或股本）是指企业的投资者按照企业章程、合同或协议的约定，实际投入企业的资本金以及按照有关规定由资本公积、盈余公积等转增资本的资金。实收资本代表一家企业的实力，是创办企业的"本钱"。实收资本的额度、构成比例通常是确定所有者在企业所有者权益中所占的份额和参与企业财务经营决策的基础，也是企业进行利润分配或股利分配的依据。

资本公积的主要来源是投资者出资额超出其在企业注册资本（或股本）中所占份额的部分和直接计入资本公积的各种利得或损失等。

知识链接

资本公积的用途

根据《公司法》等法律规定，资本公积的用途主要为转增资本，即依法用资本公积按投资人原有投资比例增加投资者的实收资本。转增资本一方面可以改变公司所有者投入资本的结构，展现公司稳中向好的发展潜力；另一方面对于股份有限公司而言，可增加投资者持有的股份数，提高股票的交易量。

（一）接受现金资产投资

企业收到投资者以货币性资金投入的资本时，以实际收到的金额作为实收资本入账，借记"银行存款"，按投资合同或协议约定的投资者在企业注册资本所占份额的部分，贷记"实收资本"。对于实际收到的金额超过投资者在企业注册资本所占份额的部分，贷记"资本公积——资本溢价"。

【例3.1】 2023年12月1日，万方公司收到星海公司和振兴公司投入的银行存款300 000元，其中星海公司出资100 000元，振兴公司出资200 000元。

该项经济业务的发生，引起资产要素中的"银行存款"和所有者权益要素中的"实收资本"同时增加，使得"银行存款"和"实收资本"两个账户同时发生变化，结合这两个账户的结构，编制会计分录如下：

借：银行存款　　　　　　　　　　　　　　　　　　　　　　　　300 000
　　贷：实收资本——星海公司　　　　　　　　　　　　　　　　　　100 000
　　　　　　　——振兴公司　　　　　　　　　　　　　　　　　　　200 000

【例3.2】 2023年12月3日，万方公司收到小米公司投入银行存款100 000元，其中，80 000元作为实收资本，20 000元作为资本公积。

该项经济业务的发生，引起资产要素中的"银行存款"和所有者权益要素中的"实收资本""资本公积"增加，使得"银行存款"、"实收资本"和"资本公积"三个账户同时发生变化，结合这三个账户的结构，编制会计分录如下：

借：银行存款　　　　　　　　　　　　　　　　　　　　　　　　100 000
　　贷：实收资本——小米公司　　　　　　　　　　　　　　　　　　80 000
　　　　资本公积——资本溢价　　　　　　　　　　　　　　　　　　20 000

（二）接受非现金资产投资

企业接受以固定资产、原材料、无形资产等方式投入的资本，应按照投资合同或协议约定价值确认接受的非现金资产的价值，并确定在注册资本中应享有的份额。按实际收到的资产，借记"固定资产""无形资产"等科目，按照应享有的份额贷记"实收资本"科目，两者之间的差额计入"资本公积——资本溢价"科目。

【例3.3】 2023年12月3日，万方公司收到国家投入的不需要安装设备一台，双方约定的价值为150 000元（不考虑增值税）。

该项经济业务的发生，引起资产要素中的"固定资产"增加、所有者权益要素中的"实收资本"增加，使得"固定资产"和"实收资本"两个账户同时发生变化，结合这两个账户的结构，编制会计分录如下：

借：固定资产　　　　　　　　　　　　　　　　　　　　　　　　　　150 000
　　贷：实收资本——国家资本　　　　　　　　　　　　　　　　　　　150 000

【例3.4】 2023年12月14日，万方公司收到兰瑞公司作为资本投入的乙材料10 000千克，约定材料价值100 000元，材料已入库（不考虑增值税）。

该项经济业务的发生，引起资产要素中的"原材料"增加、所有者权益要素中的"实收资本"增加，使得"原材料"和"实收资本"两个账户同时发生变化，结合这两个账户的结构，编制会计分录如下：

借：原材料——乙材料　　　　　　　　　　　　　　　　　　　　　　100 000
　　贷：实收资本——兰瑞公司　　　　　　　　　　　　　　　　　　　100 000

（三）实收资本的减少

企业减少实收资本的原因有三个方面：第一，资本过剩；第二，发生重大亏损需要减少实收资本；第三，企业需对其资本结构进行重构。企业在返还投资者资本时，按实际返还金额借记"实收资本"，贷记"库存现金""银行存款"等。

【例3.5】 2023年12月29日，万方公司经批准向投资者刘云退还资本金200 000元，以银行存款支付。

该项经济业务的发生，引起资产要素中的"银行存款"以及所有者权益要素中的"实收资本"同时减少，使得"实收资本"和"银行存款"两个账户同时发生变化，结合这两个账户的结构，编制会计分录如下：

借：实收资本——刘云　　　　　　　　　　　　　　　　　　　　　　200 000
　　贷：银行存款　　　　　　　　　　　　　　　　　　　　　　　　　200 000

三、借入资金业务的核算

企业在生产经营中，为了弥补资金不足，需要向银行或其他金融机构借入款项。企业借款按偿还期限，分为短期借款和长期借款。

短期借款是指企业为了满足其生产经营对资金的临时性需要而向银行或其他金融机构等借入的偿还期限在1年以内（含1年）的各种借款。短期借款具有借款金额小、时间短以及利息少等特点，对企业资产的流动性要求高。长期借款是指企业向银行或其他金融机构等借入的偿还期限在 1 年以上（不含 1 年）的各种借款。长期借款具有借款金额大、时间长以及利息多等特点，对企业资产的流动性要求较低。

（一）取得短期借款的核算

企业从银行或其他金融机构取得短期借款时，借记"银行存款"账户，贷记"短期借款"账户。

【例 3.6】2023 年 12 月 1 日，万方公司向银行借入短期借款 60 000 元，期限 6 个月，年利率 6%，利息分月计提，按季支付。（计提利息的分录见本项目任务五）

该项经济业务的发生，引起资产要素中的"银行存款"和负债要素中的"短期借款"同时增加，使得"银行存款"和"短期借款"两个账户同时发生变化，结合这两个账户的结构，编制会计分录如下：

借：银行存款　　　　　　　　　　　　　　　　　　　　　　　60 000
　　贷：短期借款　　　　　　　　　　　　　　　　　　　　　　　60 000

（二）取得长期借款的核算

企业借入长期借款，应按实际收到金额，借记"银行存款"，贷记"长期借款——本金"，如存在差额，还应计入"长期借款——利息调整"。

【例 3.7】2023 年 12 月 5 日，万方公司向银行借入 3 年期长期借款 300 000 元，合同约定年利息率 6%，每年末支付利息，到期一次还本。

该项经济业务的发生，引起资产要素中的"银行存款"和负债要素中的"长期借款"同时增加，使得"银行存款"及"长期借款"两个账户同时发生变化，结合这两个账户的结构，编制会计分录如下：

借：银行存款　　　　　　　　　　　　　　　　　　　　　　　300 000
　　贷：长期借款——本金　　　　　　　　　　　　　　　　　　　300 000

（三）归还借款的核算

企业归还借款时，按应归还的金额，借记"短期借款"或"长期借款——本金"，贷记"银行存款"，如果"长期借款——利息调整"存在余额，也要同时结转。

【例 3.8】2023 年 12 月 30 日，以银行存款归还短期借款 20 000 元、长期借款 150 000 元。

该项经济业务的发生，引起资产要素中的"银行存款"和负债要素中的"短期借款""长期借款"同时减少，使得"银行存款"、"短期借款"和"长期借款"三个账户同时发生变化，结合这三个账户的结构，编制会计分录如下：

借：短期借款　　　　　　　　　　　　　　　　　　　　　　　 20 000
　　长期借款——本金　　　　　　　　　　　　　　　　　　　　150 000
　　贷：银行存款　　　　　　　　　　　　　　　　　　　　　　170 000

任务二　供应过程业务核算

任务引例

万方公司在采购原材料的过程中，由于天气原因发生了合理损耗，导致这一部分材料不能使用。

讨论：采购过程中合理的损耗会对材料的采购成本产生什么样的影响？

知识讲解

企业的供应过程，是生产的准备过程。企业将筹集的资金用于购建厂房、机器设备，购买各种原材料、辅助材料等，为企业生产准备必要的劳动资料和劳动对象，因此，企业供应过程的业务核算主要包括材料采购业务和固定资产购建业务。

一、账户设置

（一）"原材料"账户

"原材料"账户属于资产类账户，用以核算企业库存的各种材料，包括原料及主要材料、辅助材料、外购半成品（外购件）、修理用备件（备品备件）、包装材料、燃料等的成本。"原材料"账户借方表示已经验收入库的材料的成本，贷方表示发出材料的成本，期末余额在借方，表示库存材料成本的结存数。"原材料"账户应该按照材料的类别、规格或品种设置明细账，进行明细分类核算。其账户结构如图 3-9 所示。

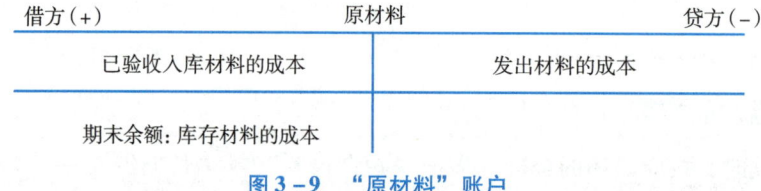

图 3-9　"原材料"账户

（二）"在途物资"账户

"在途物资"账户属于资产类账户，用以核算企业采用实际成本进行材料的日常核算，货款已付但尚未验收入库的在途材料的采购成本。"在途物资"账户借方用于归集材料的采购成本（包括购入的买价和采购费用），贷方表示已经验收入库结转的采购成本，期末余额在借方，表示尚未运达企业或者已经运达但尚未验收入库的在途材料的采购成本。"在途物资"账户可按供货单位和物资品种设置明细账，进行明细分类核算。其账户结构如图 3-10 所示。

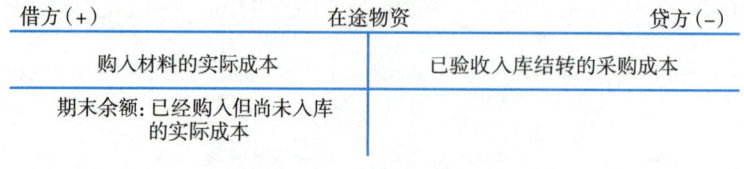

图 3-10　"在途物资"账户

(三)"应付账款"账户

"应付账款"账户属于负债类账户,用以核算企业因购买材料、商品和接受劳务等经营活动应支付的款项。"应付账款"账户贷方表示已经发生的应该支付而没有支付供应单位的款项,借方登记已经实际偿还供应单位的款项,期末余额一般在贷方,表示企业尚未支付的应付账款数额。该账户应按供应单位设置明细账户,进行明细分类核算。其账户结构如图3-11所示。

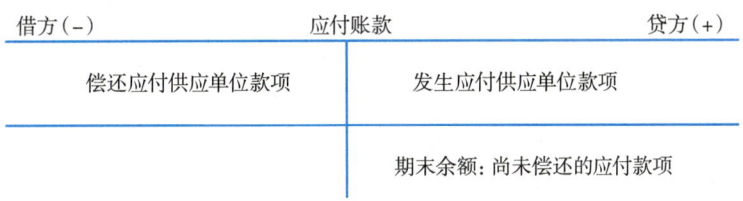

图3-11 "应付账款"账户

(四)"预付账款"账户

"预付账款"账户属于资产类账户,用以核算企业按照合同规定预付的款项。"预付账款"账户借方表示按合同约定预付给供货单位的款项和补付的货款,贷方表示因为收到货物或者劳务而冲销的预付款项和收到返还多付的货款,期末余额如为借方余额,反映企业尚未结算的预付款,如为贷方余额,则表示企业尚未补付的款项。该账户应按供应单位设置明细账,进行明细分类核算。其账户结构如图3-12所示。

预付款项情况不多的企业,也可以不设置该账户,将预付的款项直接记入"应付账款"账户。

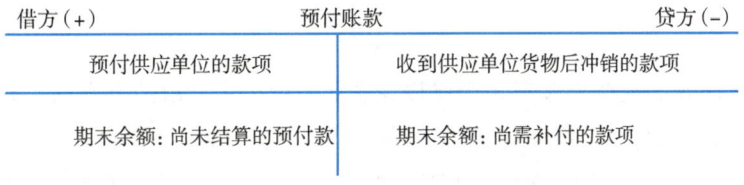

图3-12 "预付账款"账户

(五)"应交税费"账户

"应交税费"账户属于负债类账户,用以核算企业按照税法等法律规定计算应缴纳的各种税费,包括增值税、消费税、企业所得税、城市维护建设税、教育费附加、资源税、土地增值税、城镇土地使用税、车船税及环境保护税等。同时,企业代扣代缴的个人所得税等,也通过本账户核算。"应交税费"账户贷方表示企业应缴纳的各种税费,借方表示企业实际已经缴纳的各种税费,期末余额如为贷方余额,表示企业尚未缴纳的税费,如为借方余额,表示企业多交或尚未抵扣的税费。该账户应按税收种类设置明细账,进行明细分类核算。其账户结构如图3-13所示。

借方(-)	应交税费	贷方(+)
实际缴纳的各种税费 (包括增值税进项税额)		计算出的应交而未交的税费 (包括增值税销项税额)
期末余额:多交或尚未抵扣的税费		期末余额:未交的税费

图3-13 "应交税费"账户

知识链接

增值税

增值税是我国现阶段税收收入规模最大的税种。增值税是对在我国境内销售货物、加工修理修配劳务、服务、无形资产或者不动产和进口货物的单位和个人,根据其取得的销售额计算税款,并实行税款抵扣制的一种流转税。有增值额才征收增值税,没有增值额就不涉及增值税。增值税的纳税人分为一般纳税人和小规模纳税人,两种纳税人的税款计算及会计核算不尽相同。

对于一般纳税人,我国目前采用抵扣法征税,一般纳税人应交增值税税额等于当期销项税额减去当期进项税额。其中,销项税额是指按照纳税人销售货物、劳务、服务、无形资产及不动产的销售额或应税劳务及服务的收入和税法规定的税率计算并向购买方收取的增值税税额;而进项税额是指纳税人购入货物、劳务、服务、无形资产及不动产所支付的,准予从销项税额中扣除的增值税税额。为了核算企业应交增值税的发生、抵扣、缴纳等情况,应在"应交税费"账户下设置"应交增值税"明细账户,并在"应交增值税"明细账内设置"进项税额""销项税额"等专栏。其中进项税额是指当期购进货物或应税劳务缴纳的增值税税额,销项税额则指增值税纳税人销售货物或应税劳务,按照销售额和适用税率计算并向购买方收取的增值税税额。

小规模纳税人应当按照不含税销售额和规定的增值税征收率计算缴纳增值税,销售货物或提供劳务时一般开具普通发票,需要开具增值税专用发票的,可以自愿使用增值税发票管理系统自行开具。小规模纳税人不享有进项税额的抵扣权,其购进货物或接受应税劳务支付的增值税直接计入有关货物或劳务的成本。因此,小规模纳税人只需在"应交税费"账户下设置"应交增值税"明细账户,不需要在"应交增值税"明细账户中设置专栏。

(六)"在建工程"账户

"在建工程"账户属于资产类账户,用以核算企业基建、更新改造等在建工程发生的各项支出。"在建工程"账户借方登记企业发生的在建工程的实际支出,贷方登记已完工工程转出的成本,期末余额在借方,表示企业尚未达到预定可使用状态的在建工程的成本。该账户按在建工程的项目设置明细账。其账户结构如图3-14所示。

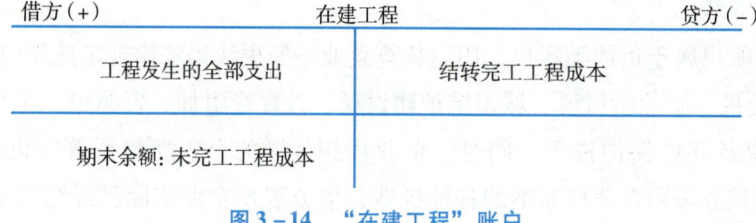

图3-14 "在建工程"账户

二、材料采购成本构成和计算

(一)材料采购成本的构成

材料采购成本指的是材料采购过程中发生的合理的、必要的支出,包括买价和采购费用两部分。

(1)买价。指供货单位开具发票上的货款金额,由购买数量和单价相乘而得。

(2) 采购费用。指企业在购买材料过程中发生的合理的、必要的费用,包括运输费、装卸费、保险费、仓储费、运输过程中的合理损耗和入库前的挑选整理费用等。

(二) 共同费用的分配

企业在采购过程中发生的采购费用,如果可以直接划分清楚应由哪种材料负担的,直接记入该种材料的采购成本;对于无法直接划分清楚、由多种材料共同负担的采购费用,应依据一定的分配标准(如材料的重量、价格或体积等)进行分配,分别记入各种材料的采购成本。共同费用的分配方法和步骤如下:

第一步,计算分配率。

$$采购费用分配率 = 共同采购费用总额 \div 分配标准之和$$

第二步,计算某种材料应负担的共同采购费用。

$$某种材料应负担的采购费用 = 该种材料的分配标准 \times 采购费用分配率$$

【情境训练3-1】

佳美服饰有限公司20×5年4月采购了两种纽扣,甲种纽扣数量1 500枚,价值1 000元;乙种纽扣数量2 000枚,价值1 500元。此外,两种纽扣共同发生运杂费100元,运杂费以两种纽扣的数量为标准进行分配。

分别计算佳美服饰有限公司本月购进两种纽扣的总成本。

分析提示:

甲种纽扣总成本 = 1 000 + 100 ÷ (1 500 + 2 000) × 1 500 = 1 042.86 (元);

乙种纽扣总成本 = 1 500 + 100 ÷ (1 500 + 2 000) × 2 000 = 1 557.14 (元)。

三、材料采购业务的核算

企业外购材料时,按货款支付时间、发票账单到达时间、材料验收入库时间分为以下几种情况进行会计处理。

(1) 货款已经支付,材料已验收入库

如果货款已经支付,材料已验收入库,按支付的实际金额,借记"原材料""应交税费——应交增值税(进项税额)"等,贷记"银行存款"等。

【例3.9】 2023年12月5日,万方公司从大明公司购入甲材料4 000千克,乙材料3 000千克,取得增值税专用发票,注明价款甲材料60 000元,乙材料30 000元,增值税税额11 700元,另支付两种材料的运费共计1 400元,运费的增值税税额为126元。运输途中由于天气原因发生自然损耗,验收时发现应入库4 000千克的甲材料只入库了3 990千克,上述款项通过银行转账全部付清。万方公司将购入材料的重量作为分配标准计算甲、乙材料应负担的采购费用。

采购费用分配率 = 1 400 ÷ (4 000 + 3 000) = 0.2 (元/千克)。

甲材料应负担的采购费用 = 4 000 × 0.2 = 800 (元)。

乙材料应负担的采购费用 = 3 000 × 0.2 = 600 (元)。

甲材料采购总成本 = 60 000 + 800 = 60 800 (元)。

乙材料采购总成本 = 30 000 + 600 = 30 600 (元)。

实务中,材料采购成本的计算是通过编制"材料采购成本计算单"来完成的,如表3-1所示。

表 3－1 材料采购成本计算单   单位：元

材料名称	计量单位	数量	单价	买价	采购费用	总成本	单位成本
甲材料	千克	4 000	15	60 000	800	60 800	15.24
乙材料	千克	3 000	10	30 000	600	30 600	10.20
合计		7 000		90 000	1 400	91 400	

该项经济业务的发生，引起资产要素中的"原材料"增加、"银行存款"减少以及负债要素中的"应交税费"减少，使得"银行存款"、"原材料"和"应交税费"三个账户同时发生变化，结合这三个账户的结构，编制会计分录如下：

借：原材料——甲材料   60 800
　　　　——乙材料   30 600
　　应交税费——应交增值税（进项税额）   11 826
　　贷：银行存款   103 226

引例解析

万方公司此次原材料的耗损为合理耗损，合理损耗即正常损耗，如因运输、仓储过程等非因管理不善、自然灾害造成的破损、挥发等损耗。运输途中发生的正常损耗应记入原材料的成本中。从【例 3.9】中我们可以发现，合理损耗不会影响材料的采购总成本，但会增加材料的单位成本。

（2）货款未支付，材料已验收入库

材料已验收入库，但款项尚未支付，企业根据有关发票账单结算凭证借记"原材料""应交税费——应交增值税（进项税额）"，贷记"应付账款"等。

【例 3.10】2023 年 12 月 15 日，万方公司从讯飞公司购入乙材料 3 000 千克，取得增值税专用发票，发票上注明的价款是 30 000 元，增值税税额 3 900 元，材料已经验收入库，款项尚未支付。

该项经济业务的发生，引起资产要素中的"原材料"增加，负债要素中的"应付账款"增加、"应交税费"减少，使得"原材料"、"应付账款"和"应交税费"三个账户同时发生变化，结合这三个账户的结构，编制会计分录如下：

借：原材料——乙材料   30 000
　　应交税费——应交增值税（进项税额）   3 900
　　贷：应付账款——讯飞公司   33 900

（3）货款已支付，材料未入库

如果货款已经支付，发票账单已到，但材料尚未验收入库，按支付的金额，借记"在途物资""应交税费——应交增值税（进项税额）"等，贷记"银行存款"等；待验收入库时借记"原材料"，贷记"在途物资"。

【例 3.11】2023 年 12 月 18 日，万方公司从众信公司购进甲材料 2 800 千克，取得增值税专用发票，注明价款 42 000 元，增值税税额 5 460 元。发生运杂费 200 元，运费的增值税税额为 18 元，全部款项已通过银行转账付清，材料尚未入库。

该项经济业务的发生，引起资产要素中的"在途物资"增加、"银行存款"减少以及负债要素中的"应交税费"减少，使得"在途物资"、"应交税费"和"银行存款"三个账户同时发生变化，结合这三个账户的结构，编制会计分录如下：

借：在途物资——甲材料	42 200
应交税费——应交增值税（进项税额）	5 478
贷：银行存款	47 678

【例3.12】 2023年12月20日，万方公司从众信公司购进的甲材料验收入库。

该项经济业务的发生，引起资产要素中的"在途物资"增加、"原材料"减少，使得"在途物资"和"原材料"两个账户同时发生变化，结合这两个账户的结构，编制会计分录如下：

借：原材料——甲材料	42 200
贷：在途物资——甲材料	42 200

知识链接

货款未支付，材料已入库，但发票账单未收到。平时可以暂不进行账务处理，只将收到的材料登记明细账，待收到发票账单时，再进行会计处理。如果等到月末仍未收到结算凭证和发票账单的入库材料，可暂估入账，借记"原材料"，贷记"应付账款——暂估应付款"，下月初，用红字作同样的凭证，予以冲回。收到相关发票账单后再按正常程序编制会计分录。

（4）采用预付款方式购入材料

企业采用预付款方式购入材料，支付预付款时，借记"预付账款"，贷记"银行存款"。收到材料并验收入库时，借记"原材料""应交税费——应交增值税（进项税额）"等，贷记"预付账款"。补付款项时，借记"预付账款"，贷记"银行存款"，收到多付的款项做相反的会计分录。

【例3.13】 2023年12月18日，万方公司向瑞安公司订购一批乙材料7 000千克，按照合同约定，向瑞安公司预付65 000元货款。

该项经济业务的发生，引起资产要素中的"预付账款"增加和"银行存款"减少，使得"预付账款"和"银行存款"两个账户同时发生变化，结合这两个账户的结构，编制会计分录如下：

借：预付账款——瑞安公司	65 000
贷：银行存款	65 000

【例3.14】 2023年12月23日，万方公司收到瑞安公司发来的乙材料验收入库，对方开具的增值税专用发票上注明价款70 000元，增值税税额9 100元。

该项经济业务的发生，引起资产要素中的"原材料"增加、"预付账款"减少以及负债要素中的"应交税费"减少，使得"原材料"、"应交税费"和"预付账款"三个账户同时发生变化，结合这三个账户的结构，编制会计分录如下：

借：原材料——乙材料	70 000
应交税费——应交增值税（进项税额）	9 100
贷：预付账款——瑞安公司	79 100

【例3.15】 2023年12月24日，万方公司补付瑞安公司货款14 100元。

该项经济业务的发生，引起资产要素中的"预付账款"增加以及"银行存款"减少，使得"预付账款"和"银行存款"两个账户同时发生变化，结合这两个账户的结构，编制会计分录如下：

借：预付账款——瑞安公司	14 100
贷：银行存款	14 100

【例3.16】2023年12月29日，以银行存款偿还同年9月欠供货商名扬公司货款60 000元。

该项经济业务的发生，引起资产要素中的"银行存款"减少以及负债要素中的"应付账款"减少，使得"应付账款"和"银行存款"两个账户同时发生变化，结合这两个账户的结构，编制会计分录如下：

  借：应付账款——名扬公司   60 000
    贷：银行存款   60 000

四、购置固定资产业务的核算

固定资产是指为生产商品、提供劳务、出租或者经营管理而持有、使用寿命超过1个会计年度的有形资产。固定资产同时具有以下特征：①属于一种有形资产。②为生产商品、提供劳务、出租或者经营管理而持有。③使用寿命超过1个会计年度。

外购固定资产的成本，包括购买价款、相关税费、使固定资产达到预定可使用状态前所发生的可归属于该项资产的运输费、装卸费、安装费和专业人员服务费等。

（一）购入不需要安装的固定资产

企业购入的固定资产不需要安装就可以直接交付使用，应按购入固定资产时确认的成本，借记"固定资产""应交税费——应交增值税（进项税额）"等，按实际支付的价款贷记"银行存款"等。

【例3.17】2023年12月10日，万方公司购入一台不需要安装的设备，价款126 000元，增值税税额16 380元，发生运费1 000元，运费的增值税税额为90元。上述款项均为银行存款支付。

该项经济业务的发生，引起资产要素中的"固定资产"增加、"银行存款"减少以及负债要素中的"应交税费"减少，使得"应交税费"、"固定资产"和"银行存款"三个账户同时发生变化，结合这三个账户的结构，编制会计分录如下：

  借：固定资产   136 000
    应交税费——应交增值税（进项税额）   16 470
    贷：银行存款   152 470

（二）购入需要安装的固定资产

企业购入需要安装的固定资产的支出以及发生的安装费用等均应通过"在建工程"核算，待安装完毕达到预定可使用状态时，按其实际成本由"在建工程"转入"固定资产"。

【例3.18】2023年12月18日，万方公司购入一台需要安装的设备，价款105 000元，增值税税额13 650元，发生运费900元，运费的增值税税额为81元。

该项经济业务的发生，引起资产要素中的"在建工程"增加、"银行存款"减少以及负债要素中的"应交税费"减少，使得"应交税费"、"在建工程"和"银行存款"三个账户同时发生变化，结合这三个账户的结构，编制会计分录如下：

  借：在建工程   105 900
    应交税费——应交增值税（进项税额）   13 731
    贷：银行存款   119 631

【例3.19】2023年12月21日，万方公司购入的设备运输至厂房后，发生安装费3 000元，安装费增值税税额为270元，款项以银行存款支付。

该项经济业务的发生，引起资产要素中的"在建工程"增加、"银行存款"减少以及负债要素中的"应交税费"减少，使得"应交税费"、"在建工程"和"银行存款"三个账户同时发生变化，结合这三个账户的结构，编制会计分录如下：

借：在建工程　　　　　　　　　　　　　　　　　　　　　　　　　3 000
　　应交税费——应交增值税（进项税额）　　　　　　　　　　　　　270
　　贷：银行存款　　　　　　　　　　　　　　　　　　　　　　　　3 270

【例3.20】2023年12月25日，上述设备安装完毕，达到可使用状态，已交付使用，结转工程成本。

该项经济业务的发生，引起资产要素中的"在建工程"减少、"固定资产"增加，使得"在建工程"和"固定资产"两个账户同时发生变化，结合这两个账户的结构，编制会计分录如下：

借：固定资产　　　　　　　　　　　　　　　　　　　　　　　　　108 900
　　贷：在建工程　　　　　　　　　　　　　　　　　　　　　　　　108 900

任务三　生产过程业务核算

任务引例

万方公司生产A产品耗用甲材料20 000元，车间发生水电费、机物料消耗等一般耗用5 000元，另外支付人工费50 000元，其中，生产工人工资25 000元，车间管理人员工资10 000元，企业管理人员工资15 000元。

讨论：万方公司领用材料、水电费、机物料消耗及支付人工费的支出有区别吗？对于A产品的成本该如何核算？

知识讲解

产品生产过程是指企业将原材料投入生产，直至完工验收入库的整个过程。产品生产的过程也是企业物料耗费的过程。企业在生产产品的同时，要发生各种耗费，如材料的耗费、人员薪酬的支付、机器设备的损耗和其他费用等，这些耗费称为生产费用。生产费用都是因为生产各种产品而发生，最终都要通过专门的方法进行归集、分配到各种产品头上，由生产出的产品负担，从而形成产品的生产成本。

一、产品生产成本及其构成

（一）费用与成本的概念

生产过程既是产品加工制造的过程，又是生产耗费的过程。企业在生产经营过程中需要发生各种耗费，包括劳动工具、劳动对象和劳动力等的耗费，如各种材料的消耗、燃料动力的消耗、职工薪酬的消耗、固定资产的折旧及其他的一些经营费用。这些耗费能够用货币表现就称为费用。在这些费用中，有些和生产产品直接相关，称为生产费用；而有些和生产产品没有直接联系，称为期间费用。

在生产费用中，有些费用可以直接归属于具体的产品，直接计入产品的生产成本中，包括直接材料费和直接人工费，如汽车生产厂生产汽车耗用的钢材和生产汽车人员的薪酬，这些费用称为直接费用；而有些费用是多种产品共同耗用的，如生产车间固定资产的折旧、生产车间管理人员薪酬等，在其发生时不能直接计入具体某种产品的成本，需要先将其进行汇总归集，然后按照一定的分配标准分配给共同耗用的产品，这些费用称为间接费用。生产费用经过一定方法的归集和分配，就形成具体产品的生产成本。

期间费用，是指为了维护一定生产经营能力而发生的费用，包括销售费用（如广告费、展览费、销售机构人员薪酬等）、管理费用（如管理人员薪酬、业务招待费、办公费等）、财务费用（利息、汇兑损益等）。这些费用不能确定其具体的受益对象，只能确定其发生的期间，因此，不能计入具体产品的生产成本中，而是直接计入当期的损益。费用与成本的关系如图3-15所示。

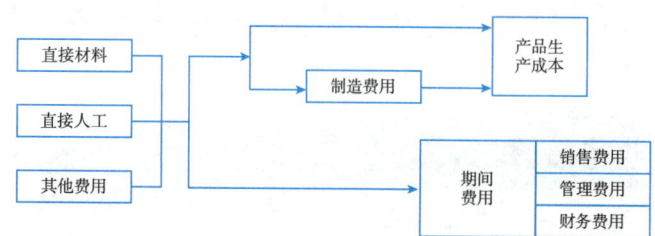

图3-15 费用与成本的关系

（二）产品生产成本的构成

企业在生产产品过程中会发生多种费用，为了正确核算产品的生产费用，根据其生产特点及管理要求，按照生产费用的受益对象，将生产费用分为直接费用和间接费用。直接费用包括直接材料和直接人工，间接费用指的是制造费用。

（1）直接材料。直接材料是指用于生产产品直接耗用的各种原料、主要材料、外购半成品及有助于产品形成的辅助材料等。例如，汽车生产厂生产汽车所耗用的钢材、铝、陶瓷、塑料等材料，服装厂生产衣服所用的布匹、纽扣等。而生产过程中耗用的机物料，如润滑油、机油、汽油、清洁用品等，不能直接归属于具体产品的生产，因此，其不能作为直接材料记入产品成本，而是作为间接费用，先进行汇总归集，然后按照一定的标准分配到具体产品中。

（2）直接人工。直接人工是指直接参与产品生产的工人工资、福利、社会保险等职工薪酬。而车间管理人员不直接参与产品的生产，故其职工薪酬作为间接费用在各产品之间进行分配，不能作为直接人工记入具体产品成本。

（3）制造费用。制造费用是车间发生的间接费用，是由于生产车间为了组织和管理生产而发生的各项间接支出，包括车间管理人员的职工薪酬、车间固定资产的折旧费、车间机物料的消耗、车间的办公费、车间的水电费等。制造费用在发生时先进行汇总归集，一般在期末时，将汇总的制造费用按照一定的分配方法记入各产品的成本中。

引例解析

任务引例中的材料费、水电费、机物料消耗及支付的人工费都属于企业的费用,其中生产A产品耗用的甲材料属于直接材料,生产工人的工资属于直接人工,车间发生的水电费、机物料消耗及车间管理人员的工资属于制造费用(间接费用),这几部分构成了产品的生产成本;而企业管理人员的工资属于期间费用。

A产品的生产成本 = 20 000(材料费)+ 25 000(生产工人工资)+ 按照一定标准分配给A产品的制造费用。

企业要进行成本核算,首先要了解企业产品生产流程,计算生产过程中直接耗费的原材料、车间的一般耗费及发生的人工费,区分直接成本、间接成本及期间费用,进而准确核算出产品成本。

二、账户设置

(一)"生产成本"账户

该账户属于成本类账户,用来核算企业为生产产品所发生的各项生产费用。其借方登记企业为生产产品所发生的直接费用(直接材料和直接人工)和期末分配计入产品成本的间接费用,贷方登记已完工并验收入库的产品成本,期末如有余额在借方,表示尚未完工的在产品的成本。该账户应按照产品种类或类别设置明细账户,并按照成本项目(直接材料、直接人工、制造费用)设置专栏,进行明细分类核算。其账户结构如图3-16所示。

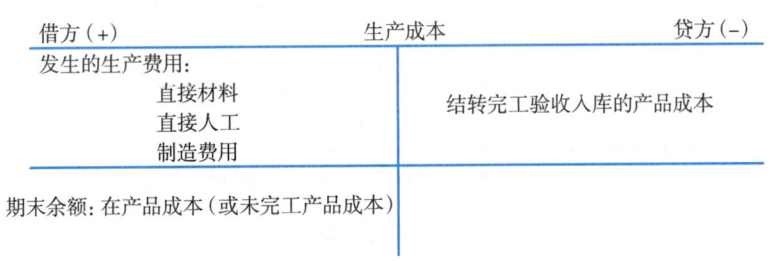

图3-16 "生产成本"账户

(二)"制造费用"账户

该账户属于成本类账户,用来核算企业生产车间为组织和管理车间产品的生产活动而发生的各种间接费用。其借方登记各项间接费用(车间管理人员职工薪酬、车间固定资产折旧费、车间机物料消耗等)的发生数,贷方登记期末因分配转入有关成本对象而减少的间接费用,期末结转后该账户一般没有余额。"制造费用"账户应按不同车间及费用项目设置明细账,进行明细分类核算。其账户结构如图3-17所示。

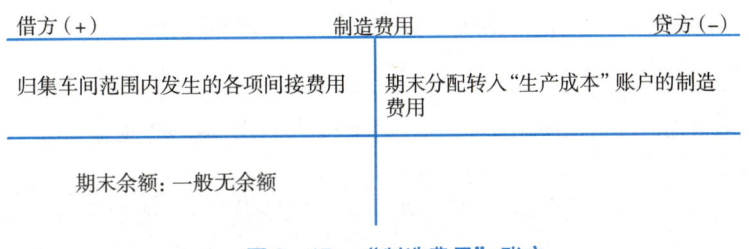

图3-17 "制造费用"账户

(三)"管理费用"账户

该账户属于损益类账户,用以核算企业行政管理部门为组织和管理企业生产经营活动而发生的各项费用,包括业务招待费,行政管理部门发生的办公费、人员职工薪酬、差旅费、固定资产折旧费、水电费等。其借方登记发生的各项管理费用,贷方登记期末转入"本年利润"账户的管理费用,期末结转后该账户没有余额。"管理费用"账户应按照费用项目设置明细账中的专栏,进行明细分类核算。其账户结构如图3-18所示。

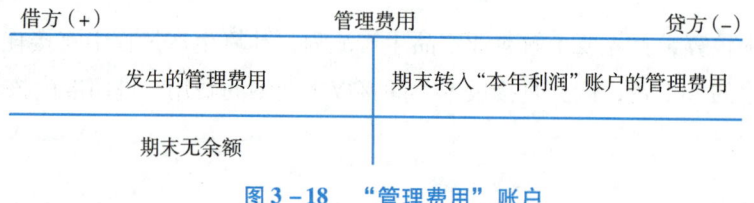

图3-18 "管理费用"账户

(四)"应付职工薪酬"账户

该账户属于负债类账户,用来核算企业应付给职工的各种薪酬总额的计算与发放,包括工资、奖金、津贴、社会保险、住房公积金、工会经费、职工教育经费、非货币性福利等。其贷方登记根据职工提供服务,企业应付给职工薪酬总额;借方登记当期实际支付给职工的薪酬数额;期末余额一般在贷方,表示企业应付而未付的职工薪酬。"应付职工薪酬"账户按照"工资""职工福利""社会保险""住房公积金"等薪酬项目设定明细账户,进行明细分类核算。其账户结构如图3-19所示。

借方(-)	应付职工薪酬	贷方(+)
实际支付的职工薪酬		月末计算分配的职工薪酬
		期末余额:应付未付的职工薪酬

图3-19 "应付职工薪酬"账户

(五)"累计折旧"账户

该账户属于资产类账户,用以核算企业在生产经营过程中厂房、机器设备等固定资产发生的累计损耗。固定资产在使用过程中会发生磨损,其价值逐渐减少,磨损的价值反过来可以看作成本费用的增加。因管理的需要,"固定资产"账户核算的是固定资产的历史成本,因此,其磨损减少的价值不能直接减少"固定资产"账户的金额,只能通过增加"累计折旧"这个固定资产的备抵账户来反映。因此,"累计折旧"是一个特殊的资产类账户,增加在贷方,减少在借方。贷方登记企业提取的累计折旧,借方登记累计折旧的转销额,期末余额在贷方,表示企业现存固定资产计提折旧的累计额。"累计折旧"账户通常不设明细账,不进行明细分类核算。其账户结构如图3-20所示。

借方(-)	累计折旧	贷方(+)
转出的固定资产累计折旧额		计提的固定资产折旧额的增加
		期末余额:现有固定资产的累计折旧额

图3-20 "累计折旧"账户

(六)"其他应收款"账户

该账户属于资产类账户,用于核算企业应收票据、应收账款、应收股利和应收利息以外的企业各种应收及垫付款项。主要包括应收的各种赔款、罚款,如因财产损失而收取的个人或保险公司的赔款、应收的出租包装物的租金、应向职工收取的各种垫付款项(替职工垫付的水电费、房租、医药费等)、应收取的存出保证金等。该账户借方登记发生的各项其他应收款项,贷方登记收回的其他应收款,期末余额一般在借方,表示尚未收回的其他应收款项。"其他应收款"账户应按照债务人(对方单位或个人)设置明细科目,进行明细分类核算。其账户结构如图3-21所示。

图3-21 "其他应收款"账户

(七)"库存商品"账户

该账户属于资产类账户,用来核算企业各种库存商品增减变动和结存情况。其借方登记已完工验收入库的各种产成品的成本,贷方登记发出的各种产成品的成本,期末余额在借方,反映企业库存产品的成本。"库存商品"账户应按照产品的品种、规格和类别设置明细账户,进行明细分类核算。其账户结构如图3-22所示。

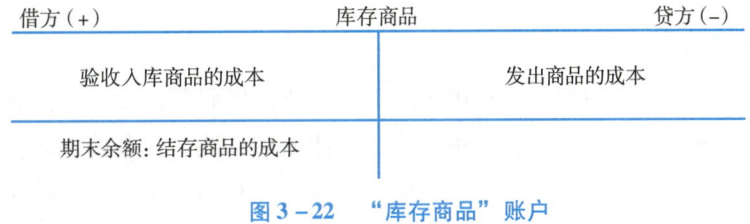

图3-22 "库存商品"账户

三、生产过程业务的核算

(一)材料费用的核算

企业在生产过程中耗用材料,要填制领料单,向仓库办理领料手续,领取所需材料。仓库发出材料后,要将领料凭证传递到财务部门。月末,财务部门将领料单汇总,编制"发出材料汇总表",据以将本月发生的材料费用按其受益对象记入生产费用和其他有关费用。耗用的各种材料按照其受益对象的不同记入不同的会计账户。属于生产产品耗用的材料,记入"生产成本"账户的借方;属于生产车间一般性耗用,记入"制造费用"账户的借方;属于行政管理部门组织和管理生产经营活动耗用的材料,记入"管理费用"账户的借方。

【例3.21】2023年12月31日,万方公司根据当月领料凭证,编制发出材料汇总表,如表3-2所示。

表 3–2　发出材料汇总表

材料用途	甲材料 数量（千克）	甲材料 金额（元）	乙材料 数量（千克）	乙材料 金额（元）	合计 金额（元）
生产 A 产品耗用	10 000	150 000	5 000	50 000	200 000
生产 B 产品耗用	8 800	132 000	4 500	45 000	177 000
小计	18 800	282 000	9 500	95 000	377 000
车间一般耗用	3 500	52 500	1 800	18 000	70 500
行政管理部门耗用	1 500	22 500			22 500
合计	23 800	357 000	11 300	113 000	470 000

该项经济业务的发生，属于原材料的耗费，应该按照其用途分别进行归集：用于生产 A 产品和 B 产品耗用的原材料，作为直接材料费用的增加，记入"生产成本——A 产品"和"生产成本——B 产品"账户；用于车间的一般耗用性的材料，属于生产产品的间接费用的增加，记入"制造费用"账户；行政管理部门耗用的材料，属于组织和管理企业生产经营期间费用的增加，记入"管理费用"账户。由于这些部门耗用材料，使得原材料减少，应记入"原材料"账户贷方。编制会计分录如下：

借：生产成本——A 产品　　　　　　　　　　　　　　　　　　　200 000
　　　　　　——B 产品　　　　　　　　　　　　　　　　　　　177 000
　　制造费用　　　　　　　　　　　　　　　　　　　　　　　　70 500
　　管理费用　　　　　　　　　　　　　　　　　　　　　　　　22 500
　　贷：原材料——甲材料　　　　　　　　　　　　　　　　　　357 000
　　　　　　——乙材料　　　　　　　　　　　　　　　　　　　113 000

（二）职工薪酬的核算

职工薪酬即企业承担的人工费用，是指由于员工为企业提供服务，而由企业支付给员工的各种报酬及其他相关支出，包括工资、奖金、津贴和补贴、福利费、社会保险、住房公积金、工会经费、职工教育经费及其他非货币性福利等。企业发生的人工费，按照提供服务的受益对象分别记入不同成本费用账户。属于直接生产产品工人的薪酬，应作为直接人工费用的增加，记入"生产成本"账户的借方；属于车间管理人员的薪酬，作为间接费用的增加，记入"制造费用"账户的借方；属于行政管理部门人员的薪酬，是为组织和管理企业生产经营活动而发生，作为期间费用的增加，记入"管理费用"账户的借方。

【例 3.22】2023 年 12 月 15 日，万方公司通过银行存款发放职工工资 320 000 元。

该项经济业务属于工资的发放，引起资产要素和负债要素同时等额减少。一方面，企业的"银行存款"减少 320 000 元；另一方面，企业的负债"应付职工薪酬"减少 320 000 元。结合账户结构，编制会计分录如下：

借：应付职工薪酬　　　　　　　　　　　　　　　　　　　　　320 000
　　贷：银行存款　　　　　　　　　　　　　　　　　　　　　320 000

【例 3.23】2023 年 12 月 31 日，万方公司计算本月职工薪酬，进行工资费用分配，其中，生产 A 产品工人工资 105 000 元，生产 B 产品工人工资 86 000 元，车间管理人员工资 44 500 元，行政管理人员工资 84 500 元，共计 320 000 元。

该项经济业务属于工资费用的计提，生产 A 产品和 B 产品工人的工资，属于直接人工费用的增加，记入"生产成本"账户的借方；车间管理人员的工资，属于间接费用的增加，记入"制造费用"账户的借方；行政管理人员的工资，属于期间费用的增加，记入"管理费用"账户的借方。另外，由于计提工资，企业的应付职工薪酬这项负债增加，记入"应付职工薪酬"的贷方。

借：生产成本——A 产品　　　　　　　　　　　　　　　　　　　　　105 000
　　　　　　——B 产品　　　　　　　　　　　　　　　　　　　　　　86 000
　　制造费用　　　　　　　　　　　　　　　　　　　　　　　　　　　44 500
　　管理费用　　　　　　　　　　　　　　　　　　　　　　　　　　　84 500
　　贷：应付职工薪酬——工资　　　　　　　　　　　　　　　　　　 320 000

（三）制造费用归集、分配与结转的核算

制造费用是企业为了生产产品或提供劳务，在生产车间发生的各种间接费用，包括生产车间管理人员的薪酬、生产车间固定资产的折旧、生产车间发生的水电费、机物料消耗等。这些费用先通过"制造费用"账户归集，月末再按照一定的分配标准转入各产品成本。

1. 制造费用的归集

企业生产车间发生的间接费用，按期记入"制造费用"账户予以归集。

【例 3.24】 2023 年 12 月 13 日，生产车间用现金购买办公用品，花费 980.84 元，其中增值税税额为 112.84 元。

该项业务的发生，使得资产要素中的"库存现金"减少 980.84 元，费用要素中的"制造费用"增加 868 元，负债要素中的"应交税费"减少 112.84 元。结合各账户结构，编制会计分录如下：

借：制造费用　　　　　　　　　　　　　　　　　　　　　　　　　　　868
　　应交税费——应交增值税（进项税额）　　　　　　　　　　　　 112.84
　　贷：库存现金　　　　　　　　　　　　　　　　　　　　　　　 980.84

【例 3.25】 2023 年 12 月 17 日，以现金支付管理部门张山和车间人员杨波预借差旅费各 2 000 元。

该项业务的发生，使得资产要素中的"其他应收款"增加 4 000 元，资产要素中的"库存现金"减少 4 000 元。结合这两个账户的结构，编制会计分录如下：

借：其他应收款——张山　　　　　　　　　　　　　　　　　　　　 2 000
　　　　　　　　——杨波　　　　　　　　　　　　　　　　　　　　 2 000
　　贷：库存现金　　　　　　　　　　　　　　　　　　　　　　　　 4 000

【例 3.26】 2023 年 12 月 23 日，职工张山和杨波出差回来，报销差旅费 6 580 元（两人均为 3290 元），用银行存款补付不足部分。

该项业务的发生，使得资产要素中的"其他应收款"减少 4 000 元、"银行存款"减少 2 580 元；费用要素中的"制造费用"和"管理费用"分别增加 3 290 元。结合各账户结构，编制会计分录如下：

借：制造费用　　　　　　　　　　　　　　　　　　　　　　　　　　 3 290
　　管理费用　　　　　　　　　　　　　　　　　　　　　　　　　　 3 290

         贷：其他应收款——张山   2 000
                  ——杨波   2 000
            银行存款   2 580

【例3.27】2023年12月31日，用银行存款支付本月水电费16 385元，其中，生产车间耗用10 500元，行政管理部门耗用4 000元，增值税进项税额为1 885元。

该项业务的发生，使得资产要素中的"银行存款"减少16 385元；费用要素中的"制造费用"增加10 500元、"管理费用"增加4 000元，负债要素中的"应交税费"减少1 885元。结合各账户结构，编制会计分录如下：

借：制造费用   10 500
    管理费用   4 000
    应交税费——应交增值税（进项税额）   1 885
    贷：银行存款   16 385

【例3.28】2023年12月31日，万方公司支付生产车间厂房的租赁费5 000元。

该项业务的发生，使得费用要素中的"制造费用"增加5 000元，资产要素中的"银行存款"减少5 000元。结合这两个账户结构，编制会计分录如下：

借：制造费用   5 000
    贷：银行存款   5 000

【例3.29】2023年12月31日，万方公司计提本月固定资产折旧63 000元，其中，生产车间固定资产折旧费50 000元，行政管理部门固定资产折旧13 000元。

该项业务的发生，使得费用要素中的"制造费用"增加50 000元、"管理费用"增加13 000元，资产要素中的"累计折旧"增加63 000元。结合各账户结构，编制会计分录如下：

借：制造费用   50 000
    管理费用   13 000
    贷：累计折旧   63 000

知识链接

固定资产折旧的计算

固定资产在使用过程中会发生消耗，因此，企业要在固定资产的预计使用寿命内，按照确定的方法对固定资产的应计折旧额进行系统分摊。应计折旧额，是指固定资产的原值减去预计净残值后的余额，已计提减值准备的还要减去固定资产的减值准备累计金额。预计净残值，是指固定资产预计寿命已满，企业预计从该项资产处置中收回的金额减去处置费用后的余额。企业应当对所有固定资产按月计提折旧，除了已提足折旧仍继续使用的固定资产和单独计价入账的土地。当月增加的固定资产当月不计提折旧，从下月开始计提折旧；当月减少的固定资产，当月仍计提折旧，从下月起不再计提折旧。计提折旧的方法主要有年限平均法、工作量法、双倍余额递减法和年数总和法等，企业根据不同固定资产的使用特性选择适当的折旧方法。这里重点介绍年限平均法和工作量法。

年限平均法又称直线法，其特点就是将固定资产的应计折旧额（并非成本）均衡地分摊到固定资产的预计使用寿命内，每期的折旧额相等。每月的折旧额计算公式如下：

年折旧额 =（固定资产原值 – 预计净残值）÷固定资产预计使用年限

月折旧额 = 年折旧额 ÷ 12

工作量法是指根据实际工作量计算固定资产每期折旧额的一种方法。主要适用于车辆等固定资产的折旧计算。公式如下：

单位工作量折旧额 =（固定资产原值 – 预计净残值）÷ 预计总工作量

某项固定资产月折旧额 = 该项固定资产当月工作量 × 单位工作量折旧额

（注：预计净残值 = 固定资产原值 × 预计净残值率）

【情境训练 3 – 2】

佳美服饰有限公司固定资产资料如下：

（1）机器设备一台，原值 200 000 元，预计净残值率为 5%，预计使用年限为 8 年。

（2）运输卡车一辆，原值 100 000 元，预计净残值率为 4%，预计总行程里程 300 000 千米，本月行驶 10 000 千米。

计算佳美服饰有限公司当月设备和卡车的折旧额。

分析提示：

（1）机器设备每月应计提的折旧额计算如下：

年折旧额 = 200 000 ×（1 – 5%）÷ 8 = 23 750（元）。

月折旧额 = 23 750 ÷ 12 = 1979.17（元）。

（2）卡车每月应计提的折旧额计算如下：

单位里程折旧额 = 100 000 ×（1 – 4%）÷ 300 000 = 0.32（元/千米）。

月折旧额 = 10 000 × 0.32 = 3200（元）。

2. 制造费用的分配

在生产多种产品的企业，制造费用汇总归集后，要按照一定的分配标准在各产品之间进行分配，从而构成各产品成本的一部分。

制造费用的分配标准有生产工人工时、生产工人工资、机器运转工时、耗用原材料的数量或成本等。其计算公式如下：

制造费用分配率 = 制造费用总额 ÷ 分配标准数之和

某种产品应负担的制造费用 = 某种产品的分配标准数 × 制造费用分配率

分配的结果要体现受益原则，即多受益的多负担费用，少受益的少负担费用。企业可以根据自身管理的需要、产品的特点等选择某种分配标准，但是标准一经确定，不得随意变更。

【例 3.30】 2023 年 12 月 31 日，万方公司将 12 月发生的制造费用进行归集，如表 3 – 3 所示。万方公司的制造费用按照生产工人工资比例进行分配。

表 3 – 3 制造费用明细表　　　　　　　　　　　　　　　　　　　　　　单位：元

摘要	材料费	职工薪酬	办公费	差旅费	水电费	租赁费	折旧费	合计
领用原材料	70 500							70 500
计提职工薪酬		44 500						44 500
购买车间办公用品			868					868
车间员工差旅费				3 290				3 290
支付车间水电费					10 500			10 500

续表

摘要	材料费	职工薪酬	办公费	差旅费	水电费	租赁费	折旧费	合计
支付厂房租金						5 000		5 000
计提车间折旧费							50 000	50 000
本月制造费用合计	70 500	44 500	868	3 290	10 500	5 000	50 000	184 658
分配转出	70 500	44 500	868	3 290	10 500	5 000	50 000	184 658

(1) 制造费用分配率 = 184 658 ÷（105 000 + 86 000）= 0.966 8。

(2) A 产品和 B 产品所负担的制造费用如表 3-4 所示。

表 3-4 制造费用分配表

2023 年 12 月 31 日　　　　　　　　　　　　　　　　　　　　　　　　　　　　单位：元

分配对象	分配标准（生产工人工资总额）	分配率	分配金额
A 产品	105 000	—	101 514
B 产品	86 000	—	83 144
合计	191 000	0.966 8	184 658

3. 制造费用的结转

根据制造费用分配的结果，企业应将其从"制造费用"的贷方转入各产品"生产成本——××产品"账户的借方。结转完后，"制造费用"账户期末无余额。

【例 3.31】2023 年 12 月 31 日，万方公司根据【例 3.30】制造费用分配的结果，将制造费用转入 A、B 两种产品的生产成本。

该项经济业务的发生，使得成本要素"生产成本"增加 184 658 元，成本要素"制造费用"减少 184 658 元。根据这两个账户的结构，编制会计分录如下：

借：生产成本——A 产品　　　　　　　　　　　　　　　　　　　　　101 514
　　　　　　——B 产品　　　　　　　　　　　　　　　　　　　　　　83 144
　　贷：制造费用　　　　　　　　　　　　　　　　　　　　　　　　184 658

（四）完工产品成本的计算与结转

1. 完工产品成本的计算

在将制造费用分配由各种产品成本负担后，"生产成本"账户的借方归集了各种产品所发生的直接材料、直接人工和制造费用，在此基础上就可以进行产品成本的计算了。完工产品总成本及单位成本的简单计算公式如下：

完工产品的总成本 = 期初在产品成本 + 本期发生的生产费用 - 期末在产品成本

完工产品的单位成本 = 完工产品的总成本 ÷ 完工产品数量

2. 完工产品成本的结转

完工产品验收入库后，根据计算的完工产品成本进行成本的结转，将各完工产品"生产成本"账户的借方金额从相反的方向"贷"方转出，转入至"库存商品"账户的借方；未完工产品不用结转。

【例 3.32】2023 年 12 月 31 日，万方公司本月生产的 A 产品 600 件、B 产品 600 件，全部完工验收入库，结转其实际成本。

A、B 产品的生产成本明细数据及成本计算如表 3-5、表 3-6 所示。

表 3-5 完工产品生产成本计算表（一）

产品名称：A 产品　　　　　2023 年 12 月　　　　　产量：600 件　　　　　单位：元

成本项目	直接材料	直接人工	制造费用	合计
期初在产品成本	3 686	1 989	1 811	7 486
本期发生费用	200 000	105 000	101 514	406 514
合计	203 686	106 989	103 325	414 000
完工产品总成本	203 686	106 989	103 325	414 000
完工产品单位成本	339.48	178.32	172.20	690.00

表 3-6 完工产品生产成本计算表（二）

产品名称：B 产品　　　　　2023 年 12 月　　　　　产量：600 件　　　　　单位：元

成本项目	直接材料	直接人工	制造费用	合计
期初在产品成本	1 600	760	696	3 056
本期发生费用	177 000	86 000	83 144	346 144
合计	178 600	86 760	83 840	349 200
完工产品总成本	178 600	86 760	83 840	349 200
完工产品单位成本	297.67	144.60	139.73	582.00

该项经济业务属于 A、B 两种产品完工入库。所以，一方面使得资产要素中的"库存商品"增加，另一方面使得费用要素中的"生产成本"减少。根据其账户结构特征，编制以下会计分录：

借：库存商品——A 产品　　　　　　　　　　　　　　　　414 000
　　　　　　——B 产品　　　　　　　　　　　　　　　　349 200
　　贷：生产成本——A 产品　　　　　　　　　　　　　　414 000
　　　　　　　　——B 产品　　　　　　　　　　　　　　349 200

【情境训练 3-3】

20×5 年 6 月，佳美服饰有限公司投入生产甲产品 120 件，乙产品 280 件，各种耗费情况如下：

原材料：领用 100 000 元材料，生产甲产品耗用 22 500 元，生产乙产品耗用 72 500 元，车间一般耗用 5 000 元。

人工费：生产人员工资 30 000 元，其中，生产甲产品工人工资 9 000 元，生产乙产品工人工资 21 000 元；车间管理人员工资 35 000 元；公司管理人员工资 40 000 元。

折旧费：车间机器设备、厂房折旧额为 4 000 元；公司行政办公大楼折旧额为 3 000 元。

其他费用：业务招待费 30 000 元；行政管理部门办公费 3 000 元。

制造费用按照两种产品的生产工时进行分配。甲产品的生产工时为 7 500 小时，乙产品的生产工时为 12 500 小时。

当月甲产品全部未完工，乙产品全部完工，计算完工产品乙产品的单位成本是多少。

分析提示：

先确定生产乙产品耗用的直接材料费和直接人工费；然后将甲、乙产品的生产工时作为分配标准将归集的制造费用在甲、乙产品之间分配,计算出分配给乙产品的制造费用;再将直接材料、直接人工、分配所得的制造费用求和计算出完工产品乙产品的总成本;最后计算出乙产品的单位成本。

(1) 直接材料费 =72 500(元);直接人工费 =21 000(元)。

(2) 车间间接耗用记入制造费用金额 = 5 000(车间一般耗用) + 35 000(车间管理人员工资) + 4 000(车间折旧) = 44 000(元)。

制造费用分配率:44 000 ÷ (7 500 + 12 500) = 2.2(元/小时)。

乙产品制造费用分配金额:12 500 × 2.2 = 27 500(元)。

(3) 乙产品总成本 = 72 500(材料费) + 21 000(人工费) + 27 500(制造费用) = 121 000(元)。

(4) 乙产品单位成本:121 000 ÷ 280 = 432.14(元/件)。

任务四 销售过程业务核算

任务引例

万方公司销售零部件一批,货款总额是97 180元,其中价款为86 000元、增值税金额为11 180元,款项已收并存入银行。此次销售发生运费300元,运费的增值税为27元,万方公司以银行存款支付该笔款项。

讨论:万方公司对上述业务应如何进行核算?

知识讲解

一、销售过程业务的主要内容

销售过程是制造企业资金循环的第三个阶段,是企业经营周期的最后阶段,也是产品价值的实现过程。在这一过程中,企业将产品销售给供货单位,并办理结算收回货款;在形成收入时,还要结转销售产品的成本;企业为了销售产品,还要发生包装费、运输费、广告费等;产品销售后,还要依法缴纳销售税金。因此,在销售过程中,企业主要有以下经济业务。

(一) 销售产品,确认收入

在销售过程中,企业将产品提供给购买方,不再有商品相联系的所有权和控制权,商品的风险和报酬转移至购买方,企业收到货款或者取得收取货款的权利,意味着企业销售商品的收入实现。

(二) 结转销售成本

企业销售收入实现以后,库存商品减少,在会计中的表现就是转化为产品销售过程中的成本,因此需要在每一笔收入实现时对该笔销售业务的销售成本进行结转或者期末一次性对当期所有销售业务的销售成本进行结转。

(三) 收取销售款项

企业销售商品可以采用不同的收款方式，如现销、赊销、预收款等。现销是在销售商品的同时取得销售货款；赊销是购买方在购买商品时，销售方根据其商业信用情况而准予在以后一定时期内付款，当信用期限到期时收取货款；预收款是根据销售业务性质或者销售合同的约定，购买方在获得商品前，预先向销售方支付一定的货款。

(四) 核算销售费用

企业在销售产品的过程中，还会发生各项费用，如广告费、展览费、包装费、运输费、装卸费、专设销售机构办公费、销售人员的薪酬等费用，企业应根据费用支出的性质进行相应的核算。

(五) 计算销售过程中的税金

企业因销售产品涉及税金的计提与缴纳，如销售应税消费税、城市维护建设税、教育费附加等。企业应认真核算、及时足额地向税务机关申报缴纳。

二、账户设置

(一) "主营业务收入" 账户

该账户属于损益类账户，用来核算企业销售商品、提供劳务等主营业务所形成的收入。其贷方登记企业销售商品或提供劳务所实现的收入，借方登记发生的销售退回、销售折让冲减的本期主营业务收入以及期末转入"本年利润"账户的金额。该账户应按照主营业务的种类设置明细账户，进行明细分类核算。其账户结构如图 3-23 所示。

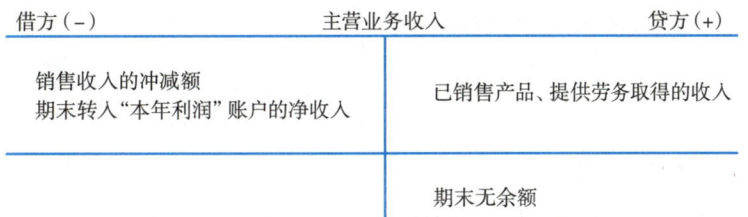

图 3-23 "主营业务收入" 账户

(二) "主营业务成本" 账户

该账户属于损益类账户，用来核算企业销售商品、提供劳务等日常活动而结转的已销产品的生产成本。其借方登记已销产品的生产成本，贷方登记本期发生的销售退回等成本以及期末转入"本年利润"账户的成本数额。该账户应按照主营业务的种类设置明细账户，进行明细分类核算。其账户结构如图 3-24 所示。

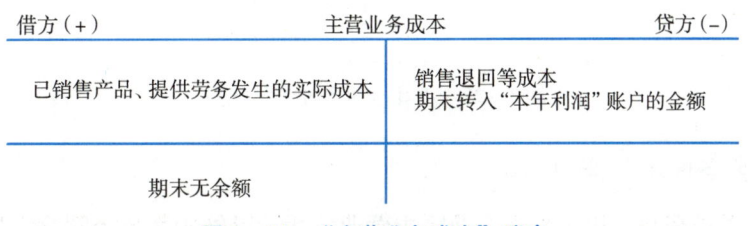

图 3-24 "主营业务成本" 账户

(三)"税金及附加"账户

该账户属于损益类账户,用来核算企业在经营过程中发生的各种税金及附加费,包括消费税、资源税、城市维护建设税、教育费附加等。其借方登记按照有关的计税依据计算出的各项税金及附加金额,贷方登记期末转入"本年利润"账户的税金及附加金额。其账户结构如图 3-25 所示。

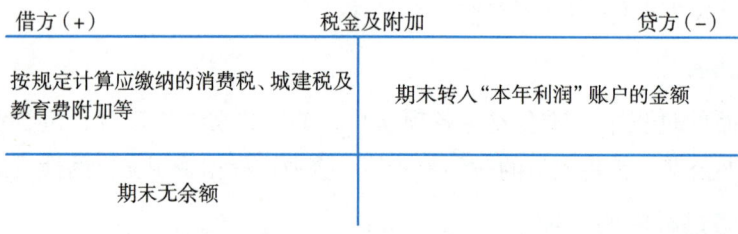

图 3-25 "税金及附加"账户

(四)"应收账款"账户

该账户属于资产类账户,用来核算企业因销售商品、提供劳务等经营活动应当收取的款项。其借方登记由于销售商品、提供劳务等发生的应收款项,贷方登记已经收回的应收账款,余额在借方,表示企业尚未收回的应收账款。该账户应按客户设置明细账户,进行明细分类核算。其账户结构如图 3-26 所示。

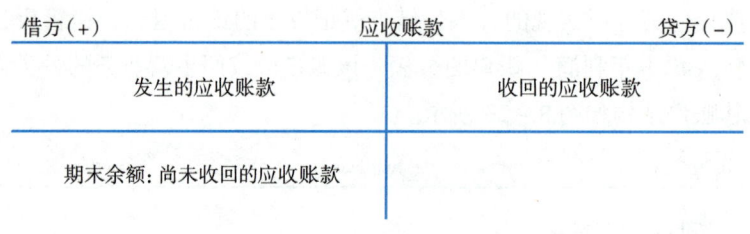

图 3-26 "应收账款"账户

(五)"其他业务收入"账户

该账户属于损益类账户,用于核算企业除主营业务活动以外的其他经营活动实现的收入,包括销售材料、出租固定资产、出租无形资产、出租包装物等。其贷方登记实现的其他业务收入,借方登记期末转入"本年利润"账户的金额。该账户应按照其他业务的种类设置明细账户,进行明细分类核算。其账户结构如图 3-27 所示。

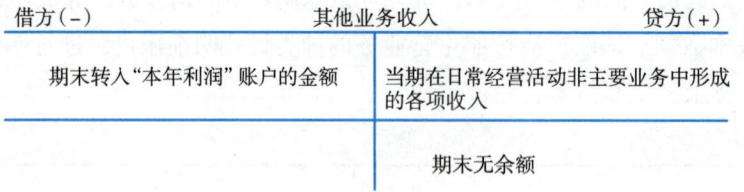

图 3-27 "其他业务收入"账户

(六)"其他业务成本"账户

该账户属于损益类账户,用于核算企业除主营业务活动以外的其他经营活动所发生的支出,包括销售材料的成本、出租固定资产的折旧额、出租无形资产的摊销额、出租包装物的成本或摊销额。其借方登记其他业务成本的发生金额，贷方登记期末转入"本年利润"账户的金额。该账户应按照其他业务的种类设置明细账户，进行明细分类核算。其账户结构如图3-28所示。

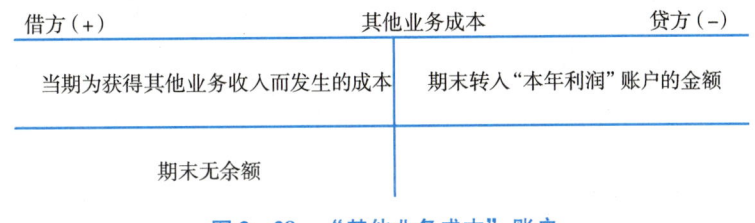

图3-28 "其他业务成本"账户

（七）"销售费用"账户

该账户属于损益类账户，用来核算企业在销售过程中发生的各项费用，包括广告费、展览费、包装费、运输费、装卸费等。其借方登记发生的各项销售费用，贷方登记期末转入"本年利润"账户的销售费用金额。该账户应按照费用项目设置明细账户，进行明细分类核算。其账户结构如图3-29所示。

图3-29 "销售费用"账户

三、销售过程业务的核算

（一）主营业务收入核算

企业销售商品或提供劳务实现的收入，应按实际收到、应收或者预收的金额，借记"银行存款""应收账款""预收账款"等科目；按确认的营业收入，贷记"主营业务收入"科目，应当缴纳的增值税贷记"应交税费——应交增值税（销项税额）"科目。

引例解析

万方公司是零部件制造企业，生产并销售零部件是其主营业务，因此该公司销售零部件取得的收入应确认为主营业务收入。由于在销售过程中企业要代收增值税，增值税为价外税，通过"应交税费——应交增值税（销项税额）"单独核算，不包括在销售收入之内。

【例3.33】 2023年12月10日，万方公司销售800件B产品给鑫隆公司，单价800元，增值税税率为13%，款项尚未收回。

该项经济业务发生，引起资产要素中的"应收账款"增加、收入要素中的"主营业务收入"增加以及负债要素中"应交税费"增加，使得"应收账款"、"主营业务收入"和"应交税费"三个账户同时发生变化，结合这三个账户的结构，编制会计分录如下：

借：应收账款——鑫隆公司　　　　　　　　　　　　　　　　　723 200
　　贷：主营业务收入——B产品　　　　　　　　　　　　　　　640 000
　　　　应交税费——应交增值税（销项税额）　　　　　　　　　83 200

【例3.34】2023年12月15日,万方公司销售A产品400件给康华公司,单价1 200元,增值税税率为13%,货款及增值税款已收到并存入银行。

该项经济业务发生,引起资产要素中的"银行存款"增加、收入要素中的"主营业务收入"增加以及负债要素中的"应交税费"增加,使得"银行存款"、"主营业务收入"和"应交税费"三个账户同时发生变化,结合这三个账户的结构,编制会计分录如下:

借:银行存款　　　　　　　　　　　　　　　　　　　　　542 400
　　贷:主营业务收入——A产品　　　　　　　　　　　　　　480 000
　　　　应交税费——应交增值税(销项税额)　　　　　　　　62 400

【例3.35】2023年12月17日,万方公司收到通力公司前欠购货款项150 000元,存入银行。

该项业务发生,引起资产要素中的"银行存款"增加、"应收账款"减少,使得"银行存款""应收账款"两个账户同时发生变化,结合这两个账户的结构,编制会计分录如下:

借:银行存款　　　　　　　　　　　　　　　　　　　　　150 000
　　贷:应收账款——通力公司　　　　　　　　　　　　　　150 000

【例3.36】2023年12月20日,万方公司向通力公司销售B产品200件,单价800元,增值税税率为13%,款项尚未收到。

该项业务发生,引起资产要素中的"应收账款"增加,负债要素中的"应交税费"增加,收入要素中的"主营业务收入"增加,使得"应收账款"、"主营业务收入"和"应交税费"三个账户同时发生变化,结合这三个账户的结构,编制会计分录如下:

借:应收账款——通力公司　　　　　　　　　　　　　　　180 800
　　贷:主营业务收入——B产品　　　　　　　　　　　　　　160 000
　　　　应交税费——应交增值税(销项税额)　　　　　　　　20 800

(二)主营业务成本核算

产品的销售收入确认后,应相应地确认其销售成本。已销产品的生产成本,亦即主营业务成本,可以采用下述公式来计算:

本期应结转的主营业务成本 = 本期已销商品数量 × 产品的单位生产成本

计算应结转的主营业务成本,借记"主营业务成本"科目,贷记"库存商品"科目。

产品销售成本的结转,可逐笔结转,也可在月末汇总结转。

【例3.37】2023年12月31日,计算结转已销A、B产品的销售成本。

首先,确定本月A、B产品的销售数量:

A产品本月的销售数量=400(件)。

B产品本月的销售数量=800+200=1 000(件)。

其次,确定A、B产品的单位生产成本,分别为690元/件、582元/件。

因此,本月已销A、B产品的生产成本分别为:

A产品的销售成本=400×690=276 000(元)。

B产品的销售成本=1 000×582=582 000(元)。

该项业务发生,引起费用要素中的"主营业务成本"增加和资产要素中的"库存商品"减少,使得"主营业务成本"和"库存商品"两个账户同时发生变化,结合这两个账户的结构,编制会计分录如下：

借：主营业务成本 858 000
　　贷：库存商品——A 产品 276 000
　　　　　　　　——B 产品 582 000

（三）其他业务收入核算

其他业务（也称附营业务），是指企业日常活动中发生的，除主营业务以外的其他业务，如销售材料、出租包装物、出租固定资产、出租无形资产等。

企业发生其他业务收入时，借记"银行存款""应收账款"等科目，按确认的收入金额，贷记"其他业务收入"科目，应当缴纳的增值税贷记"应交税费——应交增值税（销项税额）"科目。

【例 3.38】2023 年 12 月 21 日，万方公司销售甲材料 1 200 千克，价款 30 000 元，增值税税额 3 900 元，款项已存入银行。

该项业务发生，引起资产要素中的"银行存款"增加、收入要素中的"其他业务收入"增加以及负债要素中的"应交税费"增加，使得"银行存款"、"其他业务收入"和"应交税费"三个账户同时发生变化，结合这三个账户的结构，编制会计分录如下：

借：银行存款 33 900
　　贷：其他业务收入——甲材料 30 000
　　　　应交税费——应交增值税（销项税额） 3 900

（四）其他业务成本核算

在结转其他业务收入的同一会计期间，企业应根据本期应结转的其他业务成本金额，借记"其他业务成本"科目，贷记"原材料""累计折旧""累计摊销"等科目。

【例 3.39】2023 年 12 月 31 日，结转万方公司销售原材料的成本，该批材料的成本为 18 000 元。

该项业务发生，引起费用要素中的"其他业务成本"增加和资产要素中的"原材料"减少，使得"主营业务成本"和"原材料"两个账户同时发生变化，结合这两个账户的结构，编制会计分录如下：

借：其他业务成本 18 000
　　贷：原材料 18 000

（五）销售费用核算

企业在销售过程中发生的各项费用，按其发生额借记"销售费用"科目，贷记"银行存款"等科目。

【例 3.40】2023 年 12 月 23 日，万方公司以银行存款支付广告费 3 000 元，增值税为 180 元。

该项业务发生，引起费用要素中的"销售费用"增加、负债要素中的"应交税费"减少、资产要素中的"银行存款"减少，使得"销售费用"、"应交税费"和"银行存款"三个账户同时发生变化，结合这三个账户的结构，编制会计分录如下：

借：销售费用 3 000
　　应交税费——应交增值税（进项税额） 180

贷：银行存款　　　　　　　　　　　　　　　　　　　　　　　　　　　3 180

引例解析

万方公司为销售产品发生了运费，该费用是企业在销售过程中发生的，与企业销售产品活动有关，应确认为销售费用，通过"销售费用"账户核算。

（六）税金及附加核算

企业按规定计算确定的消费税、城市维护建设税、资源税和教育费附加等税费，应借记"税金及附加"科目，贷记"应交税费"科目。

【例 3.41】2023 年 12 月 31 日，万方公司本月应缴纳增值税 107 347.16 元，分别按 7% 和 3% 计提应缴纳的城市维护建设税 7 514.30 元和教育费附加 3 220.42 元。

该项业务发生，引起费用要素中的"税金及附加"增加和负债要素中的"应交税费"增加，使得"税金及附加"和"应交税费"两个账户同时发生变化，结合这两个账户的结构，编制会计分录如下：

借：税金及附加　　　　　　　　　　　　　　　　　　　　　　　　107 34.72
　　贷：应交税费——应交城市维护建设税　　　　　　　　　　　　　 7 514.30
　　　　　　　　——应交教育费附加　　　　　　　　　　　　　　　　3 220.42

知识链接

城市维护建设税和教育费附加

城市维护建设税是国家为了扩大和稳定城市维护建设资金来源而征收的一种税，以纳税人实际缴纳的增值税、消费税为计税依据计算缴纳。

应纳城市维护建设税 =（应交增值税 + 应交消费税）× 城建税税率（纳税人所在地为市区的，税率为 7%；纳税人所在地为县城、镇的，税率为 5%；纳税人所在地不在市区、县城或者镇的，税率为 1%）

教育费附加是为加快发展地方教育事业，扩大地方教育经费的资金来源而征收的一种附加费用。

应纳教育费附加 =（应交增值税 + 应交消费税）× 教育费附加率（教育费附加率为 3%）

任务五　财务成果业务核算

任务引例

佳美公司 1 月发生的支出如下：产品销售成本 300 000 元，管理费用 40 000 元，销售费用 45 000 元，财务费用 5 000 元，捐献救灾物资 20 000 元。

讨论：佳美公司 1 月发生的支出，哪些属于日常活动支出？哪些属于非日常活动支出？

知识讲解

财务成果核算

一、利润的构成

利润是指企业在一定会计期间的经营成果，是将一定会计期间的各项收入与费用相抵后形成的财务成果。利润包括收入减去费用后的净额、直接计入当期损益的利得和损失等。利得是指由企业非日常活动所形成的、会导致所有者权益增加的、与所有者投入资本无关的经济利益的流入；损失是指由企业非日常活动所发生的、会导致所有者权益减少的、与向所有者分配利润无关的经济利益的流出。

企业的利润由营业利润、利润总额和净利润三部分组成。

（一）营业利润

营业利润是企业利润的主要来源。

营业利润 = 营业收入 − 营业成本 − 税金及附加 − 销售费用 − 管理费用 − 研发费用 − 财务费用 − 资产减值损失 − 信用减值损失 + 其他收益 + 投资收益（减损失）+ 公允价值变动收益（减损失）+ 资产处置收益（减损失）

其中：

$$营业收入 = 主营业务收入 + 其他业务收入$$
$$营业成本 = 主营业务成本 + 其他业务成本$$

（二）利润总额

利润总额由营业利润和营业外收支净额组成。

$$利润总额 = 营业利润 + 营业外收入 − 营业外支出$$

营业外收入和营业外支出是企业非日常活动所带来的经济利益的流入和流出。营业外收入包括非流动资产报废利得、捐赠利得、盘盈利得、罚款收入等。营业外支出包括非流动资产报废损失、罚款支出、捐赠支出、盘亏损失等。

（三）净利润

净利润是利润总额扣除所得税费用后的净额。

$$净利润 = 利润总额 − 所得税费用$$

二、账户设置

（一）"本年利润"账户

"本年利润"账户属于所有者权益账户，用以核算企业本年度实现的净利润（或发生的净亏损）。贷方登记期末从损益类账户转入的本期实现的收入总额，借方登记期末从损益类账户转入的本期发生的支出总额，该账户的期末余额可能在贷方，也可能在借方，贷方余额表示年初至本月末止已累计实现的利润额，借方余额表示年初至本月末止已累计发生的亏损额，年度终了，企业应将"本年利润"账户的本年累计余额转入"利润分配——未分配利润"账户，结转后"本年利润"账户无余额。其账户结构如图 3-30 所示。

借方（-）	本年利润	贷方（+）
期末转入的各项费用： 　主营业务成本 　其他业务成本 　税金及附加 　管理费用 　财务费用 　销售费用 　营业外支出 　所得税费用 　……		期末转入的各项收入： 　主营业务收入 　其他业务收入 　营业外收入 　……
期末余额：累计净亏损		期末余额：累计净利润

图 3-30 "本年利润"账户

（二）"财务费用"账户

"财务费用"账户属于损益类账户，用来核算企业为筹集生产经营所需资金而发生的筹资费用，包括利息支出（减利息收入）、汇兑损失（减汇兑收益）及相关的手续费等。借方登记企业发生的各项财务费用，贷方登记期末转入"本年利润"账户的财务费用。该账户应按财务费用的费用项目设置明细账户，进行明细分类核算。其账户结构如图 3-31 所示。

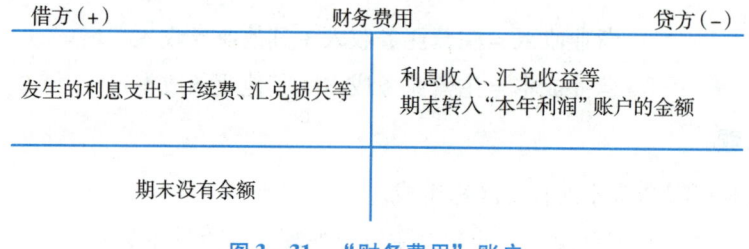

图 3-31 "财务费用"账户

（三）"应付利息"账户

"应付利息"账户属于负债类账户，用来核算企业按合同约定应支付的利息。贷方登记按合同利率计算确定的本期应付未付利息，借方登记实际支付的利息，期末余额在贷方，表示企业应付未付的利息。"应付利息"账户应按债权人设置明细账户，进行明细分类核算。其账户结构如图 3-32 所示。

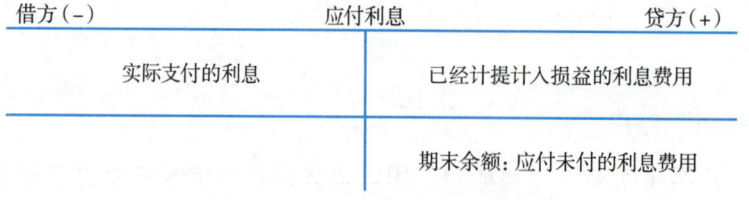

图 3-32 "应付利息"账户

（四）"营业外收入"账户

"营业外收入"账户属于损益类账户，用以核算企业各项营业外收入的取得及结转情况。贷方登记企业确认的各项营业外收入，借方登记期末结转入"本年利润"账户的营业外收入。该账户应按照营业外收入的具体项目设置明细账户，进行明细分类核算。其账户结构如图3-33所示。

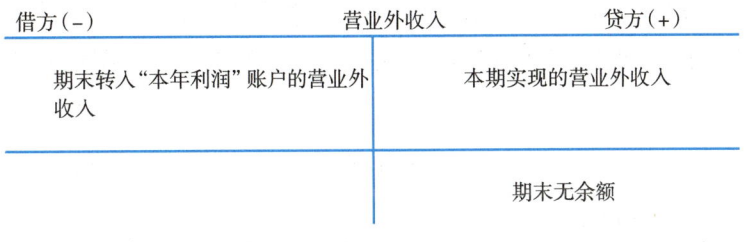

图3-33 "营业外收入"账户

（五）"营业外支出"账户

"营业外支出"账户属于损益类账户，用以核算和监督营业外支出的发生和结转情况。借方登记企业发生的各项营业外支出，贷方登记期末结转入"本年利润"账户的营业外支出，结转后该账户应无余额。该账户应按照营业外支出的具体项目设置明细账户，进行明细分类核算。其账户结构如图3-34所示。

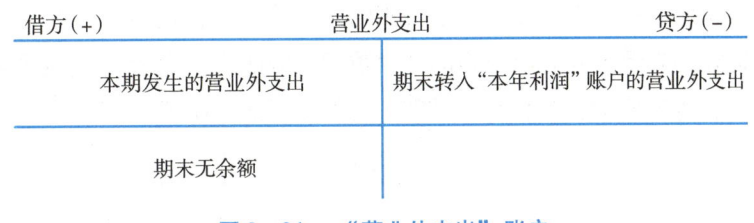

图3-34 "营业外支出"账户

引例解析

引例中产品成本300 000元、管理费用40 000元、销售费用45 000元、财务费用5 000元属于企业日常活动支出；而捐献救灾物资20 000元属于企业非日常活动支出。

（六）"所得税费用"账户

"所得税费用"账户属于损益类账户，用以核算企业所得税费用的确认及结转情况。借方登记本期计算的应从当期利润总额中扣除的所得税费用，贷方登记期末转入"本年利润"账户的所得税费用。其账户结构如图3-35所示。

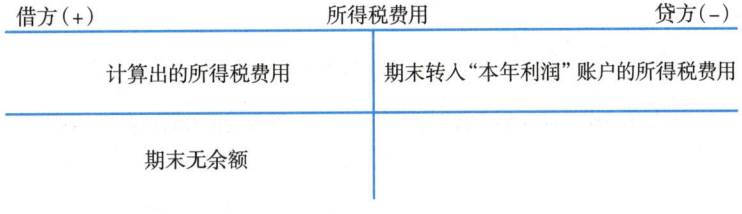

图3-35 "所得税费用"账户

（七）"利润分配"账户

"利润分配"账户属于所有者权益类账户，用以核算企业利润的分配（或亏损的弥补）和历年分配（或弥补）后的积存余额。其贷方登记年末从"本年利润"账户借方转入的本年实现的净利润，借方登记按规定实际分配的利润数或年末从"本年利润"账户贷方转入的本年实现的净亏损。期末余额可能在贷方，也可能在借方。贷方余额表示企业历年积存的未分配利润，借方余额表示企业的未弥补亏损。该账户一般应设置"提取法定盈余公积""提取任意盈余公积""应付现金股利或利润""盈余公积补亏"和"未分配利润"等主要的明细账户，进行明细分类核算。其账户结构如图3-36所示。

借方（-）	利润分配	贷方（+）
实际分配的利润额 年末从"本年利润"账户转入的净亏损		年末从"本年利润"账户转入的净利润
期末余额：未弥补亏损		期末余额：未分配利润

图3-36 "利润分配"账户

（八）"盈余公积"账户

"盈余公积"账户属于所有者权益类账户，用以核算盈余公积的提取及使用等情况。贷方登记企业按照规定提取的盈余公积，借方登记盈余公积的支出数额，包括弥补亏损、转增资本、分派股利等，期末余额在贷方，表示企业盈余公积的结存数额。该账户应设置"法定盈余公积""任意盈余公积"等明细账户，进行明细分类核算。其账户结构如图3-37所示。

借方（-）	盈余公积	贷方（+）
企业实际使用的盈余公积		年末提取的盈余公积
		期末余额：结存的盈余公积

图3-37 "盈余公积"账户

（九）"应付股利"账户

"应付股利"账户属于负债类账户，用以核算企业应分配给投资者的股利或利润。贷方登记企业应向投资者支付的股利或利润，借方登记实际支付的股利或利润，期末余额在贷方，表示尚未支付的现金股利或利润。该账户应按不同的投资者设置明细账户，进行明细分类核算。其账户结构如图3-38所示。

借方（-）	应付股利	贷方（+）
实际支付给投资者的股利或利润		应付给投资者的股利或利润
		期末余额：尚未支付的股利或利润

图3-38 "应付股利"账户

三、财务成果形成及分配的核算

（一）财务费用核算

【例 3.42】 2023 年 12 月 31 日，万方公司计提本月银行短期借款利息 300 元。

该项业务发生，引起费用要素中的"财务费用"增加、负债要素中的"应付利息"增加，使得"财务费用"和"应付利息"两个账户同时发生变化，结合这两个账户的结构，编制会计分录如下：

借：财务费用——利息支出　　　　　　　　　　　　　　　　　　　　　　　　300
　　贷：应付利息　　　　　　　　　　　　　　　　　　　　　　　　　　　　300

【例 3.43】 2023 年 12 月 31 日，万方公司计提本月银行长期借款（分期付息一次还本）利息 3 870 元（假设该利息全部费用化）。

该项业务发生，引起费用要素中的"财务费用"增加、负债要素中的"应付利息"增加，使得"财务费用"和"应付利息"两个账户同时发生变化，结合这两个账户的结构，编制会计分录如下：

借：财务费用——利息支出　　　　　　　　　　　　　　　　　　　　　　　3 870
　　贷：应付利息　　　　　　　　　　　　　　　　　　　　　　　　　　　3 870

（二）营业外收支核算

1. 营业外收入核算

【例 3.44】 2023 年 12 月 30 日，按万方公司有关规定取得现金罚款收入 2 000 元。

该项业务发生，引起资产要素中的"库存现金"增加、利润要素中的"营业外收入"增加，使得"库存现金"和"营业外收入"两个账户同时发生变化，结合这两个账户的结构，编制会计分录如下：

借：库存现金　　　　　　　　　　　　　　　　　　　　　　　　　　　　2 000
　　贷：营业外收入　　　　　　　　　　　　　　　　　　　　　　　　　2 000

2. 营业外支出核算

【例 3.45】 2023 年 12 月 30 日，万方公司以银行存款向某医院捐款 50 000 元。

该项业务发生，引起资产要素中的"银行存款"减少、利润要素中的"营业外支出"增加，涉及"银行存款"和"营业外支出"两个账户，结合这两个账户的结构，编制会计分录如下：

借：营业外支出　　　　　　　　　　　　　　　　　　　　　　　　　　50 000
　　贷：银行存款　　　　　　　　　　　　　　　　　　　　　　　　　50 000

（三）利润形成核算

【例 3.46】 2023 年 12 月 31 日，万方公司将本月各损益类账户余额结转到"本年利润"账户。

借：主营业务收入　　　　　　　　　　　　　　　　　　　　　　　　1 280 000
　　其他业务收入　　　　　　　　　　　　　　　　　　　　　　　　　30 000
　　营业外收入　　　　　　　　　　　　　　　　　　　　　　　　　　 2 000

贷：本年利润		1 312 000
借：本年利润		1 071 194.72
贷：主营业务成本		858 000
其他业务成本		18 000
税金及附加		10 734.72
销售费用		3 000
管理费用		127 290
财务费用		4 170
营业外支出		50 000

（四）所得税费用核算

【例 3.47】 2023 年 12 月 31 日，计算出本月应交所得税 60 201.32 元。

该项业务发生，引起利润要素中的"所得税费用"增加、负债要素中的"应交税费"增加，使得"所得税费用"和"应交税费"两个账户同时发生变化，结合这两个账户的结构，编制会计分录如下：

借：所得税费用	60 201.32
贷：应交税费——应交所得税	60 201.32

【例 3.48】 2023 年 12 月 31 日，结转所得税费用。

借：本年利润	60 201.32
贷：所得税费用	60 201.32

（五）利润分配核算

1. 利润分配的内容及顺序

利润分配是指企业根据国家有关规定和企业章程、投资者协议等，对企业当年可供分配的利润所进行的分配。企业本年实现的净利润加年初未分配利润（或减年初未弥补亏损），再加上其他转入，即为可供分配的利润。

企业可供分配的利润，除法律、行政法规另有规定外，应按照以下顺序分配：

（1）提取法定盈余公积

企业应当按照当年净利润（抵减年初累计亏损后）的 10% 提取法定盈余公积。如果不存在年初累计亏损，提取法定盈余公积的基数为当年实现的净利润；如果存在年初累计亏损，提取法定盈余公积的基数为可供分配的利润。

（2）提取任意盈余公积

企业提取法定盈余公积后，经股东（大）会决议，还可以提取任意盈余公积。

（3）向投资者分配利润

企业可供分配的利润扣除提取的盈余公积后，形成可供投资者分配的利润。企业可采用现金股利、股票股利和财产股利等形式向投资者分配利润。可供投资者分配的利润扣除向投资者分配利润后的余额形成企业的未分配利润，是企业留待以后年度进行分配的利润。

2. 利润分配核算

【例 3.49】 2023 年 12 月 31 日，万方公司将全年累计实现的净利润 1 457 865.67 元由"本年利润"账户结转到"利润分配"账户。

借：本年利润 　　　　　　　　　　　　　　　　　　　　　　　　　　1 457 865.67
　　贷：利润分配——未分配利润 　　　　　　　　　　　　　　　　　　　1 457 865.67

【例 3.50】 2023 年 12 月 31 日，万方公司从净利润中提取法定盈余公积 145 786.57 元，任意盈余公积 218 679.85 元。

该项业务发生，引起所有者权益要素中的"盈余公积"增加、"未分配利润"减少，涉及"利润分配"和"盈余公积"两个账户，结合这两个账户的结构，编制会计分录如下：

借：利润分配——提取盈余公积 　　　　　　　　　　　　　　　　　　　364 466.42
　　贷：盈余公积——法定盈余公积 　　　　　　　　　　　　　　　　　　145 786.57
　　　　　　　　——任意盈余公积 　　　　　　　　　　　　　　　　　　218 679.85

【例 3.51】 2023 年 12 月 31 日，万方公司宣告向投资者分配利润 456 500 元。

该项业务发生，引起所有者权益要素中的"未分配利润"减少、负债要素中的"应付股利"增加，涉及"利润分配"和"应付股利"两个账户，结合这两个账户的结构，编制会计分录如下：

借：利润分配——应付现金股利或利润 　　　　　　　　　　　　　　　　　456 500
　　贷：应付股利 　　　　　　　　　　　　　　　　　　　　　　　　　　　456 500

【例 3.52】 2023 年 12 月 31 日，将"利润分配"其他明细账户的余额结转入"利润分配——未分配利润"账户。

借：利润分配——未分配利润 　　　　　　　　　　　　　　　　　　　　　820 966.42
　　贷：利润分配——提取盈余公积 　　　　　　　　　　　　　　　　　　364 466.42
　　　　　　　　——应付现金股利或利润 　　　　　　　　　　　　　　　　456 500

思政在线

獐子岛"扇贝逃跑记"

在资本市场，从 2014 年开始，有一部长达 9 年的獐子岛扇贝"逃跑连续剧"，终于在 2023 年 5 月 25 日，以辽宁省高级人民法院二审驳回原獐子岛集团股份有限公司（以下简称獐子岛）董事长、总裁吴厚刚等人的公诉告一段落。至此，被"跑路"的扇贝终于沉冤昭雪。

獐子岛是一家以水产养殖为主营业务的上市公司，主要产品为虾夷扇贝。2006 年，獐子岛登陆 A 股，上市之后，公司业绩连续增长，股价连创新高。然而这一状态只维持到 2012 年，当年，獐子岛净利润仅为 1.04 亿元，降幅近 80%。2013 年，净利润继续下滑至 0.97 亿元。此后 2 年，獐子岛更是连续亏损，2014 年、2015 年分别净亏损 11.95 亿元、2.45 亿元。

在此业绩下滑期间，獐子岛称 2014 年业绩巨亏是由于"冷水团"，也就是说，洋流导致天气太冷，扇贝集体"跑路了"。

时隔 3 年，2018 年初，獐子岛再次发布公告，声称 2017 年降水减少导致饵料短缺，加之海水温度异常，大量扇贝饿死。公司因此巨亏 23 亿元，上演了"扇贝饿死"版。

然而，这并未阻止扇贝"跑路"事件的继续发酵。2019 年，獐子岛再次爆出扇贝原因不明的集体"自杀"消息。这一系列事件导致獐子岛股价大幅下跌，小股东和散户们损失惨重。

在此期间，獐子岛多次以"扇贝失踪""扇贝死亡"等理由解释业绩亏损，引发投资者和监管部门的质疑。在后续的调查过程中，证监会借助北斗卫星定位系统，对獐子岛 27 条采捕船只的航行数据进行分析，还原了真实的捕捞轨迹，发现公司虚报采捕面积，隐瞒成本，操纵财务报表。事实是 2016 年，为避免公司因连续 3 年亏损被暂停上市，獐子岛虚增利润 1.3 亿余元；2017 年末至 2018 年初，为圆上 2016 年的谎言，吴厚刚指使公司人员在隐瞒海域增设抽测点位、编造扇贝死亡的虚假消息，虚减利润 2.78 亿余元。此外，吴厚刚等还串通投标、受贿非国家工作人员、对非国家工作人员行贿等。

2023 年 12 月，獐子岛原董事长吴厚刚因违规披露重要信息罪、诈骗罪等数罪并罚，被判有期徒刑 15 年，并处罚金 92 万元；其他 11 名被告人也分别被判处不同刑期和罚金。法网恢恢，疏而不漏，至此，獐子岛"扇贝逃跑记"终于落幕。

獐子岛扇贝"逃跑"事件不仅是一场闹剧，还是中国资本市场借助北斗卫星和大数据分析技术，开创新型监管模式治理的典型案例。此外，这场闹剧也让我们再一次深刻认识到，诚信才是一个企业乃至我们做人的立身之本，正确的价值观、社会责任感才是前进道路上的引路灯塔。

项目小结

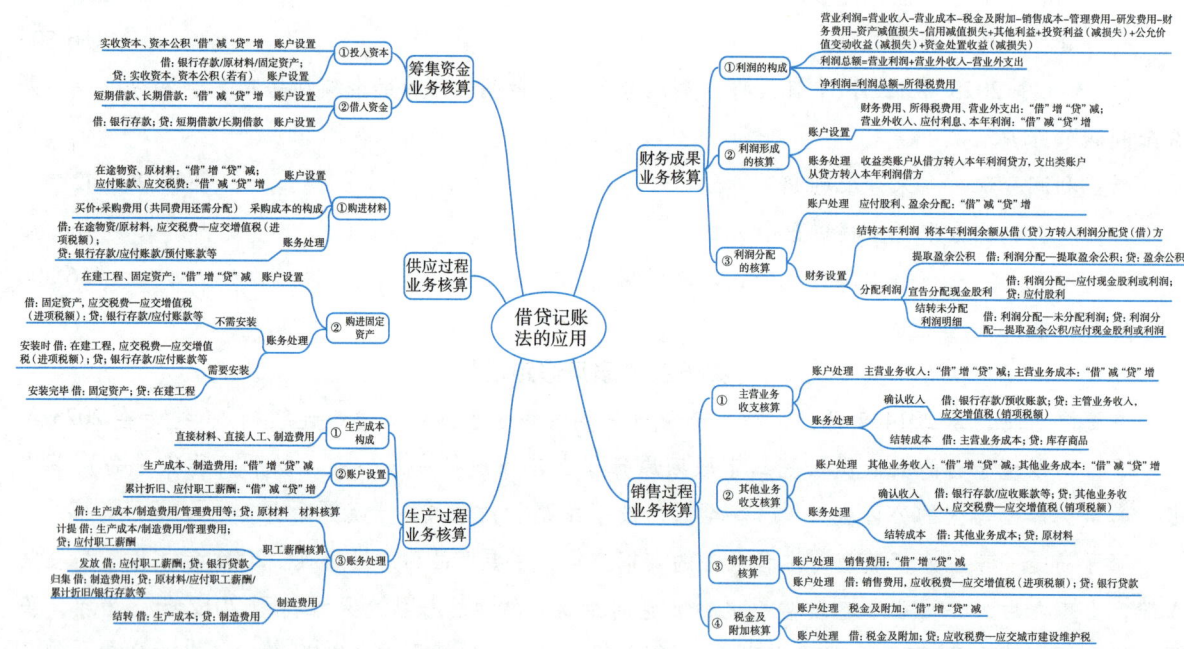

项目训练与测试

一、单项选择题

1. 以银行存款偿还前欠其他公司货款，应借记（　　）账户。
   A. 应付账款　　　B. 银行存款　　　C. 预收账款　　　D. 原材料
2. 应由本期负担但尚未支付的银行借款利息，应记入（　　）账户的借方。

A. 财务费用　　　B. 管理费用　　　C. 制造费用　　　D. 应付利息

3. 实收资本是指企业实际收到投资者投入的资本，它是企业（　　）中的主要构成部分。
A. 所有者权益　　B. 利润　　　　　C. 资产　　　　　D. 负债

4. 为了反映企业与供货单位的货款结算情况，需要设置和运用（　　）账户。
A. 固定资产　　　B. 库存现金　　　C. 应付账款　　　D. 银行存款

5. "固定资产"属于（　　）类科目。
A. 所有者权益　　B. 损益　　　　　C. 资产　　　　　D. 负债

6. 下列不能记入产品成本的是（　　）。
A. 管理费用　　　B. 制造费用　　　C. 直接人工费　　D. 原材料

7. 固定资产使用过程中发生的损耗用（　　）科目进行核算。
A. 管理费用　　　B. 固定资产　　　C. 累计折旧　　　D. 制造费用

8. 结转完工产品的成本时，借方和贷方分别登记（　　）。
A. 库存商品、生产成本　　　　　　B. 生产成本、制造费用
C. 生产成本、库存商品　　　　　　D. 库存商品、制造费用

9. 期末未完工的半成品、在产品在（　　）科目中核算。
A. 制造费用　　　B. 库存商品　　　C. 生产成本　　　D. 固定资产

10. 下列记入制造费用的是（　　）。
A. 直接材料　　　B. 直接人工　　　C. 行政人员薪酬　D. 车间间接费用

11. 以生产或销售商品为主要业务的企业，销售商品产生的收入应记入的科目是（　　）。
A. 主营业务收入　B. 其他业务收入　C. 营业外收入　　D. 投资收益

12. 产品销售之后，应将其成本转到（　　）账户的借方。
A. 制造费用　　　B. 生产成本　　　C. 主营业务成本　D. 库存商品

13. 9月30日，"本年利润"账户有贷方余额280 000元，其含义是（　　）。
A. 9月实现的利润　　　　　　　　B. 9月30日实现的利润
C. 1月1日至9月30日累计实现的利润　D. 结转利润分配后的剩余数额

14. 所得税费用期末应转入（　　）账户的借方。
A. "主营业务收入"　B. "本年利润"　C. "利润分配"　D. "营业外收入"

15. 下列各项中，属于营业外收入的是（　　）。
A. 销售商品收入　B. 销售材料收入　C. 罚款收入　　　D. 出租设备收入

16. 下列各项中，属于销售费用的是（　　）。
A. 办公费　　　　B. 招待费　　　　C. 银行手续费　　D. 广告费

17. 营业外收入属于（　　）构成部分。
A. 营业利润　　　B. 利润总额　　　C. 净利润　　　　D. 毛利润

18. （　　）属于损益类账户。
A. 盈余公积　　　B. 利润分配　　　C. 本年利润　　　D. 销售费用

19. 企业以银行存款支付职工薪酬，应当记入借方的科目是（　　）。
A. 银行存款　　　B. 管理费用　　　C. 制造费用　　　D. 应付职工薪酬

20. 企业取得借款要贷记（　　）账户。

A. 银行存款　　　　B. 库存现金　　　　C. 短期借款　　　　D. 实收资本

二、多项选择题

1. 下列各项应计入材料采购成本的有（　　）。

A. 发生的所有损耗　　B. 支付的增值税　　C. 运杂费　　　　D. 购买价款

2. 企业购入原材料可能会影响的会计要素有（　　）。

A. 资产　　　　　　B. 负债　　　　　　C. 收入　　　　　　D. 费用

3. "短期借款"账户核算的要点为（　　）。

A. 期末余额在贷方　　　　　　　　　B. 贷方反映借入的短期借款本金

C. 贷方反映借入的短期借款本息　　　D. 借方反映借入的短期借款本金

4. 关于"资本公积"账户的描述，正确的有（　　）。

A. 贷方登记企业资本公积的增加额　　B. 贷方登记企业资本公积的减少额

C. 期末余额在借方　　　　　　　　　D. 期末余额在贷方

5. 下列关于"生产成本"账户结构说法正确的有（　　）。

A. 生产成本借方登记生产产品耗用的直接材料费

B. 生产成本借方登记生产产品耗用的直接人工费

C. 生产成本借方登记转入的制造费用金额

D. 生产成本贷方登记生产完工入库的库存商品成本

E. 生产成本期末没有余额

6. 下列关于"制造费用"账户结构说法正确的有（　　）。

A. 制造费用借方登记生产车间耗用的机物料费

B. 制造费用借方登记生产车间管理人员的工资

C. 制造费用贷方登记各产品分配的间接费用

D. 制造费用期末一定没有余额

7. 下列关于"库存商品"账户结构说法正确的有（　　）。

A. 库存商品借方登记入库产品的成本　　B. 库存商品贷方登记出库产品的成本

C. 库存商品期末没有余额　　　　　　　D. 库存商品期末有余额

8. 下列属于销售费用的有（　　）。

A. 广告费　　　　B. 销售产品运杂费　　C. 产品展览费　　D. 采购产品运杂费

9. 下列各项中属于其他业务收入的有（　　）。

A. 销售产品收入　　B. 销售材料收入　　C. 出租包装物收入　　D. 接受捐赠收入

10. 下列可以通过"税金及附加"账户核算的有（　　）。

A. 消费税　　　　B. 增值税　　　　C. 城市维护建设税　　D. 教育费附加

11. 下列属于营业利润构成内容的有（　　）。

A. 所得税费用　　B. 销售费用　　　　C. 管理费用　　　　D. 营业收入

12. （　　）科目，期末结转"本年利润"后无余额。

A. 制造费用　　　B. 管理费用　　　　C. 所得税费用　　　D. 生产成本

13. 制造企业的利润由（　　）构成。
A. 营业利润　　　B. 利润总额　　　C. 净利润　　　D. 毛利润
14. （　　）记入"营业外支出"账户。
A. 罚款支出　　　　　　　　　B. 捐赠支出
C. 广告费　　　　　　　　　　D. 招待费
15. 下列记入管理费用的有（　　）。
A. 车间业务招待费　　　　　　B. 行政办公费
C. 行政管理人员工资　　　　　D. 车间人员出差差旅费

三、判断题

1. "预付账款"账户属于负债类账户，用来核算和监督企业按购货合同规定预付给供货单位的款项。（　　）
2. 购入材料的采购成本就是材料的购买价格。（　　）
3. 采购费用包含企业在采购材料过程中发生的所有损耗。（　　）
4. "短期借款"账户属于负债类账户，用来核算和监督企业借入的期限在1年以内（含1年）的各种借款。（　　）
5. 企业收到其他公司投入资本时需借记"实收资本"账户。（　　）
6. 投资者只能采用现金方式进行投资。（　　）
7. 制造费用和管理费用期末都需要结转，所以它们都属于损益类账户。（　　）
8. 生产车间管理人员的工资和福利费最终不记入产品成本。（　　）
9. 生产车间计提折旧的会计分录是：借记"制造费用"，贷记"固定资产"。（　　）
10. "累计折旧"账户贷方登记提取折旧金额的增加，借方登记折旧金额的减少，所以它是负债类账户。（　　）
11. 成本是生产产品时发生的耗费，费用是企业在经营管理中发生的耗费，两者都属于耗费支出，所以性质是一样的。（　　）
12. 制造企业的产品销售成本是企业已销产品的实际生产成本。（　　）
13. "本年利润"账户属于损益类账户。（　　）
14. "营业外收入"属于利润总额的构成部分。（　　）
15. "税金及附加"期末账户余额全部转入"本年利润"账户的借方。（　　）
16. 净利润 = 营业利润 + 营业外收入 − 营业外支出。（　　）
17. 企业取得的固定资产报废收入记入"营业外收入"。（　　）
18. 制造费用和管理费用都需要按照一定的方法在不同产品之间进行分配。（　　）
19. "本年利润"账户的期末余额均为0。（　　）
20. "预付账款"账户属于资产类账户。（　　）

四、业务题

1. 练习资金筹集业务核算。

资料：方圆公司6月发生以下经济业务：

（1）向银行借入期限为2年的借款，金额为150 000元，款项已存入银行。

(2) 收到华康公司投入的不需要安装的设备一台，合同约定的价值为 90 000 元（不考虑增值税）。

(3) 接银行通知，收到刘同个人投入资金 100 000 元，已入账。

(4) 由于临时生产周转需要，向银行借入期限为 6 个月的借款 50 000 元，款项已存入银行。

(5) 用银行存款归还到期的长期借款 200 000 元。

要求：根据上述资料，编制会计分录。

2. 练习供应过程业务核算。

资料：方圆公司 8 月发生以下经济业务：

(1) 从光明公司购入甲材料 1 800 千克，单价 15 元，增值税税率 13%；发生运费 200 元，运费的增值税税额为 18 元。材料已验收入库，上述款项已用银行存款支付。

(2) 开出转账支票支付上个月所欠东方公司货款 25 800 元。

(3) 赊购甲材料 1 500 千克，单价 18 元，增值税税率为 13%，材料已入库。

(4) 购入甲、乙两种材料，甲材料 1 000 千克，单价 12 元，乙材料 2 800 千克，单价 9 元，增值税税率为 13%；两种材料的运输费及装卸费共计 500 元，运费及装卸费的增值税税额为 38 元，材料已验收入库，款项尚未支付。甲、乙材料应负担的采购费用按照购入材料的重量作为分配标准计算。

(5) 购入一台不需要安装的机器设备，价款 98 300 元，增值税税额 12 779 元；发生运费 720 元，运费的增值税为 64.80 元。上述款项均用银行存款支付。

(6) 以银行存款 32 000 元向泰安公司预付购买甲材料货款。

(7) 收到泰安公司发来甲材料 1 500 千克，单价为 16 元，增值税税率为 13%，发生运费 130 元，运费增值税税额为 11.70 元，材料已验收入库。

(8) 收到银行通知，收到退回多付货款。

要求：根据上述资料，编制会计分录。

3. 练习生产过程业务核算。

资料：方圆公司 9 月发生以下经济业务：

(1) 本月仓库发料凭证汇总表如下表所示。

发料凭证汇总

材料用途	甲材料		乙材料		合计
	数量（千克）	金额（元）	数量（千克）	金额（元）	金额（元）
生产 A 产品耗用	6 000	120 000	4 000	40 000	160 000
生产 B 产品耗用	5 000	100 000	3 500	35 000	135 000
小计	11 000	220 000	7 500	75 000	295 000
车间一般耗用	2 500	50 000	1 500	15 000	65 000
行政管理部门耗用	1 200	24 000	1 000	10 000	34 000
合计	14 700	294 000	10 000	100 000	394 000

(2) 使用现金 1 500 元购买办公用品，其中，车间办公用品 500 元，管理部门办公用品 1 000 元。

（3）使用银行存款支付水电费6 000元，增值税650元，其中，车间耗费3 500元，行政管理部门耗费1 000元，销售部门耗费1 500元。

（4）用银行存款380 000元发放职工薪酬。

（5）月末，计算本月职工薪酬，进行工资费用分配，其中，生产A产品工人工资100 000元，生产B产品工人工资80 000元，车间管理人员工资44 000元，行政管理人员工资84 500元，销售人员工资71 500元，共计380 000元。

（6）月末，计提本月固定资产折旧66 000元，其中，生产车间固定资产折旧费40 000元，行政管理部门固定资产折旧15 000元，销售部门固定资产折旧11 000元。

（7）月末，汇总当月制造费用，按照当月生产A、B两种产品工人的工资进行分配。

（8）本月生产的A产品全部完工，并验收入库，假设A产品没有期初在产品；B产品全部未完工。结转完工产品成本。

要求：根据上述资料，编制会计分录。

4. 练习销售过程业务核算。

资料：方圆公司10月发生以下经济业务：

（1）向庆元工厂销售A产品，价款80 000元，增值税税额10 400元，全部款项未收。

（2）向天盛公司销售B产品，价款60 000元，增值税税额7 800元，款项已存入银行。

（3）收到海天公司预付A产品购货款500 000元，款项已存入银行。

（4）向大华工厂销售甲材料，价款25 000元，增值税税额3 250元，款项收到，存入银行。

（5）以银行存款支付广告费2 000元，增值税税额120元。

（6）向海天公司发出A产品一批，开具的增值税专用发票所列价款400 000元，增值税52 000元。

（7）向海天公司退回多余款项。

（8）结转本月已销A产品实际成本280 000元，结转已销B产品实际成本36 000元。

（9）结转本月已销甲材料实际成本16 000元。

（10）计提本月应交的城市维护建设税7 000元，应交的教育费附加3 000元。

要求：根据上述资料，编制会计分录。

5. 练习财务成果业务核算。

资料：方圆公司12月初"本年利润"账户贷方余额1 000 000元。12月发生以下经济业务：

（1）采购员报销差旅费2 500元（预借3 000元），剩余款项以现金退回。

（2）以银行存款向税务机关缴纳上月的增值税68 000元和所得税80 000元。

（3）以银行存款支付本季度短期借款利息12 000元（其中已预提8 000元）。

（4）销售产品一批，价款200 000元，税款26 000元，款项以银行存款支付。

（5）以银行存款支付广告费30 000元。

（6）以现金支票支付业务招待费2 000元。

（7）将确实无法支付的应付账13 000元转作营业外收入。

（8）收到A公司转账支票一张，金额98 000元，用于偿还货款。

（9）以银行存款支付罚款支出3 000元。

(10) 经计算,应交城市维护建设税1 820元,教育费附加1 300元。
(11) 经计算,本月已销产品的成本为98 000元,予以结转。
(12) 月末,将本月收入类账户余额结转到"本年利润"账户。
(13) 月末,将本月费用类账户余额结转到"本年利润"账户。
(14) 根据利润总额和25%的所得税税率计算本月应缴纳的所得税。
(15) 月末结转本月的所得税费用。
(16) 按照全年净利润的10%提取法定盈余公积。
(17) 公司决定向投资者分配利润300 000元。
(18) 年末将"本年利润"账户的余额转入"利润分配"账户。
(19) 结转"利润分配"明细科目。
(20) 以银行存款支付上年度应向投资者分配的利润300 000元。

要求:根据上述资料,编制会计分录。

五、思考题

1. 制造企业的主要经济业务内容包括哪些?
2. 企业筹集资金的方式主要是什么?
3. 简述材料的采购成本由哪些项目构成,如何计算和结转材料采购成本?
4. 产品生产成本由哪些项目构成?如何计算和结转完工产品成本?
5. 什么是财务成果?反映财务成果的指标有哪些?
6. 企业的营业利润包括哪些内容?

项目四　会计凭证

学习目标

知识目标：

了解会计凭证的概念、意义及基本内容，熟悉会计凭证的种类，掌握会计凭证的填制。

能力目标：

能正确填制常见会计凭证，能对填制或取得的会计凭证进行审核。

素质目标：

树立认真细心的工作态度，培养诚实守信的职业道德。

任务一　会计凭证概述

任务引例

中国动物保健品（00940.HK）自2015年3月30日起停牌，2015年12月发布公告称：2015年12月4日，公司一辆小货车在河北省保定市清苑区被盗，车内载有2014年4个季度及2015年度的所有财务文件。事发时，小货车司机正将遗失文件运回公司北京总办事处以供汇编，途中午饭时车辆失窃。12月12日，当地公安局通知称卡车已寻回，但遗失文件无法寻获。至12月28日，寻回遗失文件的可能性不大。

讨论： 请谈谈会计凭证记录了什么信息以及会计凭证的重要性。

知识讲解

一、会计凭证的概念和意义

会计凭证是记录经济业务、明确经济责任的书面证明，也是登记账簿的依据。填制和审核会计

凭证是会计核算工作的起点和基本环节，也是登记账簿的前提和依据。

企业每发生一笔经济业务，都应当由执行或完成该项经济业务的有关人员取得或填制会计凭证，并在凭证上签名或盖章，以对凭证上所记载的内容负责。例如，购买商品、材料由供货方开出发票；支出款项由收款方开出收据；接收商品、材料入库要有收货单；发出商品要有发货单；发出材料要有领料单等。这些发票、收据、收货单、发货单、领料单都是会计凭证。

所有会计凭证都应当认真填制，还得经过财务部门严格审核，只有审核无误的会计凭证才能作为经济业务发生或完成的证明，才能作为登记账簿的依据。

填制和审核会计凭证在经济管理中具有重要意义。

（一）为会计核算提供原始依据

任何经济业务发生都必须取得或填制会计凭证，如实地反映经济业务发生或完成情况。会计凭证上记载了经济业务发生的时间和内容，为会计核算提供了原始凭据，保证了会计核算的客观性与真实性，克服了主观随意性，使会计信息的质量得到了可靠保障。

（二）发挥会计监督作用

经济业务是否合法、合理，是否客观真实，在记账前都必须经过财务部门审核。通过审核会计凭证，可以充分发挥会计监督作用。通过检查每笔经济业务是否符合有关法律、法规、制度的规定，有无铺张浪费和违纪行为，促进各单位和经办人员树立遵纪守法的观念，促使各单位建立健全各项规章制度，确保财产安全完整。

（三）加强岗位责任制

每一笔经济业务发生或完成都要填制和取得会计凭证，并由相关单位和人员在凭证上签名盖章，这样能促使经办人员严格按照规章制度办事。一旦出现问题，便于分清责任，及时采取措施，有利于岗位责任制的落实。

二、会计凭证的分类

经济业务的纷繁复杂决定了会计凭证是多种多样的。为了正确地使用和填制会计凭证，有必要对会计凭证进行分类。会计凭证按照编制的程序和用途不同，分为原始凭证和记账凭证两类。

（一）原始凭证

原始凭证是在经济业务发生或完成时由相关人员取得或填制的，用以记录或证明经济业务发生或完成情况并明确有关经济责任的一种原始凭据。任何经济业务发生都必须填制和取得原始凭证，原始凭证是会计核算的原始依据。

（二）记账凭证

记账凭证是财务部门根据审核无误的原始凭证进行归类、整理，记载经济业务简要内容，确定会计分录的会计凭证。记账凭证是登记会计账簿的直接依据。

引例解析

会计凭证是记录经济业务发生或者完成情况的书面证明，每个企业都必须按一定的程序填制和审核会计凭证。会计凭证是登记账簿的依据，能够如实反映企业的经济业务；会计凭证能够更有效地发挥会计的监督作用，及时发现企业经济管理中存在的问题并加以制止和纠正；会计凭证可以强化企业经营管理上责任制度的体现，明确财务人员职责的分配。

任务二　原始凭证的填制与审核

任务引例

万方公司会计发现一张金额错误的原始凭证，随即要求原出具单位进行更正，并在更正处加盖对方单位的财务专用章。

讨论：万方公司会计的处理方式正确吗？

知识讲解

一、原始凭证的种类

纷繁复杂的经济业务导致原始凭证的品种繁多，为了更好地认识和使用原始凭证，需要按照一定的标准对原始凭证进行分类。原始凭证按照不同的分类标准，可以归属于不同的种类。

（一）按照来源不同分类

原始凭证按其来源不同可以分为外来原始凭证和自制原始凭证两种。

1. 外来原始凭证

外来原始凭证是在经济业务活动发生或完成时，从其他单位或个人直接取得的原始凭证。如增值税专用发票（见图 4-1）、铁路运输部门的火车票、由银行转来的结算凭证和对外支付款项时取得的收据等都是外来原始凭证。

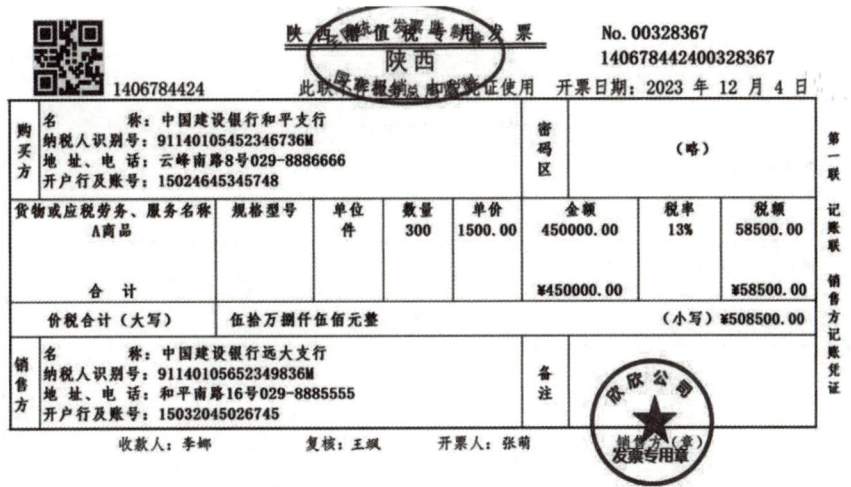

图 4-1　增值税专用发票

2. 自制原始凭证

自制原始凭证是指由本单位内部经办业务的部门和人员，在执行或完成某项经济业务时填制的、仅供本单位内部使用的原始凭证。如收料单、产品入库单、领料单（见图 4－2）、产品出库单、借款单、工资发放明细表、固定资产折旧计算表、差旅费报销单、制造费用分配表等。

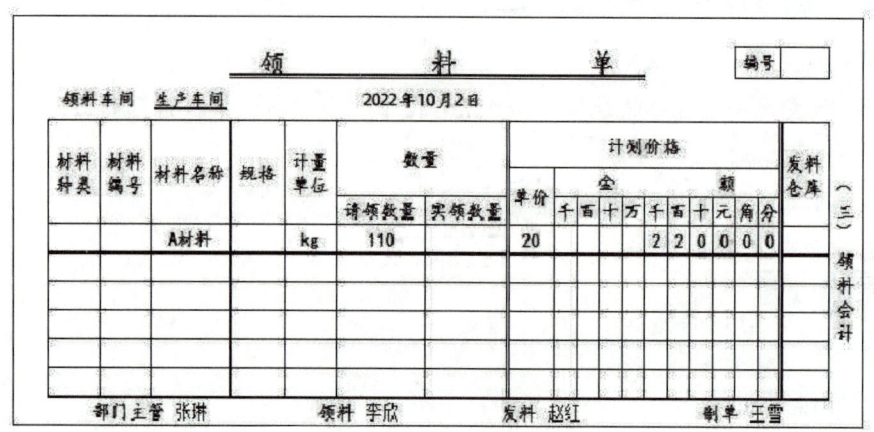

图 4－2　领料单

（二）按照填制的手续和内容不同分类

原始凭证按其填制的手续和内容不同可以分为一次凭证、累计凭证和汇总凭证三种。

1. 一次凭证

一次凭证是指一次填制完成的原始凭证。它反映一笔经济业务或同时反映若干同类经济业务的内容。外来原始凭证一般属于一次凭证，自制原始凭证大多数也是一次凭证。日常的原始凭证多属此类，如转账支票、现金支票、收据、借款单（见图 4－3）、领料单等。一次凭证能够清晰地反映经济业务活动情况，使用方便灵活，但数量较多。

图 4－3　借款单

2. 累计凭证

累计凭证是指在一张凭证上连续登记一定时期内不断重复发生的若干同类经济业务，直到期末才能填制完毕的原始凭证。累计凭证可以连续登记相同性质的经济业务，随时计算出累计数及结余数，期末按实际发生额记账。限额领料单（见图4-4）就是典型的累计凭证。在限额领料单上，标明某种材料在一定时间（通常为1个月）内的使用限额，每次领料时逐笔进行登记并结出余额，期末计算实际领用数量和金额。

限额领料单

领料部门：生产车间　　2022年10月　　发料仓库：2号
用　　途：B产品生产　　　　　　　　　　　编　号：8

材料类别	材料编号	材料名称及规格	计量单位	领料限额	实际领用	单价	金额	备注
型钢	348	圆钢10mm	公斤	500	480	4.4	2112	

限额	请领		实发			限额结余	退库	
	数量	签章	数量	发料	领料人		数量	退库单
10.3	200		200	姜彤	王丽	300		
10.12	100		100	姜彤	王丽	200		
10.21	180		180	姜彤	王丽	20		
合计	480		480			20		

供应部门负责人　李薇　　生产计划部门负责人　童伟　　仓库负责人　刘俊

图4-4　限额领料单

3. 汇总凭证

汇总凭证也叫原始凭证汇总表，是根据许多同类经济业务的原始凭证或会计核算资料定期加以汇总而重新编制的原始凭证。如发出材料汇总表（见图4-5）、差旅费报销单等。汇总凭证既可以提供经营管理所需要的总量指标，又可以大大简化核算手续。

发出材料汇总表
2023年12月

材料	借方					合计
	生产成本	制造费用	管理费用	销售费用	其他	
甲材料	35000.00	6700.00	3200.00		3000.00	47900.00
乙材料	20000.00	4500.00	2500.00	4000.00		31000.00
丙材料	16000.00	8300.00	1800.00			26100.00
合计	71000.00	19500.00	7500.00	4000.00	3000.00	105000.00

图4-5　发出材料汇总表

（三）按照格式不同分类

原始凭证按其格式的不同可以分为通用凭证和专用凭证两种。

1. 通用凭证

通用凭证是指全国或某一地区、某一部门统一格式的原始凭证。如由银行统一印制的结算凭证（见图4-6）、税务部门统一印制的发票、车票等。

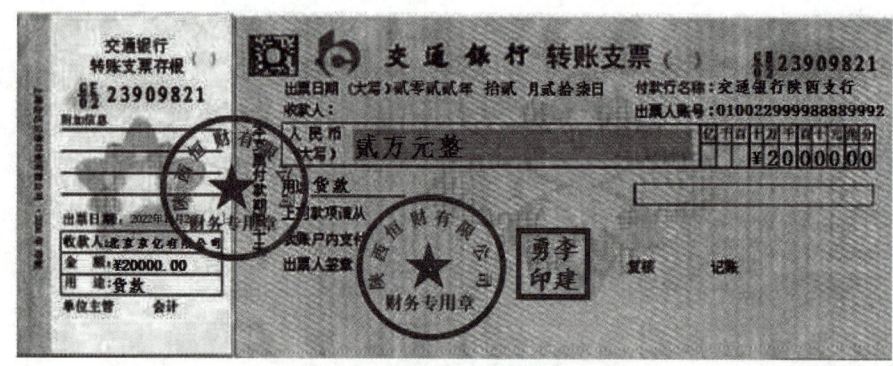

图 4-6 转账支票

2. 专用凭证

专用凭证是指一些单位具有特定内容、格式和专门用途的原始凭证。如固定资产折旧计算表、差旅费报销单（见图 4-7）、工资费用分配表等。

图 4-7 差旅费报销单

二、原始凭证的基本内容

企业发生的经济业务复杂多样，其经济管理的要求也不尽相同，因此，原始凭证的内容、格式也不尽相同。但无论哪一种原始凭证，都应该说明有关经济业务的执行和完成情况，都应该明确有关经办人员和经办单位的经济责任。因此，各种原始凭证尽管名称和格式不同，但都应该具备一些共同的基本内容。

原始凭证应具备以下基本内容：

（1）原始凭证的名称；

（2）原始凭证的填制日期；

（3）接受凭证的单位名称；

（4）经济业务内容；

（5）经济业务内容的数量、单价和金额；

（6）填制原始凭证的单位名称和填制人姓名；

（7）经办人员的签名或盖章。

原始凭证基本内容也是原始凭证所应该具备的要素，如图4-8所示。

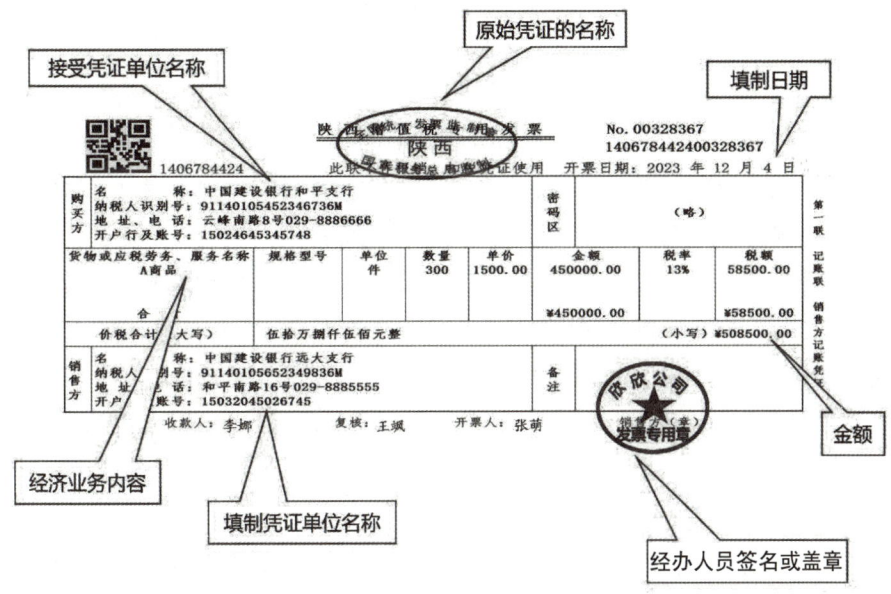

图4-8 原始凭证的基本内容

三、原始凭证的填制要求

原始凭证是具有法律效力的书面文件，是进行会计核算的依据，必须认真填制。为了保证原始凭证能清晰地反映各项经济业务的真实情况，原始凭证的填制必须符合以下要求：

（1）记录真实。原始凭证上填制的日期、经济业务内容和数字必须是经济业务发生或完成的实际情况，不得弄虚作假，不得涂改、挖补。

（2）内容完整。原始凭证中应该填写的项目要逐项填写，不可缺漏；名称要写全，不要简化；品名和用途要填写明确，不能含混不清；有关部门和人员的签名和盖章必须齐全。

（3）手续完备。单位自制的原始凭证必须有经办业务的部门和人员签名盖章；对外开出的凭证必须加盖本单位的公章或财务专用章；从外部取得的原始凭证必须有填制单位公章或财务专用章。总之，取得的原始凭证必须符合手续完备的要求，以明确经济责任，确保凭证的合法性、真实性。

（4）填制及时。所有业务的有关部门和人员，在经济业务实际发生或完成时，必须及时填写原始凭证，做到不拖延、不积压，不事后补填，并按规定的程序审核。

（5）编号连续。原始凭证要编号连续或分类编号，在填制时要按照编号的顺序使用，跳号的凭证要加盖"作废"戳记，连同存根一起保管，不得撕毁。

（6）书写清楚、规范。原始凭证中的文字、数字的书写都要清晰、工整、规范，大小写金额要一致。复写的凭证要不串行、不串格、不模糊，一式几联的原始凭证，应当注明各联的用途。大小写金额必须符合填写规范，小写金额用阿拉伯数字逐个书写，不得写连笔字。在金额前要填写人民币符号"￥"，且与阿拉伯数字之间不得留有空白。金额数字一律填写到角、分。无角无分的，写"00"或符号"—"；有角无分的，分位写"0"，不得用符号"—"。大写金额用汉字壹、贰、叁、肆、伍、陆、柒、捌、玖、拾、佰、仟、万、亿、元、角、分、零、整等，一律用正楷或行书书写。大写金额前未印有"人民币"字样的，应加写"人民币"三个字，且和大写金额之间不得留有空白。大写金额到元或角为止的，后写"整"或"正"字；有分的，不写"整"或"正"字，如小写金额为 1 007.00，大写金额应写成"人民币壹仟零柒元整"。

知识链接

银行票据的填制

银行票据（包括现金支票、转账支票、银行汇票、银行本票、商业汇票），除按照原始凭证的具体要求填制以外，在填制日期上还做出了明确的特别规定：

（1）票据的出票日期必须使用中文大写。在填写月、日时，月为壹、贰和壹拾的，日为壹至玖和壹拾、贰拾和叁拾的，应在其前加"零"；日为拾壹至拾玖的，应在其前面加"壹"。例如，2 月 15 日，应写成：零贰月壹拾伍日。10 月 20 日，应写成：零壹拾月零贰拾日。

（2）票据出票日期使用小写填写的，银行不予受理。大写日期未按规范填写的，银行不予受理。

（7）不得涂改、刮擦、挖补。原始凭证金额有误的，应当由出具单位重开，不得在原始凭证上更正。原始凭证有其他错误的，应当由出具单位重开或更正，更正处应当加盖出具单位印章。

【情境训练 4-1】

2023 年 12 月，佳美服饰有限公司（开户行：中国建设银行远大支行；纳税人识别号：91140105652349836M；地址、电话：和平南路 16 号 029-8885555；账号：15032045026745）发生部分经济业务如下：

（1）2 日，欣欣股份有限公司（开户行：中国建设银行东塘支行；账号：01020061545）偿还货款 120 000 元，转账支票已送存银行，并取得银行进账单。

（2）4 日，销售给光华公司（开户行：中国建设银行和平支行；纳税人识别号：91140105452346736M；地址、电话：云峰南路 8 号 029-8886666；账号：15024645345748）A 商品 300 件，单价 1 500 元，尚未收到货款。

（3）8 日，采购部王强去上海参加订货会回来报销差旅费，具体情况及本公司的规定如下：

①车费：12 月 4 日，西安至上海高铁 670 元；12 月 6 日，上海至西安高铁 670 元。

②住宿费：1 200 元（2 天，每天 600 元）。

③餐补：600 元（3 天，每天 200 元）。

④市内交通补助：300 元（3 天，每天 100 元）。

⑤王强原借款 3 000 元，多余款项以现金支付。

要求：请根据上述业务填制原始凭证。

分析提示：

上述经济业务涉及的原始凭证为银行进账单、增值税专用发票和差旅费报销单等原始凭证，票样如图 4-9、图 4-10 和图 4-11 所示。

中国建设银行 进账单(回单)

年 月 日

图 4-9 银行进账单

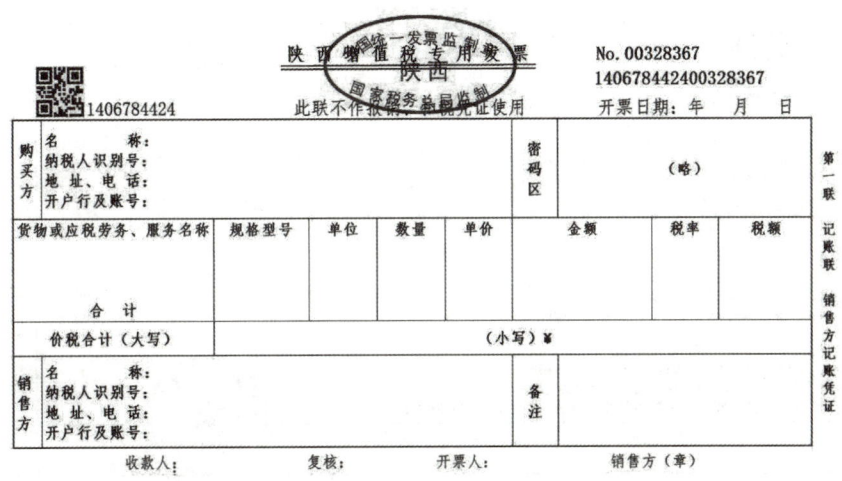

图 4-10 增值税专用发票

差 旅 费 报 销 单

部门： 年 月 日

图 4-11 差旅费报销单

根据经济业务情况和原始凭证填制要求，上述三笔业务的原始凭证填制如图 4-12、图 4-13 和图 4-14 所示。

中国建设银行 进账单（回单）

2023 年 12 月 2 日

出票人	全　称	欣欣股份有限公司	收款人	全　称	佳美服饰有限公司
	账　号	01020061545		账　号	15032045026745
	开户银行	中国建设银行东塘支行		开户银行	中国建设银行远大支行
金额	人民币（大写）拾贰万元整			亿 千 百 十 万 千 百 十 元 角 分	¥ 1 2 0 0 0 0 0 0
票据种类	转账支票	票据张数	1		
票据号码	9356824			中国建设银行远大支行 收款人开户行签章 转讫	
复核	记账				

此联是开户银行交给持（出）票人的回单

图 4－12　银行进账单

1406784424　陕西增值税专用发票　No. 00328367

全国统一发票监制章 陕西 国家税务总局监制

140678442400328367

此联不作报销、扣税凭证使用　开票日期：2023 年 12 月 4 日

购买方	名　　称：万方公司 纳税人识别号：91140105452346736M 地 址、电 话：云峰南路8号029-8886666 开户行及账号：中国建设银行和平支行15024645345748				密码区	（略）	
货物或应税劳务、服务名称	规格型号	单位	数量	单价	金额	税率	税额
A商品		件	300	1500.00	450000.00	13%	58500.00
合　计					¥450000.00		¥58500.00
价税合计（大写）	伍拾万捌仟伍佰元整					（小写）¥508500.00	
销售方	名　　称：欣欣公司 纳税人识别号：91140105652349836M 地 址、电 话：和平南路16号029-8885555 开户行及账号：中国建设银行远大支行15032045026745				备注	佳美服饰有限公司 发票专用章	

收款人：李娜　　复核：王飒　　开票人：张萌　　销售方（章）

第一联　记账联　销售方记账凭证

图 4－13　增值税专用发票

差旅费报销单

部门：采购部　　2023 年 12 月 8 日

出差人姓名		王强					事由	参加订货会						
起止日期	起讫地点	车船费	市内交通补助			起止日期	工作地点	住宿费	餐补			结算情况	
			天数	标准	金额				天数	标准	金额	项目	金额
12.4-12.6	西安-上海	1340.00	3	100.00	300.00	12.4-12.6	上海	1200.00	3	200.00	600.00	预借	3000.00
												报销	3440.00
												支现	440.00
合计（大写）		人民币叁仟肆佰肆拾元整							（小写）¥3440.00				

单位领导：李建源　　财务主管：林峰　　审核人：李娜　　经办人：王强

图 4－14　差旅费报销单

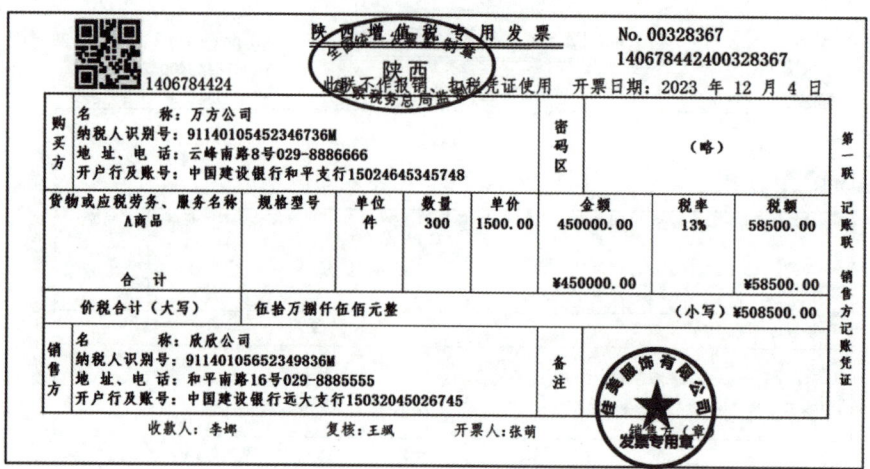

四、原始凭证的审核

为了正确反映和监督各项经济业务，财务部门对取得的原始凭证，必须进行严格审核，保证核算资料的真实、合法、完整。只有经过审查无误的原始凭证，方可作为编制记账凭证和登记账簿的依据。原始凭证的审核，是会计监督工作的一个重要环节，一般应从以下两个方面进行：

1. 审查原始凭证所反映经济业务的合法性、合理性和真实性

以有关法律、法规和制度等为依据，审查凭证所记录的经济业务是否符合有关规定，有无贪污盗窃、虚报冒领、伪造凭证等违法乱纪现象，有无不讲经济效益、违反计划和标准的要求等。对于不合理、不合法及不真实的原始凭证，财务人员应拒绝受理。如发现伪造或涂改凭证、弄虚作假、虚报冒领等不法行为，除拒绝办理外，还应立即报告有关部门，提请严肃处理。

2. 审核原始凭证的填制是否符合规定的要求

首先审查所用的凭证格式是否符合规定，凭证的要素是否齐全，是否有经办单位和经办人员签章；其次审查凭证上的数字是否完整，大、小写是否一致；最后审查凭证上数字和文字是否有涂改、污损等不符合规定之处。如果通过审查发现原始凭证有错误的，应当由出具单位重开或更正，更正处应加盖出具单位印章。原始凭证金额有错误的，应当由出具单位重开，不得在原始凭证上更正。

【情境训练 4-2】

2023 年 12 月，佳美服饰有限公司（开户行：中国建设银行远大支行；账号：15032045026745）发生部分经济业务如下：

（1）4 日，公司采购部王强去上海参加订货会预借差旅费 3 000 元，出纳审核"借款单"（见图 4-15）后，以现金付讫。

借 款 单
2023 年 12 月 04 日

借款部门	采购部	借款人	王强
借款理由	去上海参加订货会		
借款金额	人民币（大写）叁仟元整		3000.00
单位负责人意见	李明		
会计主管核批：李强	付款方式：现金	出纳：王清	

图 4-15 借款单

（2）8 日，开出转账支票偿还力源公司货款 50 000 元（见图 4-16）。

要求：审核上述两笔业务取得的原始凭证。

分析提示：

（1）借款单小写金额前没有"¥"符号，单位负责人没有签署意见。

（2）转账支票出票日期应为：贰零贰叁年壹拾贰月零捌日，大写金额后没有写"整"字，小

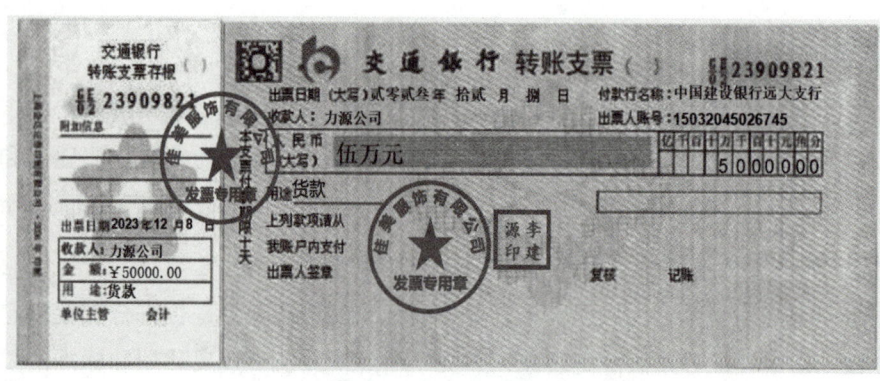

图 4-16 转账支票

写金额前没有加"¥"。

引例解析

万方公司会计的做法不符合规定。原始凭证金额有错误的,应当由原出具单位重新开具,不得在原始凭证上进行更正。

知识链接

《会计法》对原始凭证的规定

《会计法》第十四条规定:

会计凭证包括原始凭证和记账凭证。

办理本法第十条所列的经济业务事项,必须填制或者取得原始凭证并及时送交会计机构。

会计机构、会计人员必须按照国家统一的会计制度的规定对原始凭证进行审核,对不真实、不合法的原始凭证有权不予接受,并向单位负责人报告;对记载不准确、不完整的原始凭证有权予以退回,并要求按照国家统一的会计制度的规定更正、补充。

原始凭证记载的各项内容均不得涂改;原始凭证有错误的,应当由出具单位重开或者更正,更正处应当加盖出具单位印章。原始凭证金额有错误的,应当由出具单位重开,不得在原始凭证上更正。

记账凭证应当根据经过审核的原始凭证及有关资料编制。

任务三 记账凭证的填制与审核

任务引例

光华公司以一台吉普车偿还了欠万方公司的货款,万方公司经理要求会计人员不要将吉普车入固定资产账,于是会计人员增加了企业的原材料,并填制记账凭证:

借:原材料——燃料(烟煤) 84 370
　　贷:应收账款——光华公司 84 370

这张记账凭证后面只附了一张由万方公司开具给光华公司的收款收据,没有购货发票,也没有入库单。

讨论:万方公司会计人员的做法是否恰当?

项目四 会计凭证 04

知识讲解

一、记账凭证的种类

记账凭证按不同的标准,可以分为不同的种类。

(一) 按照所反映的经济内容分类

记账凭证按其所反映的经济内容不同,可分为收款凭证、付款凭证、转账凭证三种。

1. 收款凭证

收款凭证是指专门用于记录现金和银行存款收款业务的会计凭证,是出纳人员收讫款项的依据,也是登记总账、现金日记账和银行存款日记账以及有关明细账的依据,一般按现金和银行存款分别编制,格式如图 4-17 所示。

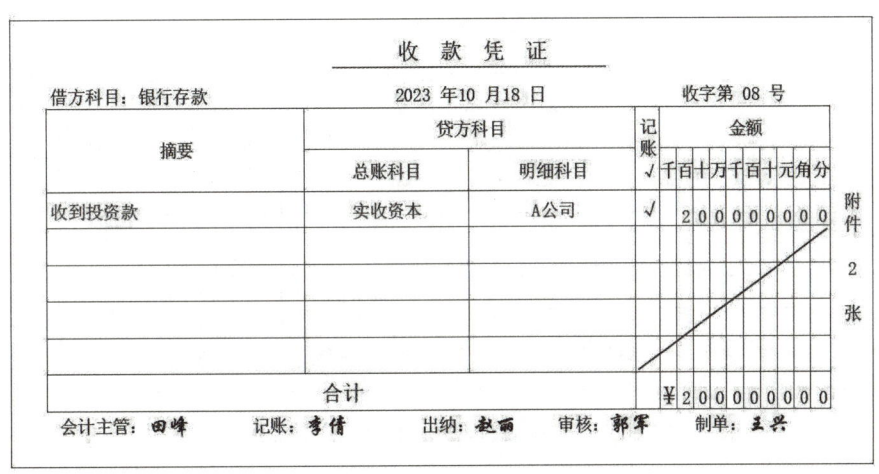

图 4-17 收款凭证

2. 付款凭证

付款凭证是指专门用于记录现金和银行存款付款业务的会计凭证。付款凭证是出纳人员支付款项的依据,也是登记总账、现金日记账和银行存款日记账以及有关明细账的依据,一般按现金和银行存款分别编制,格式如图 4-18 所示。

3. 转账凭证

转账凭证是指专门用于记录不涉及现金和银行存款收付款业务的会计凭证。它是登记总账和有关明细账的依据,格式如图 4-19 所示。

会计实务中,对于现金和银行存款之间的收付款业务,为了避免记账重复,一般只编制付款凭证,不编制收款凭证。

收款凭证、付款凭证和转账凭证,称为专用记账凭证。在实际工作中,货币资金的管理是财务人员的一项重要工作。为了单独反映货币资金收付情况,在货币资金收付业务量较多的单位,往往对货币资金的收付业务编制专用的收、付款凭证。有些经济业务简单或收、付款业务不多的单位,可以使用一种通用格式的记账凭证。这种通用记账凭证既可用于收、付款业务,又可用于转账业

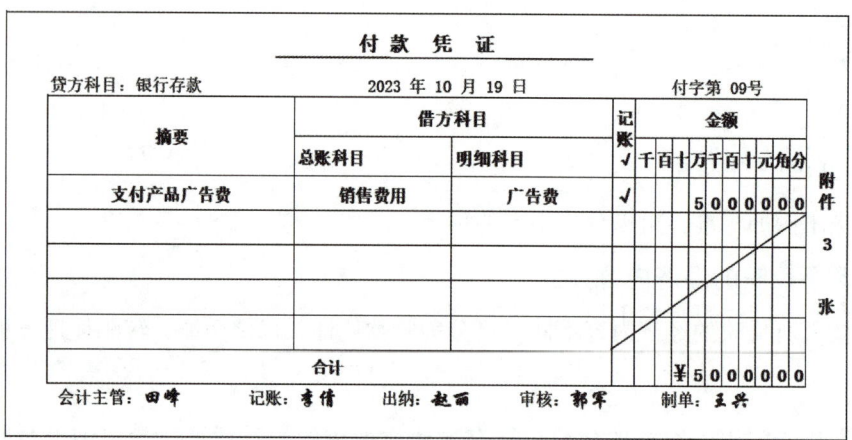

图 4-18　付款凭证

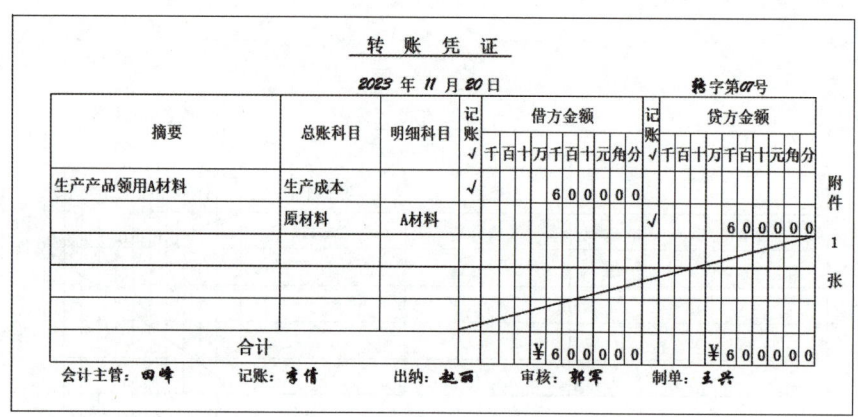

图 4-19　转账凭证

务,所以称为通用记账凭证,格式如图 4-20 所示。

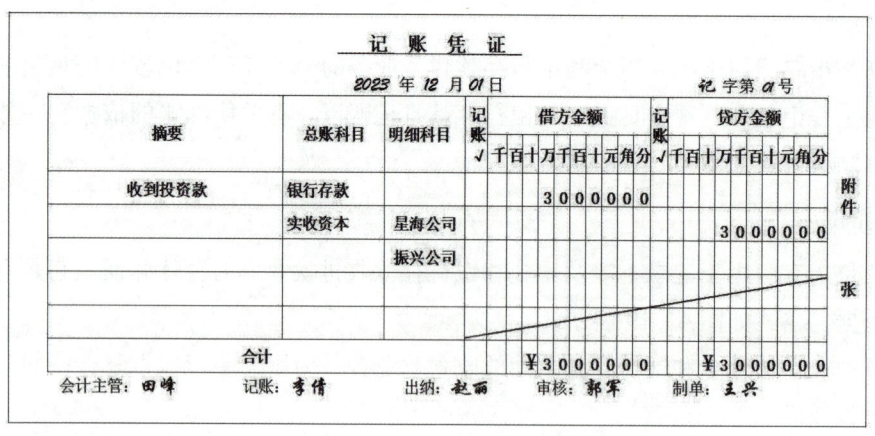

图 4-20　记账凭证

(二) 按照填制方式不同分类

记账凭证按其填制方式不同,可分为单式记账凭证和复式记账凭证两种。

1. 单式记账凭证

单式记账凭证是在每张凭证上只填列经济业务事项所涉及的一个会计科目及其金额的记账凭证。填列借方科目的称为借项记账凭证，填列贷方科目的称为贷项记账凭证。一项经济业务涉及几个科目，就分别填制几张凭证，并采用一定的编号方法将它们联系起来。

单式记账凭证的优点是内容单一，便于记账工作的分工，也便于按科目汇总，并可加速凭证的传递。其缺点是凭证张数多，内容分散，在一张凭证上不能完整地反映一笔经济业务的全貌，不便于检验会计分录的正确性，故需加强凭证的复核、装订和保管工作。

2. 复式记账凭证

复式记账凭证是指将每一笔经济业务事项所涉及的全部会计科目及其发生额均在同一张凭证中反映的一种记账凭证，即一张记账凭证上登记一项经济业务所涉及的两个或者两个以上的会计科目，既有"借方"，又有"贷方"。

复式记账凭证的优点是可以集中反映账户的对应关系，有利于了解经济业务的全貌，还可以减少凭证的数量，减轻编制记账凭证的工作量，便于检验会计分录的正确性。其缺点是不便于汇总计算每一会计科目的发生额和进行分工记账。在实际工作中，普遍使用的是复式记账凭证。上述介绍的收款凭证、付款凭证、转账凭证都是复式记账凭证。

二、记账凭证的基本内容

记账凭证是会计人员根据审核后的原始凭证进行归类、整理，并确定会计分录而编制的会计凭证，是登记账簿的依据。为了做到分类反映经济业务的内容，必须按会计核算方法的要求，将其归类、整理，编制记账凭证，标明经济业务应记入的账户名称及应借应贷的金额，作为记账的直接依据。所以，记账凭证必须具备以下内容：

（1）填制凭证的日期；
（2）凭证编号；
（3）经济业务摘要；
（4）会计科目；
（5）方向和金额；
（6）所附原始凭证的张数；
（7）会计主管、记账、复核、出纳、制单等有关人员签名或盖章。

记账凭证和原始凭证同属于会计凭证，但二者存在以下不同：原始凭证是由经办人员填制，记账凭证一律由会计人员填制；原始凭证根据发生或完成的经济业务填制，记账凭证根据审核后的原始凭证填制；原始凭证仅用以记录、证明经济业务已经发生或完成，记账凭证要依据会计科目对已经发生或完成的经济业务进行归类、整理；原始凭证是填制记账凭证的依据，记账凭证是登记账簿的依据。

三、记账凭证的填制要求

填制记账凭证是一项重要的会计工作，为了便于登记账簿，保证账簿记录的正确性，填制记账凭证应符合以下要求：

（1）依据真实。除结账和更正错误外，记账凭证应根据审核无误的原始凭证及有关资料填制，记账凭证必须附有原始凭证并如实填写所附原始凭证的张数。记账凭证所附原始凭证张数的计算一般应以原始凭证的自然张数为准。如果记账凭证中附有原始凭证汇总表，则应该把所附的原始凭证和原始凭证汇总表的张数一起记入附件的张数之内。一张原始凭证如果涉及几张记账凭证的，可以将原始凭证附在一张主要的记账凭证后面，在该主要记账凭证摘要栏注明"本凭证附件包括××号记账凭证业务"字样，并在其他记账凭证上注明该主要记账凭证的编号或者附上该原始凭证的复印件，以便复核查阅。如果一张原始凭证所列的支出需要由两个以上的单位共同负担时，应当由保存该原始凭证的单位开给其他单位原始凭证分割单，原始凭证分割单必须具备原始凭证的基本内容，并可作为填制记账凭证的依据，计算在所附原始凭证张数之内。

（2）连续编号。为了分清会计事项处理的先后顺序，以便记账凭证与会计账簿之间的核对，确保记账凭证完整无缺，填制记账凭证时，应当对记账凭证连续编号。记账凭证编号的方法有多种：一是将全部记账凭证作为一类统一编号；二是分别按现金和银行存款收入业务、现金和银行存款支出业务、不涉及现金和银行存款收付款业务三类进行编号，这样记账凭证的编号应分为收字第×号、付字第×号、转字第×号；三是分别按现金收入、现金支出、银行存款收入、银行存款支出、不涉及现金和银行存款收付款业务五类进行编号，这种情况下，记账凭证的编号应分为现收字第×号、现付字第×号、银收字第×号、银付字第×号和转字第×号，或者将转账业务按照具体内容再分成几类编号。无论采用哪一种编号方法，都应该按月顺序编号，即每月都从1号编起，按自然数1，2，3，4，5，…顺序编至月末，不得跳号、重号。一笔经济业务需要填制两张或两张以上记账凭证的，可以采用分数编号法进行编号，如有一笔经济业务需要填制三张记账凭证，凭证顺序号为6，就可以编成 $6\frac{1}{3}$、$6\frac{2}{3}$、$6\frac{3}{3}$，前面的数表示凭证顺序，后面分数的分母表示该号凭证共有三张，分子表示三张凭证中的第一张、第二张、第三张。

（3）摘要简明扼要。记账凭证的摘要栏填写经济业务的简要说明，摘要应与原始凭证内容一致，能正确反映经济业务的主要内容，既要防止简而不明，又要防止烦琐。应能使阅读者通过摘要就能了解该项经济业务的性质、特征，判断出会计分录的正确与否，一般不需要再去翻阅原始凭证或询问有关人员。

（4）分录正确。会计分录是记账凭证中重要的组成部分，在记账凭证中，要正确编制会计分录并保持借贷平衡，就必须根据国家统一会计制度的规定和经济业务的内容，正确使用会计科目，不得任意简化或改动。应填写会计科目的名称，或者同时填写会计科目的名称和会计科目编号，不应只填编号，不填会计名称。应填明总账科目和明细科目，以便于登记总账和明细分类账。会计科目的对应关系要填写清楚，应先借后贷，一般填制一借一贷、一借多贷或者多借一贷的会计分录。但如果某项经济业务本身就需要编制一个多借多贷的会计分录时，也可以填制多借多贷的会计分录，以集中反映该项经济业务的全过程。填入金额数字后，要在记账凭证的合计行计算填写合计金额。记账凭证中借、贷方的金额必须相等，合计数必须计算正确。

（5）空行注销。填制记账凭证时，应按行次逐行填写，不得跳行或留有空行。记账凭证填完经济业务后，如有空行，应当在金额栏自最后一笔金额数字下的空行至合计数上的空行处划斜线注销。

（6）填错更改。填制记账凭证时如果发生错误，应当重新填制。已经登记入账的记账凭证在当年内发现错误的，如果是使用的会计科目或记账凭证方向错误，可以用红字金额填制一张与原始凭证内容相同的记账凭证，在摘要栏注明"注销×月×日×号凭证"字样，同时再用蓝字重新填制一张正确的记账凭证，在摘要栏注明"更正×月×日×号凭证"字样；如果会计科目和记账方向都没有错误，只是金额错误，可以按正确数字和错误数字之间的差额，另编一张调整的记账凭证，调增金额用蓝数字，调减金额用红数字。

记账凭证中，文字、数字和货币符号的书写要求与原始凭证相同。实行会计电算化的单位，其机制记账凭证应当符合对记账凭证的基本要求，打印出来的记账凭证上，要加盖制单人员、审核人员、记账人员和会计主管人员印章或者签字，以明确责任。

【情境训练4-3】

2023年12月，佳美服饰有限公司发生部分经济业务如下：

（1）2日，欣欣股份有限公司偿还货款120 000元，转账支票已送存银行，并取得银行进账单；

（2）4日，公司采购部王强去上海参加订货会预借差旅费3 000元，出纳审核"借款单"后，以现金付讫；

（3）8日，开出转账支票偿还力源公司货款50 000元。

要求：请根据上述经济业务填制记账凭证（注：佳美服饰有限公司采用的是通用的记账凭证，记账凭证编号分别是4号、8号和12号）。

分析提示：

根据佳美服饰有限公司上述经济业务的情况，以及记账凭证的填制要求，填制记账凭证如图4-21、图4-22和图4-23所示。

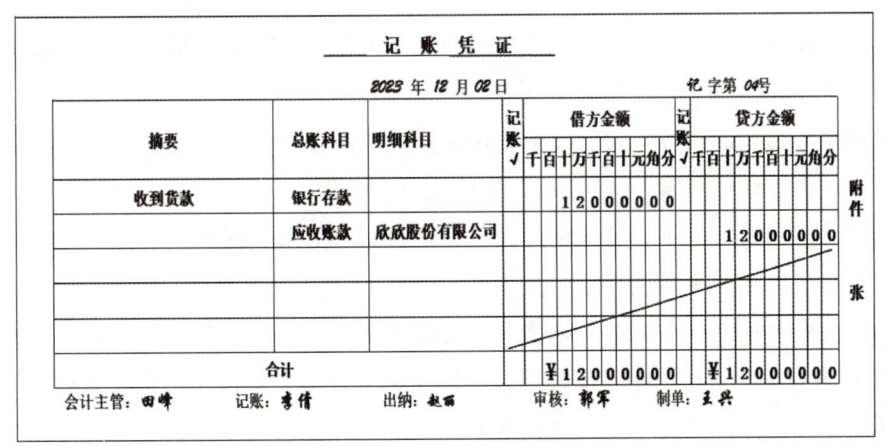

图4-21 记账凭证（1）

四、记账凭证的审核

记账凭证编制以后，必须由专人进行审核，借以监督经济业务的真实性、合法性和合理性，并检查记账凭证的编制是否符合要求。对记账凭证的审核是一项严肃细致、政策性很强的工作，只有

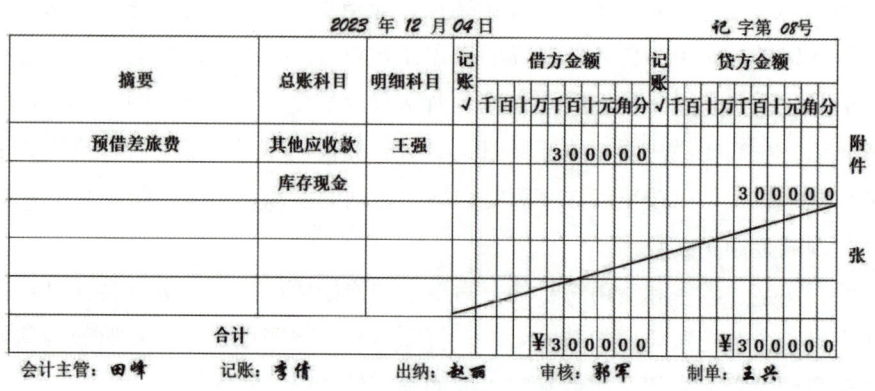

图 4-22　记账凭证（2）

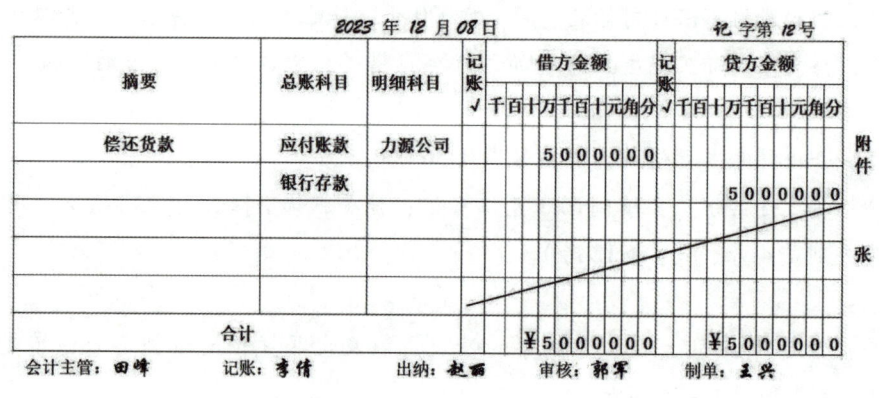

图 4-23　记账凭证（3）

做好这项工作才能正确地发挥会计反映和监督的作用。记账凭证审核的基本内容包括：

（1）内容是否真实。审核记账凭证是否有原始凭证，所附原始凭证的内容是否与记账凭证的内容一致，记账凭证汇总表的内容与其所依据的记账凭证的内容是否一致等。

引例解析

万方公司会计人员的做法不正确。企业进行会计核算必须以实际发生的经济事项为依据，任何单位不得以虚假的经济业务事项进行会计核算。任务引例中既没有购货发票，又没有实物验收单，仅凭自己开具的收款收据，就编制了一笔虚假的会计分录，填制了记账凭证，属于违法行为。

（2）项目是否齐全。审核记账凭证各项目的填写是否齐全，如日期、凭证编号、摘要、会计科目、金额、所附原始凭证张数及有关人员签章等。

（3）科目是否准确。审核记账凭证的应借、应贷科目是否正确，是否有明确的账户对应关系，所使用的会计科目是否符合国家统一的会计制度的规定等。

（4）金额是否正确。审核记账凭证所记录的金额与原始凭证的有关金额是否一致、计算是否正确，记账凭证汇总表的金额与记账凭证的金额合计是否相符等。

（5）书写是否规范。审核记账凭证中的记录是否文字工整、数字清晰，是否按规定进行更正等。

在审核过程中，如果发现不符合要求的地方，应要求有关人员采取正确的方法进行更正。只有经过审核无误的记账凭证，才能作为登记账簿的依据。

【情境训练 4-4】

2023 年 12 月，佳美服饰有限公司发生的部分经济业务，会计人员已经根据审核无误的原始凭证编制了记账凭证，如图 4-24、图 4-25 所示。

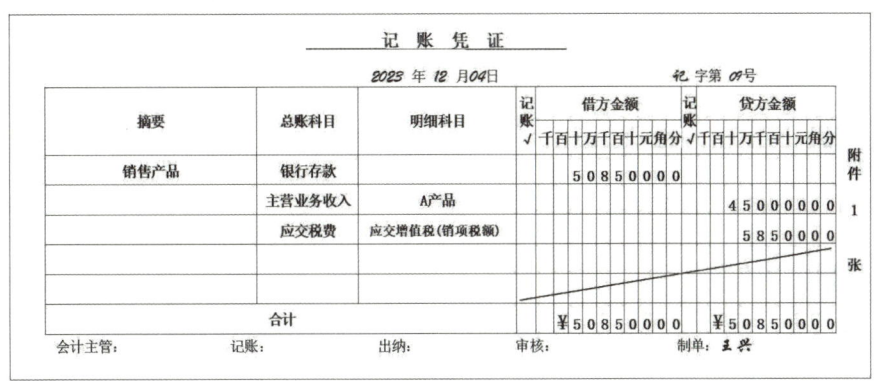

图 4-24　记账凭证（4）

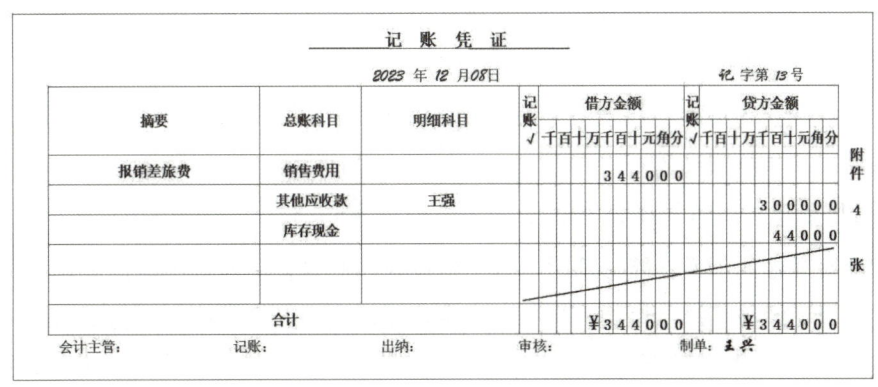

图 4-25　记账凭证（5）

（1）4 日，销售给光华公司 A 商品 300 件，单价 1 500 元，尚未收到货款。

（2）8 日，采购部王强去上海参加订货会回来报销差旅费，具体情况及本公司的规定如下：

①车费：12 月 4 日，西安至上海高铁 670 元，12 月 6 日，上海至西安高铁 670 元；

②住宿费：1 200 元（2 天，每天 600 元）；

③餐补：600 元（3 天，每天 200 元）；

④市内交通补助：300 元（3 天，每天 100 元）；

⑤王强原借款 3 000 元，多余款项以现金支付。

要求：请根据上述业务审核会计填制的记账凭证。

分析提示：

（1）业务 1，由于尚未收到货款，借方会计科目应为"应收账款"。

（2）业务 2，王强为采购人员，报销差旅费借方会计科目应为"管理费用"。

任务四 会计凭证的传递与保管

任务引例

万方公司档案室在进行档案整理时,发现一批会计凭证的保管期限已达15年。鉴于档案室存储空间有限,公司直接将该批会计凭证销毁。

讨论:万方公司档案室的做法对吗?如果不对,错在哪里?

知识讲解

一、会计凭证的传递

会计凭证的传递,是指从会计凭证取得或填制起至归档保管时止,在单位内部有关部门和人员之间按照规定的时间、程序进行处理的过程。各种会计凭证,其所记载的经济业务不同,涉及的部门和人员不同,办理的业务手续也不同,因此,应当为各种会计凭证规定一个合理的传递程序,即一张会计凭证填制后应交到哪个部门、哪个岗位,由谁办理业务手续等,直到归档保管为止。

(一) 会计凭证传递的意义

正确组织会计凭证的传递,对提高会计核算资料的及时性、正确组织经济活动、落实经济责任、实行会计监督具有重要意义。

1. 正确组织会计凭证的传递,有利于提高工作效率

正确组织会计凭证的传递,能够及时、真实地反映和监督各项经济业务的发生和完成情况,为经济管理提供可靠的经济信息。例如,材料运到企业后,仓库保管员应在规定的时间内将材料验收入库,填制收料单,注明实收数量等情况,并将收料单及时送到财务部门及其他有关部门。财务部门接到收料单,经审核无误,就应及时编制记账凭证和登记账簿,生产部门得到该批材料已验收入库凭证后,便可办理有关领料手续,用于产品生产等。如果仓库保管员未按时填写收料单或虽填写收料单但没有及时送到有关部门,就会给人以材料尚未入库的假象,影响企业生产正常进行。

2. 正确组织会计凭证的传递,能更好地发挥会计监督作用

正确组织会计凭证的传递,便于有关部门和个人分工协作,相互牵制,落实岗位责任制,更好地发挥会计监督作用。例如,从材料运到企业验收入库,需要多少时间,由谁填制收料单,何时将收料单送到供应部门和财务部门,会计部门收到收料单后由谁进行审核,并同供应部门的发货票进行核对,由谁何时编制记账凭证和登记账簿,由谁负责整理保管凭证等。这样,就把材料验收入库到登记入账的全部工作,在本单位内部进行分工合作,共同完成。同时可以考核经办业务的有关部门和人员是否按规定的会计手续办理,从而加强经营管理,提高工作质量。

(二) 会计凭证传递的基本要求

各单位的经营业务性质是多种多样的,各种经营业务又有各自的特点,所以,办理各项经济业务的部门和人员以及办理凭证所需要的时间、传递程序也必然各不相同。这就要求每个单位都必须根据自身的业务特点和管理特点，由单位领导会同会计部门及有关部门共同设计制定出一套会计凭证的传递程序，使各个部门保证有序、及时地按规定的程序处理凭证传递。各单位在设计制定会计凭证传递程序时，应注意以下几个问题：

（1）根据经济业务的特点、机构设置和人员分工情况，明确会计凭证的传递程序。由于企业生产经营业务的内容不同，企业管理的要求也不尽相同。在会计凭证的传递过程中，要根据具体情况，确定每一种凭证的传递程序和方法。合理制定会计凭证所经过的环节，规定每个环节负责传递的相关责任人员，规定会计凭证的联数以及每一联凭证的用途。做到既可使各有关部门和人员了解经济活动情况、及时办理手续，又可避免凭证经过不必要的环节，以提高工作效率。

（2）规定会计凭证经过每个环节所需要的时间，以保证凭证传递的及时性。会计凭证的传递时间，应考虑各部门和有关人员的工作内容和工作量在正常情况下完成的时间，明确规定各种凭证在各个环节上停留的最长时间，不能拖延和积压会计凭证，以免影响会计工作的正常程序。一切会计凭证的传递和处理，都应在报告期内完成，不允许跨期，否则将影响会计核算的准确性和及时性。

会计凭证在传递过程中的衔接手续，应该做到既完备严密，又简单易行。凭证的收发、交接都应当按一定的手续制度办理，以保证会计凭证的安全和完整。会计凭证的传递程序、传递时间和衔接手续明确后，制定凭证传递程序，规定凭证传递路线、环节及在各个环节上的时间、处理内容及交接手续，使凭证传递工作有条不紊、迅速有效进行。

二、会计凭证的保管

会计凭证的保管是指会计凭证记账后的整理、装订、归档和存查工作。

会计凭证既是记录经济业务、明确经济责任、具有法律效力的证明文件，又是登记账簿的依据，所以，它是重要的经济档案和历史资料。任何企业在完成经济业务手续和记账之后，必须按规定立卷归档，形成会计档案资料，妥善保管，以便日后随时查阅。

会计凭证整理保管的要求如下：

（1）各种记账凭证，连同所附原始凭证和原始凭证汇总表，要分类按顺序编号，定期（1天、5天、10天或1个月）装订成册，并加具封面、封底，注明单位名称、凭证种类、所属年月和起讫日期、起止号码、凭证张数等，如图4-26所示。为防止任意拆装，应在装订处贴上封签，并由经办人员在封签处加盖骑缝章。

会计凭证封面

单位名称：					
日期：自 年 月 日起至 年 月 日止					
凭证号数：自 号至 号 凭证类别：					
册数： 本月共 册 本册是第 册					
原始凭证 汇总凭证张数：共 张					
全宗号： 目录号： 案卷号：					
会计： 复核： 装订人： 年 月 日装订					

图4-26 会计凭证封面

> 知识链接

会计凭证的装订

（1）将凭证封面和封底裁开，分别附在凭证前面和后面，再拿一张质地相同的纸（可以再找一张凭证封皮，裁下一半用，另一半为订下一本凭证备用）放在封面上角，如图4-27所示。

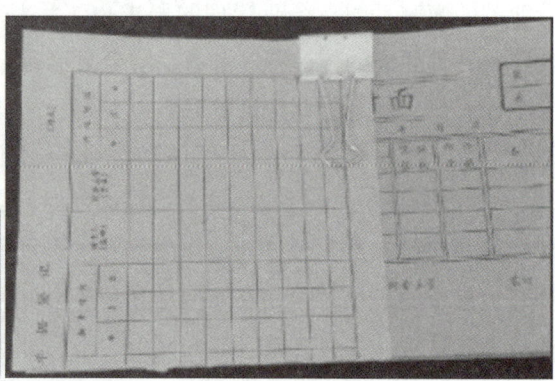

图4-27　封皮和护角

（2）在凭证的左上角画一个边长为5厘米的等腰三角形，用夹子夹住，用装订机在底线上分布均匀地打三个孔，将三根铆接管插入三个孔中，如图4-28所示。

图4-28　打孔

（3）把多余的纸剪下来，剪成下图所示样式，将多出来的纸向后折叠并贴好，如图4-29所示。

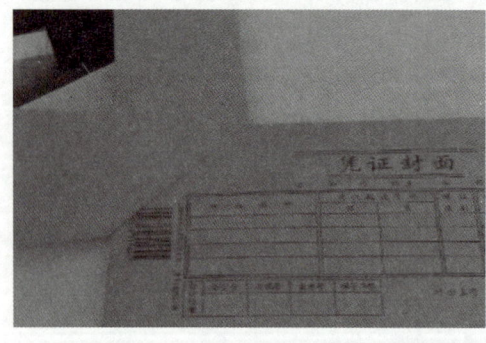
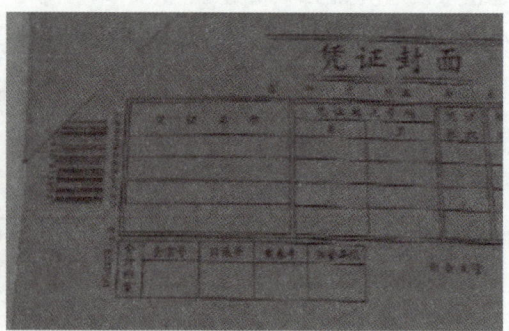

图4-29　包护角

（4）完成单位名称、起止日期、凭证号数、册数、凭证张数、年度月份、会计人员、复核人员、装订人员等要素的填写。

会计凭证一般每月装订一次，装订好的凭证按年分月妥善保管归档。

（2）对一些性质相同、数量很多或各种随时需要查阅的原始凭证，可以单独装订保管，在封面上写明记账凭证的时间、编号、种类，同时在记账凭证上注明"附件另订"。

（3）各种经济合同和重要的涉外文件等凭证，应另编目录，单独登记保管，并在有关原始凭证和记账凭证上注明。

（4）其他单位因有特殊原因需要使用原始凭证时，经本单位领导批准，可以复制，但应在专门的登记簿上进行登记，并由提供人员和收取人员共同签章。

（5）会计凭证装订成册后，应由专人负责分类保管，年终应登记归档。会计凭证的保管期限和销毁手续，应严格按照《会计档案管理办法》进行管理。

知识链接

《会计档案管理办法》摘选

第十一条，当年形成的会计档案，在会计年度终了后，可由单位会计管理机构临时保管一年，再移交单位档案管理机构保管。因工作需要确需推迟移交的，应当经单位档案管理机构同意。

单位会计管理机构临时保管会计档案最长不超过三年。临时保管期间，会计档案的保管应当符合国家档案管理的有关规定，且出纳人员不得兼管会计档案。

第十四条，会计档案的保管期限分为永久、定期两类。定期保管期限一般分为10年和30年。

会计档案的保管期限，从会计年度终了后的第一天算起。

第十八条，经鉴定可以销毁的会计档案，应当按照以下程序销毁：

（1）单位档案管理机构编制会计档案销毁清册，列明拟销毁会计档案的名称、卷号、册数、起止年度、档案编号、应保管期限、已保管期限和销毁时间等内容。

（2）单位负责人、档案管理机构负责人、会计管理机构负责人、档案管理机构经办人、会计管理机构经办人在会计档案销毁清册上签署意见。

（3）单位档案管理机构负责组织会计档案销毁工作，并与会计管理机构共同派员监销。监销人在会计档案销毁前，应当按照会计档案销毁清册所列内容进行清点核对；在会计档案销毁后，应当在会计档案销毁清册上签名或盖章。

电子会计档案的销毁还应当符合国家有关电子档案的规定，并由单位档案管理机构、会计管理机构和信息系统管理机构共同派员监销。

引例解析

万方公司档案室的做法是错误的。根据《会计档案管理办法》的规定，会计凭证的保管期限为30年，保管期限届满的会计凭证必须按规定的程序进行销毁。

（6）会计凭证在归档后，应按年月日顺序排列，以便查阅。对已归档凭证的查阅、调用和复制，都应得到批准，并办理一定的手续。会计凭证在保管中应防止霉烂破损和鼠咬虫蛀，以确保其安全和完整。

（7）同时满足以下条件的，单位内部形成的属于归档范围的电子会计凭证等电子会计资料可仅以电子形式保存，形成电子会计档案，无须打印电子会计资料纸质件进行归档保存：

①形成的电子会计资料来源真实有效，由计算机等电子设备形成和传输。

②使用的会计核算系统能够准确、完整、有效接收和读取电子会计资料，能够输出符合国家标准归档格式的会计凭证、会计账簿、财务会计报表等会计资料，设定了经办、审核、审批等必要的

审签程序。

③使用的电子档案管理系统能够有效接收、管理、利用电子会计档案，符合电子档案的长期保管要求，并建立了电子会计档案与相关联的其他纸质会计档案的检索关系。

④采取有效措施，防止电子会计档案被篡改。

⑤建立电子会计档案备份制度，能够有效防范自然灾害、意外事故和人为破坏的影响。

⑥形成的电子会计档案不属于具有永久保存价值或者其他重要保存价值的会计档案。

在同时满足上述条件的情况下，单位从外部接收的电子会计资料附有符合《电子签名法》规定的电子签名的，可仅以电子形式归档保存，形成电子会计档案，无须打印电子会计资料纸质件进行归档保存。

单位仅以电子形式保存会计档案的，原则上应从一个完整会计年度的年初开始执行，以保证其年度会计档案保存形式的一致性。

知识链接

《会计基础工作规范》对会计凭证的规定

第五十四条　各单位会计凭证的传递程序应当科学、合理，具体办法由各单位根据会计业务需要自行规定。

第五十五条　会计机构、会计人员要妥善保管会计凭证。

（一）会计凭证应当及时传递，不得积压。

（二）会计凭证登记完毕后，应当按照分类和编号顺序保管，不得散乱丢失。

（三）记账凭证应当连同所附的原始凭证或者原始凭证汇总表，按照编号顺序，折叠整齐，按期装订成册，并加具封面，注明单位名称、年度、月份和起讫日期、凭证种类、起讫号码，由装订人在装订线封签外签名或者盖章。

对于数量过多的原始凭证，可以单独装订保管，在封面上注明记账凭证日期、编号、种类，同时在记账凭证上注明"附件另订"和原始凭证名称及编号。

各种经济合同、存出保证金收据以及涉外文件等重要原始凭证，应当另编目录，单独登记保管，并在有关的记账凭证和原始凭证上相互注明日期和编号。

（四）原始凭证不得外借，其他单位如因特殊原因需要使用原始凭证时，经本单位会计机构负责人、会计主管人员批准，可以复制。向外单位提供的原始凭证复制件，应当在专设的登记簿上登记，并由提供人员和收取人员共同签名或者盖章。

（五）从外单位取得的原始凭证如有遗失，应当取得原开出单位盖有公章的证明，并注明原来凭证的号码、金额和内容等，由经办单位会计机构负责人、会计主管人员和单位领导人批准后，才能代作原始凭证。如果确实无法取得证明的，如火车、轮船、飞机票等凭证，由当事人写出详细情况，由经办单位会计机构负责人、会计主管人员和单位领导人批准后，代作原始凭证。

思政在线

依法纳税，坚守职业底线

近日，上海市税务局稽查局联合上海市公安局经侦总队，侦破上海首例利用增值税优惠政策虚开增值税专用发票骗取留抵退税案，打掉犯罪团伙2个，捣毁开票窝点2个，抓获犯罪嫌疑人48名。经初步统计，虚开发票价税合计金额55.87亿元，下游共有40余户企业涉嫌骗取留抵退税款

1 500万余元。目前，税务部门正全力追回留抵退税款。

据了解，上海市税务稽查部门通过大数据分析，联合市公安经侦部门，精准锁定虚开团伙关联企业叠加违规享受税收优惠政策，以收取开票费的形式，在没有真实交易的情况下，大肆对外开具增值税专用发票，帮助受票企业骗取留抵退税。

经过对该案的深入分析发现，其涉案企业分工明确、层级清晰。主犯均具有财税专业背景，曾出版涉税筹划书籍，对税收优惠政策进行过深入研究，属于高学历专业犯罪。

在公开虚开发票案例中，主犯来自财税专业还是首次听说。不过，真正的财税专业人士不大会干这类没有底线的事，更像一些网络平台上片面宣传节税的所谓税收筹划人员，实际上他们利用核定征收、税收返还等政策，钻空子恶意偷逃税。上述案件披露主犯是财税专业人士，其实也起着警示威慑作用。近些年大额增值税虚开发票案件具有团伙作案、手法隐蔽专业等特点，这也意味着打击增值税虚开发票进入深水区。

在会计核算中，要以客观实际发生的经济业务为依据，不能虚构交易、虚开发票进行骗税；依法纳税是企业应履行的义务，财务人员作为专业人士可帮助企业进行税务筹划，但绝不能钻空子恶意偷逃税。在自己的工作岗位上严守做人底线，不越法律红线。

项目小结

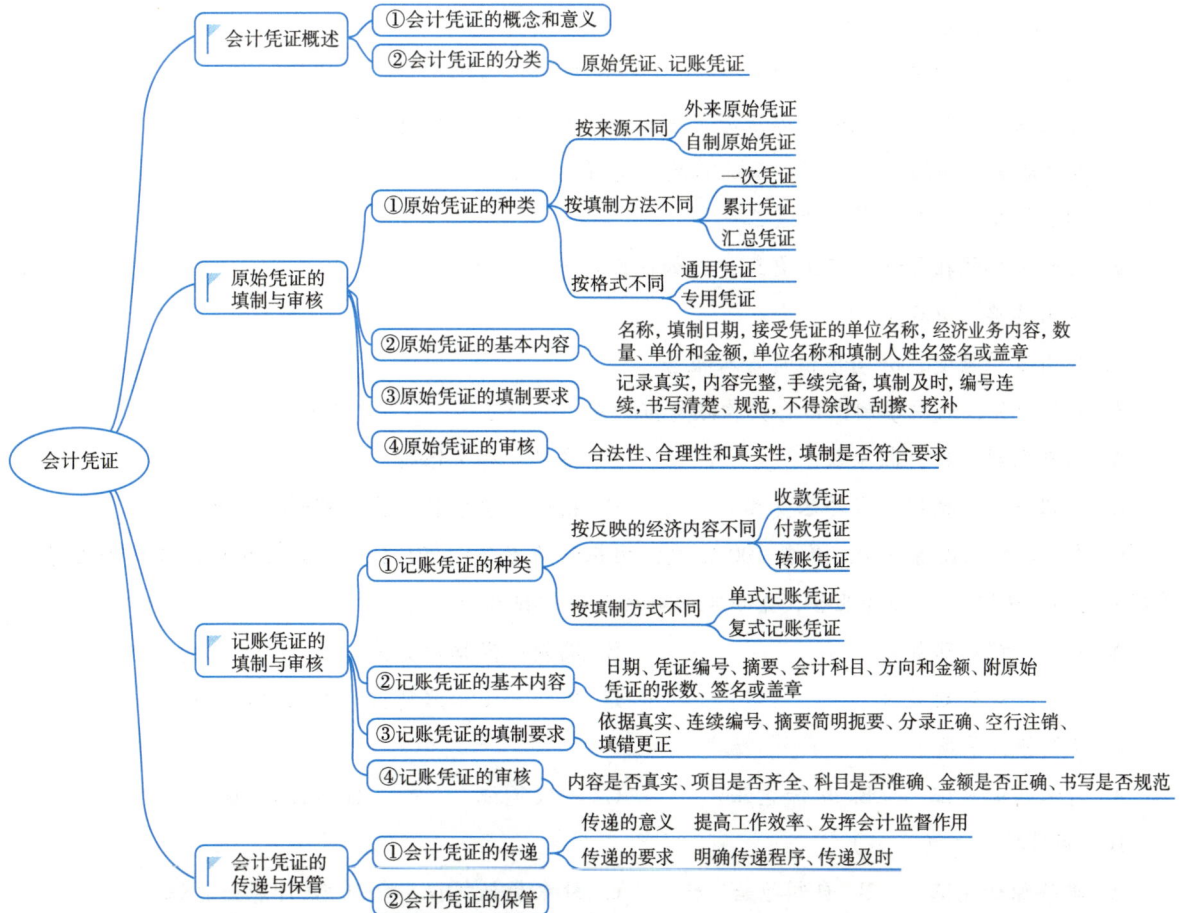

项目训练与测试

一、单项选择题

1. 会计凭证按其（　　）不同，分为原始凭证和记账凭证。

　　A. 填制用途和手续　　B. 填制程序和人员　　C. 填制程序和时间　　D. 填制程序和用途

2. 关于会计凭证的表述正确的是（　　）。

　　A. 记账凭证是记录经济业务发生或完成情况的书面证明，也是登记账簿的依据

　　B. 自制原始凭证是从本单位取得的，由本单位会计人员填制

　　C. 复式凭证是将经济业务事项所涉及的全部会计科目及其发生额均在同一张记账凭证中反映的一种凭证

　　D. 企业与外单位发生的任何经济业务中，取得的各种书面证明都是原始凭证

3. 下列属于记账凭证必须具备而原始凭证不具备的内容是（　　）。

　　A. 填制凭证的日期　　　　　　　　B. 经济业务内容

　　C. 经办人员的签名或者盖章　　　　D. 经济业务摘要

4. 记账凭证填制完毕加计合计数后，如有空行应（　　）。

　　A. 闲置不填　　B. 盖章注销　　C. 划线注销　　D. 签字注销

5. 企业接受的原始凭证有错误，应采用的处理方法是（　　）。

　　A. 本单位代替出具单位进行更正　　　B. 退回出具单位，不予接受

　　C. 通过涂改、刮擦、挖补等办法进行更正　D. 由出具单位重开或更正

6. 对金额有错误的原始凭证，正确的做法是（　　）。

　　A. 由出具单位在原始凭证上更正

　　B. 由出具单位在原始凭证上更正，并加盖出具单位印章

　　C. 由出具单位重开

　　D. 应当不予接受，并向单位负责人报告

7. 下列业务，应该填制银行存款收款凭证的是（　　）。

　　A. 出售材料一批，款未收　　　　B. 将现金存入银行

　　C. 出租设备，收到一张转账支票　　D. 报废一台电脑，出售残料收到现金

8. 某单位购入设备一台，价款100万元，用银行存款支付60万元，剩余款项以签发商业票据的形式支付。对这一笔经济业务，单位应编制的记账凭证为（　　）。

　　A. 编制一张转账凭证　　　　　　B. 编制一张收款凭证

　　C. 编制一张付款凭证　　　　　　D. 编制一张转账凭证和一张付款凭证

9. 限额领料单属于（　　）。

　　A. 外来原始凭证　　B. 累计凭证　　C. 一次凭证　　D. 汇总凭证

10. 领料单属于（　　）。

　　A. 单项原始凭证　　B. 自制原始凭证　　C. 外来原始凭证　　D. 累计原始凭证

二、多项选择题

1. 关于会计凭证的表述正确的有（　　）。
   A. 原始凭证按手续和内容不同，分为通用凭证和专用凭证
   B. 原始凭证按填制方法分类，分为一次凭证、累计凭证和汇总凭证
   C. 记账凭证按填列方式可分为单式记账凭证和复式记账凭证
   D. 记账凭证按其所反映的经济内容不同分为收款凭证、付款凭证和转账凭证

2. 下列关于汇总凭证表述正确的有（　　）。
   A. 汇总凭证是指在会计的实际工作日，将一定时期记录同类经济业务的原始凭证汇总编制的一张汇总凭证
   B. 发料凭证汇总表属于汇总凭证
   C. 限额领料单属于汇总凭证
   D. 汇总凭证可以将两类或两类以上的经济业务汇总在一起，填列在一张汇总原始凭证上

3. 原始凭证的基本内容包括（　　）。
   A. 凭证的名称、填制凭证的日期　　B. 应借应贷科目
   C. 所附原始凭证张数　　D. 经办人员的签字或者盖章

4. 下列属于记账凭证审核内容的有（　　）。
   A. 业务是否合法
   B. 记账凭证的金额与所附原始凭证的金额是否一致
   C. 业务是否符合有关计划和预算
   D. 会计科目、借贷方向使用是否正确

5. 付款凭证左上方的"贷方科目"中可以填写的会计科目有（　　）。
   A. 库存现金　　B. 固定资产　　C. 原材料　　D. 银行存款

6. 可以不附原始凭证的记账凭证有（　　）。
   A. 更正错误的记账凭证　　B. 从银行提取现金的记账凭证
   C. 计提折旧的记账凭证　　D. 结账的记账凭证

7. 下列各项中，属于原始凭证的有（　　）。
   A. 销货发票　　B. 记账凭证　　C. 火车票　　D. 差旅费报销单

8. 各种记账凭证应具备的基本内容包括（　　）。
   A. 会计科目的名称和金额　　B. 记账凭证编号
   C. 附单据张数　　D. 接受单位的名称

9. 下列科目中，能编制付款凭证的会计科目有（　　）。
   A. 银行存款　　B. 库存现金　　C. 应付账款　　D. 本年利润

10. 涉及库存现金和银行存款之间划转的业务，可以编制的记账凭证有（　　）。
    A. 现金收款凭证　　B. 银行存款收款凭证
    C. 现金付款凭证　　D. 银行存款付款凭证

11. 会计凭证的保管应做到（　　）。
    A. 定期归档、装订，以便查阅

B. 查阅会计凭证要有手续

C. 装订成册的会计凭证应集中由专人负责保管

D. 所有会计凭证都需永久保存

12. 专用记账凭证分为（　　）。

　　A. 收款凭证　　　　B. 转账凭证　　　　C. 记账凭证　　　　D. 付款凭证

13. 记账凭证是（　　）。

　　A. 由经办人员填制　　　　　　　　B. 由会计人员填制

　　C. 于经济业务发生时填制　　　　　D. 根据审核无误的原始凭证填制

14. 下列属于一次原始凭证的有（　　）。

　　A. 发票　　　　　B. 领料单　　　　C. 出库单　　　　D. 限额领料单

15. （　　）属于企业销售产品时填制的原始凭证。

　　A. 销售发票　　　B. 销售合同　　　C. 产品出库单　　D. 领料单

三、判断题

1. 原始凭证上面可以不写明填制日期和接受凭证的单位名称。（　　）
2. 原始凭证可以由非财会部门和人员填制，但记账凭证只能由财会部门人员填制。（　　）
3. 付款凭证左上角"借方科目"处，应填写"库存现金"或"银行存款"科目。（　　）
4. 企业将现金存入银行或从银行提取现金，为避免重复，一般只编制收款凭证，不编制付款凭证。（　　）
5. 所有的记账凭证都应附有原始凭证。（　　）
6. 收、付款记账凭证是由出纳人员根据有关的原始凭证审核后编制的。（　　）
7. 记账凭证的填制日期与原始凭证的填制日期应当相同。（　　）
8. 各种凭证若填写错误，不得随意涂改、刮擦或挖补。（　　）
9. 出票日期2024年10月20日应书写为贰零贰肆年拾月贰拾日。（　　）
10. 小写金额￥109 800.00元应书写为人民币拾万玖仟捌佰元整。（　　）
11. 原始凭证金额有错误的，应当由出具单位重开，不得在原始凭证上更正。（　　）
12. 领料单属于外来原始凭证。（　　）
13. 增值税专用发票属于通用原始凭证。（　　）
14. 银行结算票据（包括支票、汇票和本票）的日期必须用大写填写。（　　）
15. 只有经审核无误后的原始凭证，才能作为编制记账凭证和登记明细分类账的依据。（　　）
16. 转账凭证是专门用于记录银行间划款业务的记账凭证。（　　）
17. 原始凭证按其格式不同分为单式记账凭证和复式记账凭证。（　　）
18. 限额领料单是一次凭证。（　　）
19. 会计部门应于记账之后，定期对各种会计凭证进行分类整理，并将各种记账凭证按编号顺序排列，连同所附的原始凭证一起加具封面，装订成册。（　　）
20. 原始凭证不得外借，其他单位如因特殊原因需要使用本单位的原始凭证时，单位领导批准后，方可外借。（　　）

四、业务题

某企业 20×5 年 8 月发生以下经济业务,请根据业务描述填制记账凭证。

(1) 2 日,销售商品 30 000 元,增值税 3 900 元,款项已收到并存入银行。

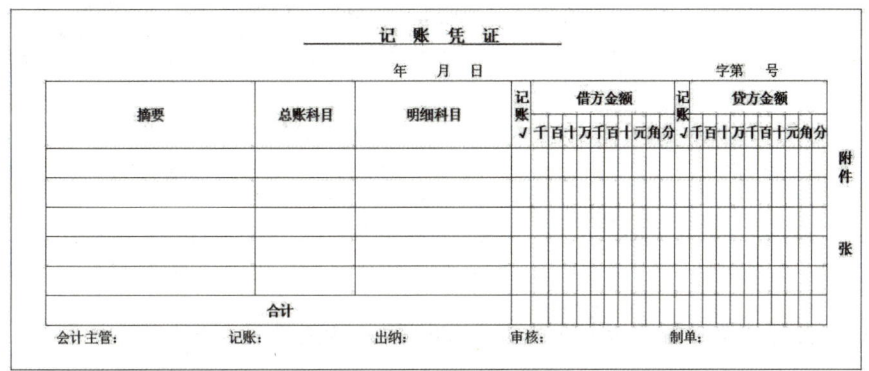

(2) 6 日,用银行存款支付本月广告费 20 000 元,增值税 1 200 元。

(3) 10 日,收到 A 单位预付货款 50 000 元,款项已存入银行。

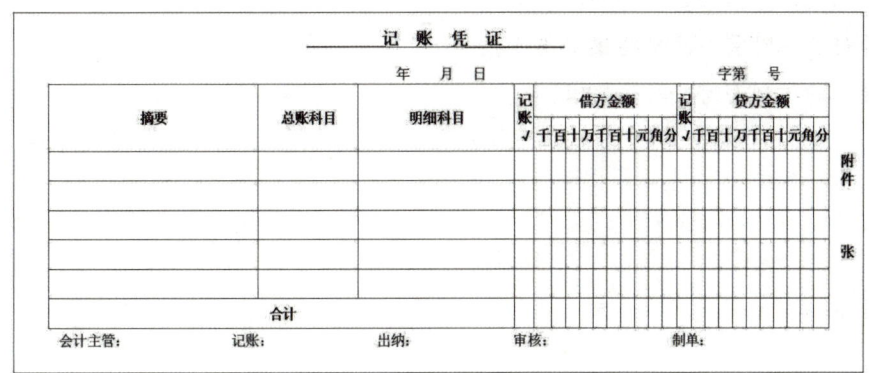

(4) 12日，计提本月借款利息3 000元。

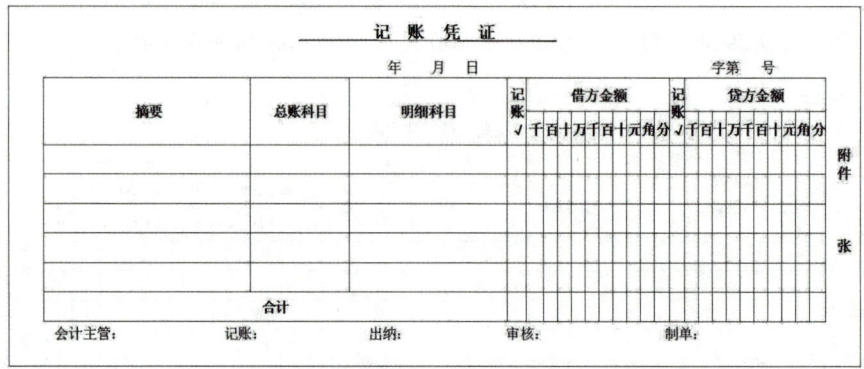

(5) 18日，收到B单位6月所欠购货款60 000元，款项存入银行。

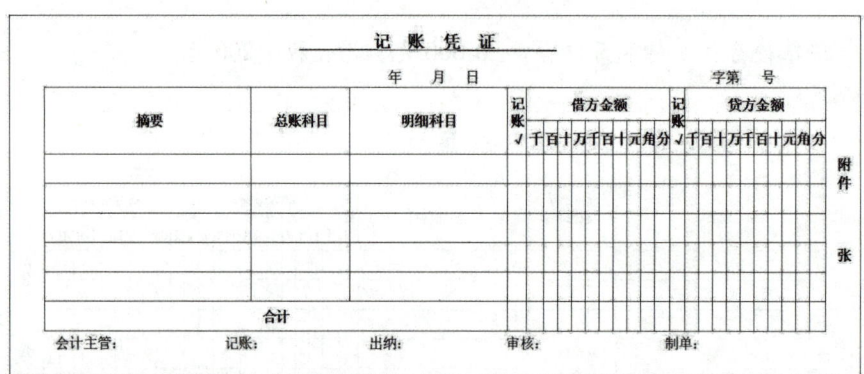

五、思考题

1. 会计凭证分为哪两类？各自的作用是什么？
2. 原始凭证与记账凭证的区别和联系体现在哪些方面？
3. 填制原始凭证时需要遵循哪些基本要求？
4. 审核原始凭证时需关注哪些核心要素？
5. 记账凭证的填制有哪些具体要求？

项目五 会计账簿

学习目标

知识目标：
了解会计账簿的作用和基本内容，掌握会计账簿的分类，掌握错账的类型，了解账簿更换与保管的方法。

能力目标：
会建账，能够根据经济业务登记日记账、总账和明细账，会对账、更正错账和结账。

素质目标：
培养学生认真、细心、规范登记会计账簿的职业习惯，不做假账的职业道德，爱岗敬业、团队协作的职业理念。

任务一 会计账簿概述

任务引例

佳美服饰有限公司成立于2024年2月，主要从事服装饰品加工生产。税务机关在年中检查时发现，该公司一直没有按规定设置账簿及凭证，其他的会计资料也严重缺失，无账可查。税务机关稽查局遂对该公司处以1万元罚款。该企业负责人认为，企业经营规模小，组织机构简单，根本不需要建立会计账簿。

讨论： 你认为该公司负责人的观点对吗？

知识讲解

一、会计账簿的概念和作用

（一）会计账簿的概念

会计账簿，是指由一定格式账页组成的，以经过审核的会计凭证为依据，全面、系统、连续地记录各项经济业务的簿籍。设置和登记账簿是会计核算方法之一，是会计核算工作的重要环节。各单位应按国家统一会计制度的规定和会计业务的需要设置账簿。

账簿与账户之间，既有区别，又有联系。账户是在账簿中按照规定的会计科目开设的户头，没有账簿，账户就无法存在；账簿只是一个外在形式，账户才是它的真实内容，账簿记载是在账户中完成的。因此，账簿与账户的关系是形式与内容的关系。

（二）会计账簿的作用

设置和登记账簿，是编制会计报表的基础，是连接会计凭证与会计报表的中间环节，在会计核算中具有重要意义。

1. 记载和储存会计信息

通过设置账簿可以将会计凭证所记录的大量分散的会计核算材料，加以归档整理，按照有关账簿，可以全面反映一定时期发生的各项经济活动，及时储存所需的各项会计信息。

2. 分类和汇总会计信息

通过账簿记录，可以将分散在会计凭证上大量的核算资料，按其不同性质加以归类、整理和汇总，以便全面、系统、连续和分类地提供企业资产、负债、所有者权益、收入、费用和利润等会计要素的增减变化情况，及时提供各方面所需要的会计信息，为管理决策提供依据。

3. 检查和校正会计信息

账簿记录是会计凭证的进一步整理，账簿记录也是会计分析、会计检查的重要依据。如账簿记录的财产物资的账面数可以通过和实存数进行核对，来检查财产物资是否妥善保管，账实是否相符。

4. 编报和输出会计信息

会计账簿是对会计凭证的系统化，提供的是全面、系统、分类的会计信息，因而会计账簿记录是编制会计报表的主要资料来源和依据。

二、会计账簿的分类

会计账簿的种类多种多样，按照不同的标准可以有不同的分类。

（一）按用途分类

账簿按用途可以分为序时账簿、分类账簿和备查账簿。

1. 序时账簿

序时账簿又称日记账，是指按照经济业务发生或完成时间的先后顺序逐日逐笔进行登记的账簿。按其记录经济业务的范围不同，又可分为普通日记账簿和特种日记账簿。

普通日记账簿是用来登记各单位全部经济业务的发生情况，直接以会计分录的格式进行序时登记的日记账。它具有会计凭证的作用，是过入分类账簿的依据。因此，普通日记账簿也称分录簿。由于只有"借方""贷方"两个金额栏，也称两栏式日记账，如表5-1所示。

表5-1 普通日记账   第 页

20×5年		凭证		摘要	会计科目	借方金额（元）	贷方金额（元）	过账（元）
月	日	字	号					
5	1	银收	1	收到投资	银行存款	100 000		
					实收资本		100 000	
		银收	2	借入短期借款	银行存款	50 000		
					短期借款		50 000	
		转	2	采购原材料	原材料	300 000		
					应交税费	39 000		
					应付账款		339 000	
				……				

特种日记账簿是在普通日记账簿的基础上发展而来的，是用来专门记录某一特定项目经济业务发生情况的日记账，如现金日记账和银行存款日记账，如表5-2、表5-3所示。

表5-2 库存现金日记账   第 页

20×5年		凭证		摘要	对方科目	借方	贷方	借或贷	余额
月	日	字	号						
6	1			期初余额				借	1 200
	2	银付	1	从银行提现	银行存款	2 000		借	3 200
	2	现收	1	交回差旅费余额	其他应收款	500		借	3 700
	2	现付	1	购买办公用品	管理费用		800	借	2 900
				本日合计		2 500	800	借	2 900
	4	现收	2	取得罚款	营业外收入	500		借	3 400
				本日合计		500		借	3 400
				……					

表5-3 银行存款日记账   第 页

20×5年		凭证		摘要	结算凭证		对方科目	借方	贷方	借或贷	余额
月	日	字	号		种类	号数					
6	1			期初余额						借	52 000
	2	银付	2	采购原材料	转支	#230434	原材料		18 000	借	34 000
	2	银收	1	收回应收款	现支	#227653	应收账款	22 000		借	56 000
	2	现付	2	存入现金			库存现金	5 800		借	61 800
				本日合计				27 800	18 000	借	61 800
	3	银付	3	偿还借款	转支	#230436	短期借款		20 000	借	41 800
				本日合计					20 000	借	41 800

续表

20×5年		凭证		摘要	结算凭证		对方科目	借方	贷方	借或贷	余额
月	日	字	号		种类	号数					
				……							

在实际工作中，大多数单位一般只设置现金日记账和银行存款日记账，而不设置普通日记账。

2. 分类账簿

分类账簿也称分类账，是对全部经济业务进行分类登记的账簿。分类账簿是会计账簿的主体，也是编制会计报表的主要依据。

分类账簿按照反映内容的详细程度不同，又分为总分类账簿和明细分类账簿。

（1）总分类账簿（简称总账），是按照总分类账户进行分类登记的账簿，是用来登记全部经济业务，提供总括核算资料的分类账簿，如表5-4所示。

表5-4 总分类账

会计科目：库存现金　　　　　　　　　　　　　　　　　　　　　　　　　　　　　第　页

20×5年		凭证		摘要	借方	贷方	借或贷	余额
月	日	字	号					
6	1			期初余额			借	1 200
	2	银付	1	从银行提现	2 000		借	3 200
	2	现收	1	交回差旅费余额	500		借	3 700
	2	现付	1	购买办公用品		800	借	2 900
	4	现收	2	取得罚款	500		借	3 400
				……				

（2）明细分类账簿（简称明细账），是按照明细分类账户进行分类登记的账簿，是用来核算某一类经济业务，提供明细核算资料的分类账簿，如表5-5和表5-6所示。明细分类账是对总分类账的补充和具体化，并受总分类账的控制和统驭。

表5-5 应付账款明细分类账

明细科目：东方公司　　　　　　　　　　　　　　　　　　　　　　　　　　　　　第　页

20×5年		凭证		摘要	借方	贷方	借或贷	余额
月	日	字	号					
6	1			期初余额			贷	24 000
	5	银付	12	偿还东方公司货款	15 000		贷	9 000
	8	转	11	购买原材料		11 300	贷	20 300
	15	银付	16	偿还东方公司货款	12 000		贷	8 300
				……				

表5-6　原材料明细分类账

货号：113105　　　品名：甲材料　　　计量单位：千克　　　存放地点：第二仓库　　　第　　页

20×5年		凭证		摘要	收入			发出			结存		
月	日	字	号		数量	单价	金额	数量	单价	金额	数量	单价	金额
6	1			期初余额							200	4.2	840
	13	转	14	材料入库	300	4.2	1 260				500	4.2	2 100
	18	转	17	材料入库	200	4.2	840				700	4.2	2 940
	28	转	23	发出材料				450	4.2	1 890	250	4.2	1 050
				……									

3. 备查账簿

备查账簿，又称辅助登记簿或补充登记簿，是对某些在序时账簿和分类账簿等主要账簿中都不予登记或登记不够详细的经济业务事项进行补充登记时使用的账簿。每个单位可根据实际需要确定是否设置备查账簿。

备查账簿主要用于对某些经济资料提供必要的参考资料，与其他账簿之间不存在严密的依存和勾稽关系，没有固定的格式要求。例如，租入固定资产登记簿、应收票据贴现备查簿、委托加工材料登记簿等。

（二）按外表形式分类

1. 订本式账簿

订本式账簿简称订本账，是指在启用之前，就将若干账页固定地装订成册，并对账页进行连续编号的账簿。采用这种账簿，可以避免账页散失，防止账页被人为地抽换。但是，订本式账簿也有其缺陷，如同一本账簿在同一时间内只能一人登记，不能分工协作。同时，订本式账簿账页固定，不能根据需要增减，需预留每个账户需要的页数，可能会造成账页的浪费或不足。

在实际工作中，日记账（现金日记账和银行存款日记账）和总账一般采用订本式账簿，如图5-1、图5-2、图5-3所示。

图5-1　现金日记账

图5-2　银行存款日记账

2. 活页式账簿

活页式账簿简称活页账，是在启用之前由许多分散的账页组成的账簿。使用前可活动地装订在一起，可随时增页或减页。其优点是便于分工记账，可以根据实际需要随时增减账页，方便灵活；其缺点是账页容易散失或被抽换。

活页式账簿一般用于明细分类账，如图 5－4 所示。

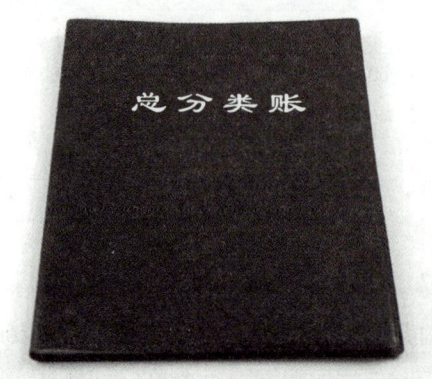

图 5－3　总分类账

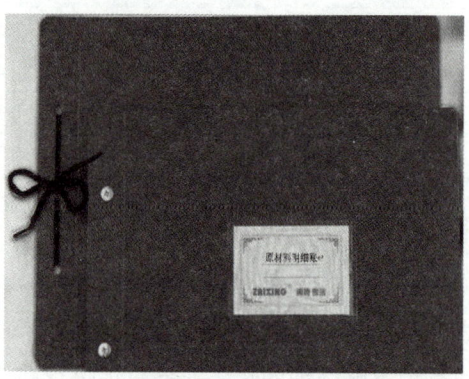

图 5－4　原材料明细账

3. 卡片式账簿

卡片式账簿简称卡片账，它是由具有专门格式、分散的卡片作为账页组成的账簿。这种卡片一般放置在卡片箱中，可以随时取放。其优点、缺点与活页账基本相同。

卡片式账簿主要用于期限较长的财产物资，比较常见的是固定资产卡片，如图 5－5 所示。

固定资产卡片

单位名称：

卡片编号：

资产类别：□房屋建筑　□机械设备　□办公设备　□车辆　□其他

资产编号：	资产名称：
品牌型号：	生产厂商：
购入日期：	启用日期：
使用状态：	存放地点：

使用记录

使用部门	使用人员	保管人员	领用日期	移交日期

备注：

备注：

图 5－5　固定资产卡片

卡片账不需每年更换，可以跨年度使用。

(三) 按账页格式分类

1. 三栏式账簿

三栏式账簿是由设有"借方、贷方和余额"三个金额栏的账页组成的账簿。三栏式账簿的账页格式是最基本的账页格式，其他账页格式都是在此基础上增减栏目演变而来的。

三栏式账簿格式适用于总分类账、现金和银行存款日记账以及资本、债权、债务等只需进行金额核算的明细分类账，如表5-2、表5-3、表5-4和表5-5所示。

2. 多栏式账簿

多栏式账簿是指在借方金额栏、贷方金额栏或借贷双方金额栏内按需要分设若干专栏的账簿。这种账簿可以按"借方"和"贷方"分别设置专栏，也可只设"借方"或者"贷方"专栏，设多少栏根据需要确定。收入、成本、费用、应交税费明细账一般采用这种格式的账簿，如表5-7、表5-8和表5-9所示。

表5-7　生产成本明细分类账

明细科目：A产品　　　　　　　　　　　　　　　　　　　　　　　　　第　　页

年		凭证		摘要	借方（成本项目）			
月	日	字	号		直接材料	直接人工	制造费用	合计

表5-8　管理费用明细分类账

　　　　　　　　　　　　　　　　　　　　　　　　　　　　　　　　　第　　页

年		凭证		摘要	（借）方金额分析							
月	日	字	号		工资	福利费	社保费	办公费	折旧费	差旅费	水电费	……

表5-9　应交税费明细分类账

　　　　　　　　　　　　　　　　　　　　　　　　　　　　　　　　　第　　页

年		凭证		摘要	借方			贷方			借或贷	余额
月	日	字	号		合计	进项税额	已交税金	合计	销项税额	进项税额转出		

3. 数量金额式账簿

数量金额式账簿是由在"借方、贷方和余额"三个栏目内，又分别设置数量、单价和金额三小栏目的账页组成的账簿，反映财产物资的实物量和价值量等。

原材料、库存商品等存货明细账一般采用数量金额式账簿（见表 5-6）。

账簿的分类如图 5-6 所示。

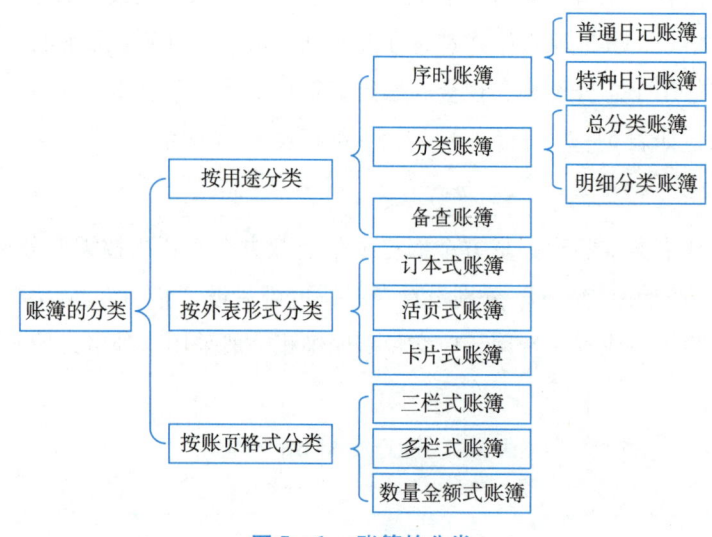

图 5-6 账簿的分类

三、会计账簿的基本内容

在实际工作中，各种会计账簿所记录的经济业务不同，账簿的格式也多种多样，但各种账簿都应具备以下基本内容：

（一）封面

封面主要用来标明会计账簿的名称，如总分类账、库存现金日记账、银行存款日记账、应收账款明细账等。

（二）扉页

扉页主要载明账簿启用登记和经管人员一览表及账户目录。账簿启用登记和经管人员一览表主要用来记载单位名称、账簿名称、启用日期、起止页数、会计主管人员、记账人员、账簿交接情况等内容。账户目录注明各个账户所在页次。账簿启用登记和经管人员一览表如表 5-10 所示，账户目录如表 5-11 所示。

表 5-10 账簿启用登记和经管人员一览表

单位名称		单位印鉴
账簿名称		
账簿页数	本账簿共计　　　页	
启用日期	年　　月　　日	

续表

经管人员		接管				移交				监交		印花粘贴
姓名	盖章	年	月	日	盖章	年	月	日	盖章	姓名	盖章	

表 5-11　账户目录

序号	编号	账户名称	页次	序号	编号	账户名称	页次
1				16			
2				17			
3				18			
4				19			
5				20			
6				21			
7				22			
8				23			
9				24			
10				25			
11				26			
12				27			
13				28			
14				29			
15				30			

（三）账页

账页是会计账簿的主要内容。账页因反映的经济业务内容不同，其格式有所不同，但基本内容如下：

（1）账户名称，包括一级、二级或明细账户名称。

（2）登记账簿的日期栏，包括年、月、日。

（3）凭证种类和号数栏。

（4）摘要栏，记录经济业务内容的简要说明。

（5）金额栏，记录本账户发生增、减变化的金额及相应的余额。

（6）总页次和分页次等。

账簿的内容、启用与记账规则

引例解析

任务引例中企业负责人的做法是错误的。根据《会计法》的规定，国家机关、社会团体、公司、企事业单位和其他组织必须依法设置会计账簿，并保证其真实、完整。《税收征收管理法实施细则》规定，从事生产、经营的纳税人应当自领取营业执照或者发生纳税义务之日起15日内，按照国家有关规定设置账簿。生产、经营规模小又确无建账能力的纳税人，可以聘请经批准从事会计代理记账业务的专业机构或者财会人员代为建账和办理账务。

任务二　会计账簿的启用与登记

任务引例

佳美服饰有限公司新来的出纳在登记日记账时遇到以下问题：其一，在登记银行存款日记账时，由于疏忽遗漏了一页，随后便将这张空白账页撕掉；其二，在登记现金日记账时，为了减轻工作量，采取了每5天登记一次的记账方式。

讨论：出纳的这些做法是否正确？如果不正确，正确的操作方法应是什么？

知识讲解

一、会计账簿的启用

会计账簿在启用时，应当在账簿封面上写明单位名称和账簿名称；填写账簿扉页上的"启用表"，注明启用日期、账簿页数、记账人员和会计机构负责人、会计主管人员姓名等，并加盖名章和单位公章，按税法规定贴足印花税票。

知识链接

印花税

2021年6月10日，第十三届全国人民代表大会常务委员会第二十九次会议通过《中华人民共和国印花税法》（以下简称《印花税法》），自2023年7月1日起施行。《印花税法》规定，在中华人民共和国境内书立应税凭证、进行证券交易的单位和个人，作为印花税的纳税人，应当依照本法规定缴纳印花税。

印花税的计税依据如下：①应税合同的计税依据，为合同所列的金额，不包括列明的增值税税款；②应税产权转移书据的计税依据，为产权转移书据所列的金额，不包括列明的增值税税款；③应税营业账簿的计税依据，为账簿记载的实收资本（股本）、资本公积合计金额；④证券交易的计税依据，为成交金额。印花税的税目、税率，依照本法所附《印花税税目税率表》执行。印花税的应纳税额按照计税依据乘以适用税率计算。

印花税可以采用粘贴印花税票或者由税务机关依法开具其他完税凭证的方式缴纳。印花税票粘贴在应税凭证上的，由纳税人在每枚税票的骑缝处盖戳注销或者划销。

启用订本式账簿应当从第一页到最后一页顺序编订页数，不得跳页、缺号。使用活页式账簿应当按账户顺序编号，应当定期装订成册，装订后再按实际使用的账页顺序编订页码，另加目录以便于记明每个账户的名称和页次。

二、会计账簿的登记要求

为了保证账簿记录的正确性，必须按照规定的方法，依据审核无误的记账凭证登记账簿。登记会计账簿，应遵循以下要求：

（一）内容准确完整

登记会计账簿时，应当将会计凭证日期、编号、业务内容摘要、金额和其他有关资料逐项记入账内，做到数字准确、摘要清楚、登记及时、字迹工整。每一项会计事项，一方面要记入有关的总账，另一方面要记入该总账所属的明细账。账簿记录中的日期，应该填写记账凭证上的日期；以自制的原始凭证（如收料单、领料单等）作为记账依据的，账簿记录中的日期应按有关自制凭证上的日期填列。

（二）注明记账符号

在记账凭证上设有专门的栏目供注明记账的符号，以免发生重记或漏记。登记完毕后，要在记账凭证上签名或者盖章，并注明已经登账的符号，表示已经记账。

（三）书写留空

账簿中书写的文字和数字上面要留有适当空格，不要写满格，一般应占格距的1/2。这样，在发生登记错误时，能比较容易地进行更正，同时方便查账工作。

（四）正常记账使用蓝黑墨水

登记账簿要用蓝黑墨水或者碳素墨水书写，不得使用圆珠笔（银行的复写账簿除外）或者铅笔书写。在会计的记账书写中，数字的颜色是重要的语素之一，它同数字和文字一起传达出会计信息。如同数字和文字错误会表达错误的信息，书写墨水的颜色用错了，其导致的概念混乱也不亚于数字和文字错误。

（五）特殊记账使用红墨水

红色金额在会计工作中表示负数，是蓝色金额的抵减数字，因此，应谨慎使用红字。在下列情况下，可以用红色墨水记账：

（1）按照红字冲账的记账凭证，冲销错误记录；
（2）在不设借贷等栏的多栏式账页中，登记减少数；
（3）在三栏式账户的余额栏前，如未印明余额方向的，在余额栏内登记负数余额；
（4）会计制度中规定的可以用红字登记的其他会计记录。

（六）顺序连续登记

各种账簿按页次顺序连续登记，不得跳行、隔页。如果发生跳行、隔页，更不得随便更换账页和撤出账页，作废的账页也要留在账簿中，如果发生跳行、隔页，应当将空行、空页划线注销，或者注明"此行空白""此页空白"字样，并由记账人员签名或者盖章。

（七）结出余额

凡需要结出余额的账户，结出余额后，应当在"借或贷"等栏内写明"借"或"贷"字样。没有余额的账户，应当在"借或贷"栏内写"平"字，并在余额栏内用"θ"表示。现金日记账和银行存款日记账必须逐日结出余额。一般来说，对于没有余额的账户，在余额栏内标注的θ应当放在元位。

（八）过次承前

每一账页登记完毕结转下页时，应当结出本页合计数及余额，写在本页最后一行和下页第一行有关栏内,并在"摘要"栏内注明"过次页"和"承前页"字样;也可以将本页合计数及金额只写在下页第一行有关栏内,并在"摘要"栏内注明"承前页"字样,以保证账簿记录的连续性,便于对账和查账。

(九) 不得涂改、刮擦、挖补

登记发生错误时,必须按规定方法更正,严禁刮、擦、挖、补,或使用化学药物清除字迹。发现差错必须根据差错的具体情况采用划线更正、红字更正、补充登记等规定的方法更正。

三、会计账簿的格式与登记方法

(一) 日记账的格式与登记方法

日记账,是按照经济业务发生或完成的时间先后顺序逐日逐笔进行登记的账簿。设置日记账是为了使经济业务的时间顺序清晰地反映在账簿记录中。在我国,大多数企业一般只设库存现金日记账和银行存款日记账。为了加强对企业库存现金和银行存款的监管,库存现金日记账和银行存款日记账必须采用订本式账簿,并为每一页按顺序编号。

1. 库存现金日记账

库存现金日记账是用来核算和监督库存现金日常的收、付及结存情况的序时账簿,由出纳人员根据与现金收付有关的记账凭证(如现金收款凭证、现金付款凭证及银行存款付款凭证),按顺序逐日逐笔进行登记,并根据"上日余额 + 本日收入 - 本日支出 = 本日余额",逐日结出库存现金余额,与库存现金实存数核对,以检查每日现金收付是否有误。库存现金日记账的格式主要为三栏式。

三栏式库存现金日记账在同一张账页上设有借方、贷方和余额三个金额栏目,一般将其分别称为收入、支出和结余三个基本栏目,其格式如表 5-12 所示。

表 5-12 库存现金日记账 (三栏式)   第   页

20×5年		凭证		摘要	对方科目	借方	贷方	借或贷	余额
月	日	字	号						
6	1			期初余额				借	1 200
	2	银付	1	从银行提现	银行存款	2 000		借	3 200
	2	现收	1	交回差旅费余额	其他应收款	500		借	3 700
	2	现付	1	购买办公用品	管理费用		800	借	2 900
	2			本日合计		2 500	800	借	2 900

库存现金日记账的具体登记方法如下:

(1) 日期栏:登记记账凭证的日期,应与现金实际收付日期一致。

(2) 凭证栏:登记入账的收付款凭证的种类和编号,如"现金收款凭证"简称"现收","现金付款凭证"简称"现付"。

(3) 摘要栏:登记记账凭证的摘要,即入账经济业务的内容。

(4) 对方科目栏:登记现金收入的来源科目或支出的用途科目,作用在于了解经济业务的来龙去脉。

(5) 借方（收入）、贷方（支出）栏：登记现金实际收付的金额。

(6) 余额栏：每日终了，应结出当日现金余额。

2. 银行存款日记账

银行存款日记账是用来核算和监督银行存款每日收入、支出和结余的特种日记账，由出纳根据审核后的银行存款收款凭证、银行存款付款凭证及库存现金付款凭证按顺序逐日逐笔进行登记。出纳人员应根据企业在银行开立的账户和币种分别设置，每个银行设置一本银行存款日记账。

与库存现金日记账一样，银行存款日记账的格式可以采用三栏式，也可以采用多栏式，其格式与现金日记账基本相同，只是银行存款的收付都是根据特定的银行结算凭证进行的，为了便于与银行对账以及便于反映银行存款的结算方式，在银行存款日记账增设了"结算凭证——种类、号数"栏。三栏式银行存款日记账如表5-13所示。

表5-13 银行存款日记账（三栏式） 第 页

20×5年		凭证		摘要	结算凭证		对方科目	借方	贷方	借或贷	余额
月	日	字	号		种类	号数					
6	1			期初余额						借	52 000
	2	银付	2	采购原材料	转支	#230434	原材料		18 000	借	34 000
	2	银收	1	收回应收款	现支	#227653	应收账款	22 000		借	56 000
	2	现付	2	存入现金			库存现金	5 800		借	61 800
	2			本日合计				27 800	18 000	借	61 800
	3	银付	3	偿还借款	转支	#230436	短期借款		20 000	借	41 800

银行存款日记账的登记方法与库存现金日记账基本相同，但还需要填写结算凭证栏。每日终了，填写银行存款收入、支出的合计数和余额，以便检查监督各项收支款项，并且要定期与银行送来的对账单逐笔核对。

引例解析

第一，出纳未按照"顺序连续登记"的要求登记账簿的做法不正确。各种账簿按页次顺序连续登记，不得跳行、隔页，如果发生跳行、隔页，应当将空行、空页划线注销，或者注明"此行空白""此页空白"字样，并由记账人员签名或者盖章。第二，出纳未按照"日清月结"的要求登记现金日记账的做法不正确。所谓日清月结，是指出纳员办理现金出纳业务，必须做到按日清理，按月结账。这里所说的按日清理，是指出纳员应对当日的经济业务进行清理，全部登记日记账，结出库存现金账面余额，并与库存现金实地盘点数核对相符。

（二）总分类账的格式与登记方法

1. 总分类账的格式

总分类账简称总账，它是按照一级科目开设，用以记录全部经济业务总括会计信息的账簿。总分类账可以连续、系统、综合地反映企业的经济活动和财务收支情况，并为编制财务报表提供资料。因此，各单位都应设置总分类账。总分类账的外表形式采用订本式，账页格式一般采用借方、贷方和余额三栏式。在格式的具体设计上,根据需要,在总分类账中增设"对方科目"栏,也可以不设置"对方科目",其格式如表5-14所示。

表5-14 总分类账

会计科目:应收账款　　　　　　　　　　　　　　　　　　　　　　　　　　　　　　　第　页

20×5年		凭证		摘要	借方	贷方	借或贷	余额
月	日	字	号					
6	1			期初余额			借	45 000
	6	转	5	销售商品	12 000		借	57 000
	9	转	13	销售商品	21 000		借	78 000
	12	银收	15	收回前欠货款		25 000	借	53 000
	20	银收	24	收回前欠货款		40 000	借	13 000
	30			本月合计	33 000	65 000	借	13 000

2. 总分类账的登记方法

总分类账的登记依据和登记方法取决于采用的账务处理程序。经济业务少的小型单位的总分类账一般根据记账凭证逐笔登记;经济业务多的大中型单位的总分类账一般根据科目汇总表或汇总记账凭证定期登记(有关具体内容参见项目六)。

(三)明细分类账的格式与登记方法

明细分类账简称明细账,是根据明细科目开设的,用来记录某一类经济业务详细、具体的核算资料的簿籍。明细分类账对总分类账起补充说明的作用。因此,各企业可以根据需要设置必要的明细账。

明细分类账的外表形式一般采用活页式账簿、卡片式账簿,其格式根据反映的经济业务类别不同,可以采用三栏式、多栏式和数量金额式。

1. 三栏式明细分类账

三栏式明细账的账页设置了借方、贷方、余额三栏,其格式与三栏式总账格式类似,适用于只进行金额核算的资本、债权、债务明细账,如"应收账款""应付账款"等。其格式如表5-15所示。

表5-15 应付账款明细分类账

明细科目:东方公司　　　　　　　　　　　　　　　　　　　　　　　　　　　　　　　第　页

20×5年		凭证		摘要	借方	贷方	借或贷	余额
月	日	字	号					
6	1			期初余额			贷	24 000
	5	银付	12	偿还东方公司货款	15 000		贷	9 000
	8	转	11	购买原材料		11 300	贷	20 300
	15	银付	16	偿还东方公司货款	12 000		贷	8 300

2. 多栏式明细分类账

多栏式分类账是将属于同一个总账科目的各个明细科目合并在一张账页上进行登记,即在这种格式账页的借方或贷方金额栏内按照明细项目设若干专栏，适用于收入、成本、费用等账户的明细分类核算，如"生产成本""制造费用""主营业务收入""管理费用"等。其格式如表5-16、表5-17、表5-18所示。

表5-16 生产成本明细分类账

明细科目：A产品　　　　　　　　　　　　　　　　　　　　　　　　　　　　　　　第　　页

20×5年		凭证		摘要	借方（成本项目）			
月	日	字	号		直接材料	直接人工	制造费用	合计
6	1			期初余额	12 520	6 866	3 546	22 932
	10	转	8	生产领用材料	62 000			62 000
	12	转	20	分配工资费用		40 000		40 000
	12	转	21	计提社保、公积金		8 580		8 580
	30	转	40	结转制造费用			34 000	34 000
	30			生产成本合计数	74 520	55 446	37 546	167 512
	30	转	45	结转完工成本	(74 520)	(55 446)	(37 546)	(167 512)
				本月合计				0

表5-17 管理费用明细分类账　　　　　　　　　　　　　　　　　　　　　　　　　第　　页

20×5年		凭证		摘要	借方（成本项目）							
月	日	字	号		工资	福利费	社保费	办公费	折旧费	差旅费	……	合计
6	10	现付	8	购买办公用品				860				860
	13	现付	14	支付差旅费						1 500		1 500
	15	银付	21	支付上月工资	68 890							68 890
				……								

表5-18 主营业务收入明细分类　　　　　　　　　　　　　　　　　　　　　　　　第　　页

20×5年		凭证		摘要	贷方项目					余额
月	日	字	号		A产品	B产品	C产品	D产品	……	
6	4	银收	5	销售产品	45 000					45 000
	6	转	7	销售产品			32 000			77 000
	12	转	19	销售产品		78 000				155 000
	23	转	46	销货退回		(26 000)				129 000
				……						

3. 数量金额式明细分类账

数量金额式明细分类账的账页在借方、贷方和余额栏分别设有数量、单价和金额三个专栏，提供了企业有关财产物资数量和金额收、发、存的详细资料，从而能加强财产物资的实物管理和使用监督，保证这些财产物资的安全完整，适用于既要进行金额核算又要进行数量核算的账户，如"原材料""库存商品"等。其格式如表5-19所示。

表 5-19 原材料明细分类账

货号：113105　　　品名：甲材料　　　计量单位：千克　　　存放地点：第二仓库　　　第　　页

20×5年		凭证		摘要	收入			发出			结存		
月	日	字	号		数量	单价	金额	数量	单价	金额	数量	单价	金额
6	1			期初余额							200	4.2	840
	13	转	14	材料入库	300	4.2	1 260				500	4.2	2 100
	18	转	17	材料入库	200	4.2	840				700	4.2	2 940
	28	转	23	发出材料				450	4.2	1 890	250	4.2	1 050

不同类型经济业务的明细分类账，可以根据原始凭证直接登记，也可以根据汇总原始凭证登记，还可以根据记账凭证登记。其中，固定资产、债权、债务等明细账应逐日逐笔登记；库存商品、原材料等存货明细账以及收入、费用明细账可以逐笔登记，也可定期汇总登记。各种明细分类账在每次登记完毕后，都应结出余额，以便随时核对账目。

（四）总分类账和明细分类账的平行登记

1. 总分类账户与明细分类账户之间的关系

总分类账户和明细分类账户登记的原始凭证依据相同，核算内容相同，两者结合起来既总括又详细地反映同一事物。总分类账户是所属的明细分类账户的综合，对所属明细分类账户起统驭作用；明细分类账户是有关总分类账户的补充，对有关总分类账户起着详细说明的作用。因此，总分类账户和明细分类账户需要平行登记。

2. 总分类账户与明细分类账户平行登记的要点

所谓平行登记，就是对每一项经济业务，一方面要在有关的总分类账户中进行总括登记，另一方面要在其所属的有关明细账户中进行明细登记。

（1）依据相同

登记总分类账与登记其所属明细分类账所依据的原始凭证是相同的。

（2）方向相同

对所发生的经济业务登记总分类账和明细分类账时，记账方向必须相同。如果登记总账时是记借方，则登记其所属的明细账也是记借方；如果登记总账时是记贷方，则登记其所属的明细账也是记贷方。

（3）期间相同

对于当期发生的经济业务，必须既要登记到总分类账，又要在同一会计期间登记到其所属的明细分类账中。尽管登记总账的日期与明细账的具体日期不一定相同，但都要在同一会计期间内登记。

（4）金额相同

每一项经济业务，记入总分类账户的金额与记入其所属明细分类账户的金额之和相等。

3. 平行登记的作用

平行登记意味着把相同的原始会计数据，通过两个相互联系又相互制约的总分类核算与明细分类核算系统进行处理。平行登记的结果使总分类账户和其所属明细分类账户之间存在特定的、必然的数量关系，利用等量关系起到自动核对的作用。

【情境训练 5-1】

20×5 年 7 月 1 日，佳美服饰有限公司"原材料"和"应付账款"总分类账户和所属明细分类账户余额如下：

(1) "原材料"总账账户为借方余额 28 000 元，其所属明细分类账户结存情况为：

① "甲材料"明细账户，结存材料 1 000 米，单位成本 15 元，金额 15 000 元；

② "乙材料"明细账户，结存材料 1 300 米，单位成本 10 元，金额 13 000 元。

(2) "应付账款"总账账户为贷方余额 22 000 元，其所属明细账户余额为：

① "东方公司"明细账户，贷方余额为 8 000 元；

② "兴盛公司"明细账户，贷方余额为 14 000 元。

20×5 年 7 月，佳美服饰有限公司发生的有关的经济业务及会计处理如下：

(1) 5 日，购入东方公司甲材料 200 米，单价 15 元，合计 3 000 元；购入兴盛公司乙材料 120 米，单价 10 元，合计 1 200 元。甲、乙材料已经验收入库，货款均未支付。企业编制会计分录如下：

　　借：原材料——甲材料　　　　　　　　　　　　　　　　　　　　　3 000
　　　　　　　——乙材料　　　　　　　　　　　　　　　　　　　　　1 200
　　　　应交税费——应交增值税（进项税额）　　　　　　　　　　　　 546
　　　　贷：应付账款——东方公司　　　　　　　　　　　　　　　　　3 390
　　　　　　　　　　——兴盛公司　　　　　　　　　　　　　　　　　1 356

(2) 13 日，购入东方公司甲材料 300 米，单价 15 元，合计 4 500 元，材料验收入库，款项尚未支付。企业编制会计分录如下：

　　借：原材料——甲材料　　　　　　　　　　　　　　　　　　　　　4 500
　　　　应交税费——应交增值税（进项税额）　　　　　　　　　　　　 585
　　　　贷：应付账款——东方公司　　　　　　　　　　　　　　　　　5085

(3) 22 日以银行存款偿还前欠东方公司货款 8 000 元、兴盛公司货款 7 000 元。企业编制会计分录如下：

　　借：应付账款——东方公司　　　　　　　　　　　　　　　　　　　8 000
　　　　　　　　——兴盛公司　　　　　　　　　　　　　　　　　　　7 000
　　　　贷：银行存款　　　　　　　　　　　　　　　　　　　　　　 15 000

(4) 28 日，生产车间生产 A 产品领用甲材料 500 米，金额为 7 500 元；领用乙材料 600 米，金额为 6 000 元。企业编制会计分录如下：

　　借：生产成本——A 产品　　　　　　　　　　　　　　　　　　　 13 500
　　　　贷：原材料——甲材料　　　　　　　　　　　　　　　　　　　7 500
　　　　　　　　　——乙材料　　　　　　　　　　　　　　　　　　　6 000

根据平行登记的要求，将上述经济业务在"原材料"和"应付账款"总账账户及所属的明细账户中进行登记。平行登记结果如表 5-20 至表 5-25 所示。

表 5-20　总分类账（一）

会计科目：原材料　　　　　　　　　　　　　　　　　　　　　　　　　　　　　　　　第　页

20×5年		凭证号数	摘要	借方	贷方	借或贷	余额
月	日						
7	1		期初余额			借	28 000
7	5	①	购入材料	4 200		借	32 200
7	13	②	购入材料	4 500		借	36 700
7	28	④	生产领料		13 500	借	23 200
7	31		本月合计	8 700	13 500	借	23 200

表 5-21　总分类账（二）

会计科目：应付账款　　　　　　　　　　　　　　　　　　　　　　　　　　　　　　　　第　页

20×5年		凭证号数	摘要	借方	贷方	借或贷	余额
月	日						
7	1		期初余额			贷	22 000
7	5	①	购入材料		4 746	贷	26 746
7	13	②	购入材料		5 085	贷	31 831
7	22	③	偿还账款	15 000		贷	16 831
7	31		本月合计	15 000	9 831	贷	16 831

表 5-22　原材料明细分类账（一）

货号：　　　品名：甲材料　　　计量单位：米　　　存放地点：　　　　　　　　第　页

20×5年		凭证号数	摘要	收入			发出			结存		
月	日			数量	单价	金额	数量	单价	金额	数量	单价	金额
7	1		期初余额							1 000	15	15 000
7	5	①	购入材料	200	15	3 000				1 200	15	18 000
7	13	②	购入材料	300	15	4 500				1 500	15	22 500
7	28	④	生产领料				500	15	7 500	1 000	15	15 000
7	31		本月合计	500		7 500	500		7 500	1 000	15	15 000

表 5-23　原材料明细分类账（二）

货号：　　　品名：乙材料　　　计量单位：米　　　存放地点：　　　　　　　　第　页

20×5年		凭证号数	摘要	收入			发出			结存		
月	日			数量	单价	金额	数量	单价	金额	数量	单价	金额
7	1		期初余额							1 300	10	13 000
7	5	①	购入材料	120	10	1 200				1 420	10	14 200
7	28	④	生产领料				600	10	6 000	820	10	8 200
7	31		本月合计	120	10	1 200	600	10	6 000	820	10	8 200

表 5-24　应付账款明细分类账（一）

明细科目：东方公司　　　　　　　　　　　　　　　　　　　　　　　　　　　　　　　　　第　　页

20×5年		凭证号数	摘要	借方	贷方	借或贷	余额
月	日						
7	1		期初余额			贷	8 000
7	5	①	购入材料		3 390	贷	11 390
7	13	②	购入材料		5 085	贷	16 475
7	22	③	偿还账款	8 000		贷	8 475
7	31		本月合计	8 000	8 475	贷	8 475

表 5-25　应付账款明细分类账（二）

明细科目：兴盛公司　　　　　　　　　　　　　　　　　　　　　　　　　　　　　　　　　第　　页

20×5年		凭证号数	摘要	借方	贷方	借或贷	余额
月	日						
7	1		期初余额			贷	14 000
7	5	①	购入材料		1 356	贷	15 356
7	22	③	偿还账款	7 000		贷	8 356
7	31		本月合计	7 000	1 356	贷	8 356

分析提示：

按照平行登记的结果，总分类账户与其所属的明细分类账户之间形成了相互核对的对应关系，这种对应关系可用公式表示为

总分类账户本期借方发生额 = 所属明细分类账户本期借方发生额之和

总分类账户本期贷方发生额 = 所属明细分类账户本期贷方发生额之和

总分类账户期初余额 = 所属明细分类账户期初余额之和

总分类账户期末余额 = 所属明细分类账户期末余额之和

（五）备查账的设置与登记

备查账是为备忘备查而设置的，主要用于登记需要说明原因的重要交易或事项，它可以补充说明总分类账和明细分类账所不能详细反映的资料。

备查账没有固定的格式，各单位可以根据实际需要灵活设置，内容应科学、完整，格式应简洁、明了，可采用订本式或活页式。在登记管理上，应建立相应的责任制度，做到责任分明，明确何时登记、谁登记、谁保管、谁配合、谁检查，并将备查账簿纳入企业重要的会计档案进行管理。下面以应收票据备查登记簿为例进行说明。应收票据备查登记簿的基本格式见表 5-26。

表 5-26　应收票据备查登记簿　　　　　　　　　　总第＿＿＿页

票据种类：　　　　　　　　　　　　　　　　　　　　　　　　　　　　　　　　　　　分第＿＿＿页

年		凭证		摘要	合同		票据基本情况			承兑人及单位名称	背书人及单位名称	贴现		承兑		转让		
月	日	字	号		字	号	号码	签发日期	到期日期	金额			日期	金额	日期	金额	日期	受理单位	票面金额	实收金额

续表

年		凭证		摘要	合同		票据基本情况			承兑人及单位名称	背书人及单位名称	贴现		承兑		转让		
月	日	字	号		字	号	号码	签发日期	到期日期	金额			日期	金额	日期	金额	日期	受理单位	票面金额	实收金额

任务三　对账和结账

任务引例

佳美服饰有限公司会计在期末对账时发现，本月转字 10 号凭证在登记账簿时金额登记有误，随即用刀片刮除了账簿上错误的数字，并重新登记了正确的数字。

讨论：你认为该公司会计的做法是否正确？如不正确，正确的做法是什么？

知识讲解

一、对账

对账

所谓对账，就是核对账目。为了保证账簿记录得真实、可靠和完整，在会计期末结账前，通过核对账簿记录，确保账证相符、账账相符和账实相符，为编制会计报表提供真实可靠的会计信息。

对账的内容包括账证核对、账账核对和账实核对。

（一）账证核对

账证核对是指核对会计账簿记录与会计凭证的时间、凭证字号、内容、金额是否一致，记账方向是否相符。

账证核对应在日常核算中进行，及时更正错误。会计期末，若发现账证不符，可再将账簿记录与有关会计凭证进行核对，以确保账证相符。

账证相符是保证账账相符、账实相符的基础。

（二）账账核对

账账核对是指不同账簿记录之间的核对。主要包括：

1. 总分类账簿之间的核对

总分类账中全部账户的本期借方发生额合计数与贷方发生额合计数相等，全部账户的期末借方余额合计数与期末贷方余额合计数相等。这项核对工作在期末通过编制试算平衡表来完成。

2. 总分类账簿与所属明细分类账簿之间的核对

总分类账户的本期借方（或贷方）发生额与其所属明细分类账户的借方（或贷方）发生额之和相等，总分类账户期末余额与其所属明细分类账户的期末余额合计数相等。这项核对工作可以通过编制"总分类账户与明细分类账户发生额及余额对照表"进行。

3. 总分类账簿与序时账簿之间的核对

库存现金日记账和银行存款日记账的本期借、贷方发生额及期末余额，分别与总分类账中的库存现金账户、银行存款账户的本期借、贷方发生额及期末余额核对相符，一般采用直接核对的方法。

4. 明细分类账簿之间的核对

会计部门各种财产物资明细分类账期末余额应与财产物资保管部门和使用部门的有关财产物资明细分类账的期末余额核对相符。核对方法一般是由财产物资保管部门或使用部门定期编制收发结存汇总表报会计部门核对。

（三）账实核对

账实核对是指将会计账簿记录与财产实有数额进行核对，检查账实是否相符。主要包括：

（1）库存现金日记账账面余额与库存现金数额实存数相核对；

（2）银行存款日记账账面余额与银行对账单相核对；

（3）原材料、库存商品、固定资产等各项财产物资明细账账面余额与财产物资的实有数额进行核对；

（4）有关债权、债务明细账账面余额与对方单位的账面记录定期进行核对。

账实核对实际上是一种财产清查方法，财产清查作为会计核算的专门方法，在项目七中将专门讲述。

引例解析

佳美服饰有限公司会计的做法是不正确的。在对账过程中，可能会发现各种各样的差错，如金额有误、科目记错、重记、漏记、借贷方向记反等，从而影响会计信息的质量。一旦查出差错，不得任意涂改、刮擦、挖补或者用褪字药水等办法更正，而必须按照规定的方法进行更正。常见的错账更正方法有划线更正法、红字更正法和补充登记法三种（见本项目任务四）。

二、结账

为了正确地反映一定会计期间的财务状况和经营成果，为编制财务报表提供资料，各单位必须按照规定期末结账。

结账就是在会计期末（月末、季末、年末），在将一定时期内发生的全部经济业务登记入账的基础上，对各种账簿的记录进行小结，计算并记录各账户的本期发生额和期末余额。

结账的内容通常包括两个方面：一是结清各种损益类账户，并据以计算确定本期利润；二是结清资产、负债和所有者权益类账户的本期发生额合计和期末余额。所以，结账也是编制财务报表的先决条件。

（一）结账的基本程序

（1）将本期发生的全部经济业务填制记账凭证并登记入账。如有漏账应及时补记，发现错账应按照规定的方法予以更正。既不能提前结账，也不允许将本期的业务延至下期登账。

（2）根据权责发生制的要求，调整有关账项，合理确定本期应记的收入和应记的费用。

(3)将损益类账户转入"本年利润"账户,结平所有损益类账户。

损益类账户包括收入类账户和费用类账户,这类账户的本期发生额,在会计期末全部要结转至"本年利润"账户,结转后均无余额。

(4)结算出资产、负债和所有者权益类账户的本期发生额和余额,并结转下期。

资产、负债和所有者权益类账户在会计期末结账后,通常有期末余额,其期末余额均应结转下期,以便进行连续记录。

(二)结账的方法

结账工作分为月结、季结和年结,具体方法因账簿的种类和账页的格式不同而不同。

1. 月结

每月终了,应结出各个账户的本月发生额和期末余额,若无余额,在"借或贷"一栏写"平"字,在"余额"栏写"0"字,在"摘要"栏写"本月合计",在月结下面通栏划一条红线,表示月结完成。

(1)对不需要按月结计本期发生额的账户,如各项应收应付款项明细账和各项财产物资明细账等,每次记账以后,都要随时结出余额,每月最后一笔余额即为月末余额。月末结账时,只需要在最后一笔经济业务记录之下通栏划单红线,不需要再结计一次余额。

(2)库存现金、银行存款日记账和需要按月结计发生额的收入、费用等明细账,每月结账时,要结出本月发生额和余额,在"摘要"栏内注明"本月合计"字样,并在下面通栏划单红线。

(3)需要结计本年累计发生额的明细账户,如收入、成本、费用等明细账,每月结账时,应在"本月合计"行下结出自年初起至本月末止的累计发生额,登记在月份发生额下面,在"摘要"栏内注明"本年累计"字样,并在下面通栏划单红线。12月末的"本年累计"就是全年累计发生额,全年累计发生额下通栏划双红线。

(4)总账账户平时只需结出月末余额。年终结账时,为了总括地反映全年各项资金运动情况的全貌,核对账目,要将所有总账账户结出全年发生额和年末余额,在"摘要"栏内注明"本年合计"字样,并在合计数下通栏划双红线。

2. 季结

每季终了,先进行本季度最后一个月的月结,然后结出本季发生额及余额,并在"摘要"栏内写"本季合计",再通栏划单红线。

3. 年结

年度终了,先进行12月的月结和第四季度的季结,然后结出全年的发生额和余额,并在"摘要"栏内写"本年合计",在年结下面再通栏划双红线,表示封账。

年度结账后,有余额的账户,应将其余额结转下年,并在"摘要"栏注明"结转下年"字样,在下一会计年度新建有关账户的第一行余额栏内填写上年结转的余额,并在"摘要"栏注明"上年结转"字样,不需要编制记账凭证。结账的方法如表5-27所示。

表 5-27 银行存款总账

20×5年		凭证		摘要	借方	贷方	借或贷	余额
月	日	字	号					
1	1			上年结转			借	120 000
……	……	……	……	……	……	……	……	……
11	30			本月合计	300 000	160 000	借	220 000
12	1	银收	1	销售产品	150 000		借	370 000
12	5	银付	1	购买原材料		80 000	借	290 000
12	8	银付	2	购买固定资产		126 000	借	164 000
12	15	银付	3	发放工资		70 000	借	94 000
12	31			本月合计	150 000	276 000	借	94 000
12	31			本季合计	550 000	420 000	借	94 000
12	31			本年合计	960 000	986 000	借	94 000
				结转下年				

注:"本月合计"行的上、下各有一条通栏单红线;"本季合计"行的下面有一条通栏单红线;"本年合计"行的下面有一条通栏双红线。

知识链接

常见的错账查找方法

在对账过程中,可能会发现各种各样的差错,产生差错的原因可能是重记、漏记、数字错位、数字记错、科目记错、借贷方向记反等,从而影响会计信息的正确性。如发现差错,会计人员应及时予以更正。常见的差错查找方法有以下几种:

1. 差数法

差数法是指按照错账的差数来查找错账的方法。例如,在记账过程中只登记了经济业务的借方或者贷方,漏记了另一方,从而形成试算平衡中借方合计数与贷方合计数不相等。如果借方金额遗漏,就会使该金额在贷方超出。如果贷方金额遗漏,则会使该金额在借方超出。对于这样的差错,可由会计人员通过回忆和与相关金额的记账核对来查找。

2. 尾数法

尾数法是指对于发生的只有角、分的差错,可以只检查小数部分,这样可以提高查找错误的效率。

3. 除 2 法

除 2 法是指用差数除以 2 来查找错账的方法。若记账时将借方金额错记入贷方(或者相反)时,出现错账的差数就会表现为错误的 2 倍,因此将此差数用 2 去除,得出的商就应该是反向的正确金额。例如,应记入固定资产科目借方的 5 000 元误记入贷方,则该科目的期末余额将小于总分类科目期末余额 10 000 元,被 2 除的商 5 000 元即为借贷方向反向的金额。同理,如果借方总额大于贷方 800 元,即应查找有无 400 元的贷方金额误记入借方。

4. 除 9 法

除 9 法是指用差数除以 9 来查找错数的方法,适用于以下三种情况:

(1)将数字写大。例如,将 30 写成 300,错误数字大于正确数字 9 倍。查找的方法是,用差数除以9得出的商为正确的数字,商乘以10后所得的积为错误数字。上例差数270(300－30)除以9以后,所得的商30为正确数字,30乘以10等于300为错误数字。

(2)将数字写小。例如,将500写成50,错误数字小于正确数字9倍。查找的方法是,以差数除以9得出的商即为写错的数字,商乘以10即为正确的数字。上例差数450(500－50)除以9,商50即为错数,扩大10倍后即可得出正确的数字500。

(3)邻数颠倒。例如,将52误记为25,或将25误记为52,两个数字颠倒后,个位数变成了十位数,十位数变成了个位数,这就造成了差额为9的倍数。查找的方法是,将差数除以9,得出的商连续加11,直到找出颠倒的数字为止。

任务四 错账的更正方法

任务引例

佳美服饰有限公司会计在期末对账时发现,本月转字15号凭证在登记账簿时将摘要登记错误,准备对账簿上错误的摘要进行更正。

讨论: 你认为该公司会计应选择哪种错账更正方法?如何更正?

知识讲解

在账簿登记过程中,难免会发生各种各样的错误,如重记、漏记、数字登记错误、科目使用错误等,造成账簿数据不准确,影响会计信息质量。如果发现账簿记录发生错误,必须采用正确的方法予以更正,不得涂改、挖补、刮擦或者用褪字药水去除字迹。错账更正方法通常有划线更正法、红字更正法和补充登记法。

一、划线更正法

划线更正法又称红线更正法,是指划线注销原有错误记录的一种更正错账的方法。

适用范围:记账凭证填制正确,账簿登记时中文或数字发生错误。

更正方法:①在错误的文字或数字上划一条红线,表示注销;②用蓝、黑色字将正确的文字或数字写在划线上方;③由更正人员在更正处签名或盖章,以明确责任。

需要注意的是,对于错误的数字,应全部划红线更正,不得只更正其中的错误数字;对于文字错误,可只划去错误的部分。被划销的字迹要清晰可辨,以便查核。

【例5.1】万方公司2023年6月登记的应收账款总分类账中(见图5－7),将250 000元误记为25 000元,导致将余额530 000元误记为755 000.00元,经查记账凭证无误。

总分类账

科目名称：应收账款

2023年		凭证字号	摘要	借方 亿千百十万千百十元角分	贷方 亿千百十万千百十元角分	借或贷	余额 亿千百十万千百十元角分
月	日						
6	1		期初余额			借	4 5 0 0 0 0 0 0
	6	记5	销售产成品	1 2 0 0 0 0 0 0		借	5 7 0 0 0 0 0 0
	8	记13	销售产成品	2 1 0 0 0 0 0 0		借	7 8 0 0 0 0 0 0
	9	记15	收回前欠货款		2 5 0 0 0 0 0 0	借	5 3 0 0 0 0 0 0
					2 5 0 0 0 0 0 0		7 5 5 0 0 0 0 0

图 5-7 应收账款总分类账

二、红字更正法

红字更正法，也称红字冲销法，是用红字冲销或冲减原来的错误记录，以更正或调整账簿记录的一种更账方法。

适用范围：记账以后，发现：①记账凭证上科目用错；②金额多记，导致账簿登记时也发生错误。

更正方法：针对①的错误，采用全部冲销的方法，需要填制两张记账凭证（红蓝字各一张），并将其登记入账；针对②的错误，采用部分冲销的方法，需要填制一张红字记账凭证，并将其登记入账。

1. 全部冲销

记账之后，发现记账凭证所记的会计科目错误或借贷方向错误，应采用红字更正法进行全部冲销，具体步骤如下：

（1）填写一张与原错误记账凭证内容相同的红字金额记账凭证，并据以用红字登记入账，冲销原有错误的账簿记录。在摘要栏中填入"冲销×月×日×号错误凭证"。

（2）用蓝字填写一张正确的记账凭证，在摘要栏中填入"订正×月×日×号错误凭证"，并据以蓝字登记入账。

【例5.2】2023年6月12日，万方公司生产领用A材料6 000元，在填制28号记账凭证时，误作借记"制造费用"科目，如图5-8所示，并据以登记入账。（注：更正凭证号为记字46号、记字47号）

更正时，先用红字填制一张与原错误记账凭证内容相同的红字金额记账凭证（见图5-9），以冲销原错误记录，并据以登记入账。

2. 部分冲销

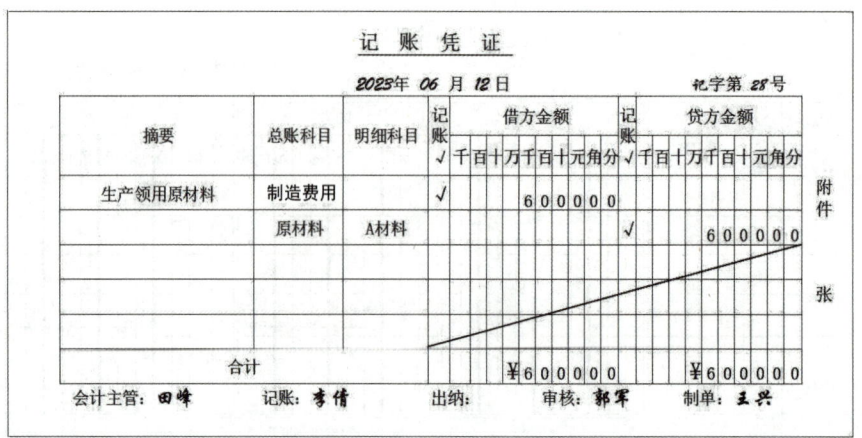

图 5-8 记账凭证

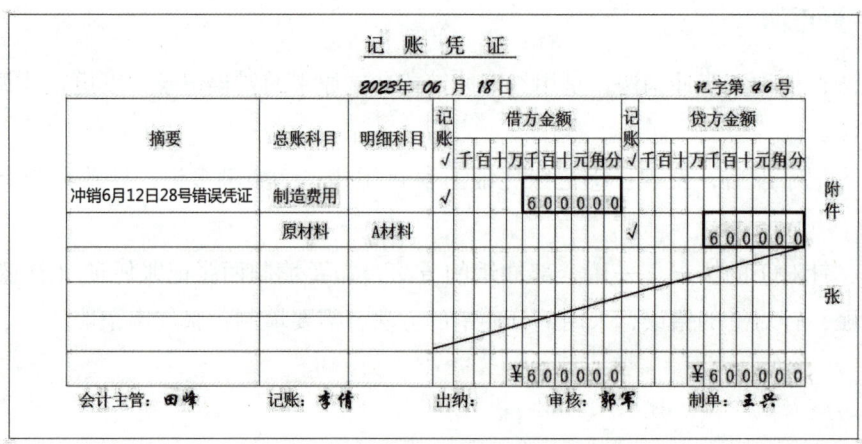

图 5-9 记账凭证

再用蓝字填制一张正确的记账凭证（见图 5-10），并据以登记入账。

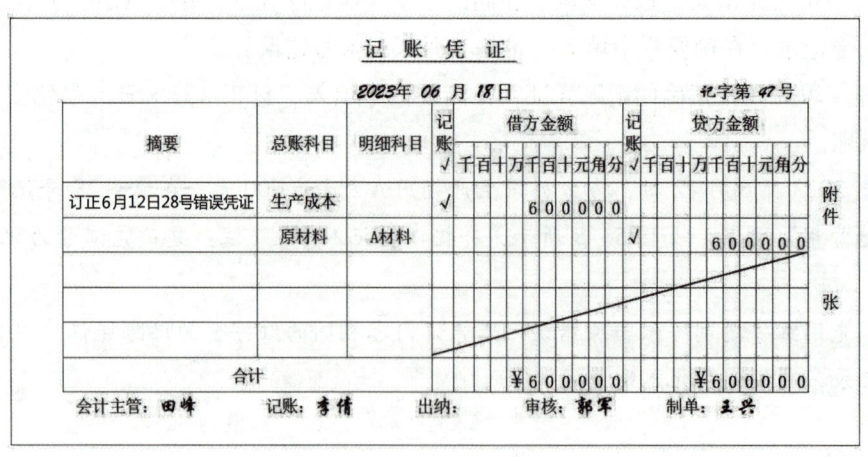

图 5-10 记账凭证

2. 部分冲销

记账之后，发现记账凭证中会计科目、方向使用无误，只是所记金额大于应记金额，应采用红字更正法进行部分冲销，具体做法是，按多记的金额用红字编制一张与原记账凭证应借、应贷科目完全相同的记账凭证，在摘要栏中填入"冲销×月×日×号凭证多记金额"，以冲销多记的金额，并据以红字登记入账。

【例5.3】2023年6月20日，万方公司偿还乙公司货款，金额为234 000元。填制51号记账凭证时，会计人员误将金额记为243 000元，如图5-11所示，并据以登记入账。（注：更正凭证号为56号）

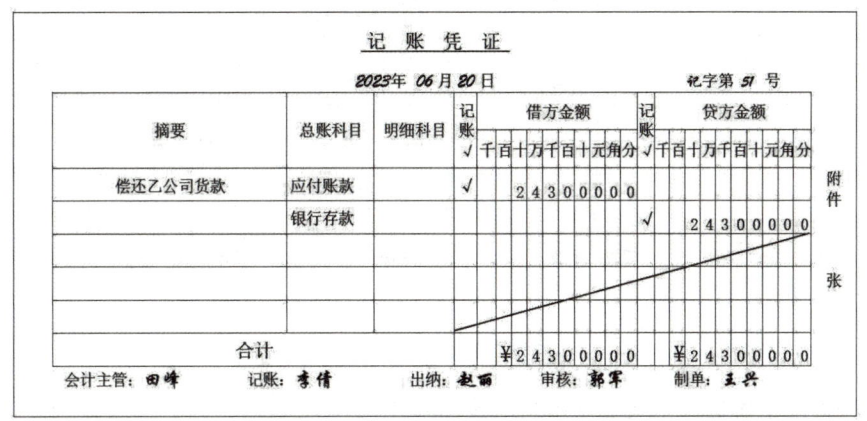

图 5-11　记账凭证

更正时，应用红字填制一张金额9 000元的记账凭证（见图5-12），并据以登记入账。

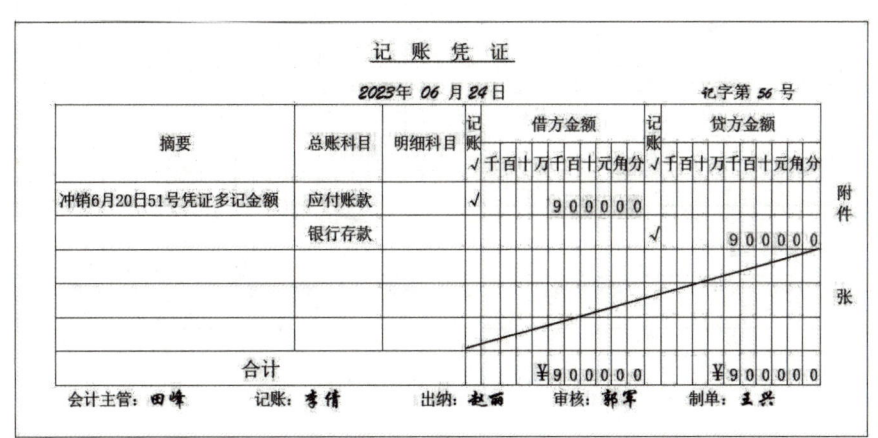

图 5-12　记账凭证

三、补充登记法

补充登记法，又称蓝字补记法，是用补记金额的方式更正错账的一种更账方法。

适用范围：记账以后，发现记账凭证填写的会计科目、方向无误，只是所记金额小于应记金额，导致账簿登记时也发生错误。

更正方法：按少记的金额用蓝字编制一张与原记账凭证应借、应贷科目完全相同的记账凭证，在摘要栏中填入"补充×月×日×号凭证少记金额"，以补充少记的金额，并据以蓝字登记入账。

【例 5.4】2023 年 6 月 10 日，万方公司接受外单位投资 154 000 元，款项已存入银行，会计人员在填制 27 号记账凭证时，误将金额写成 145 000 元，如图 5-13 所示，并据以登记入账。（注：更正凭证号为 87 号）

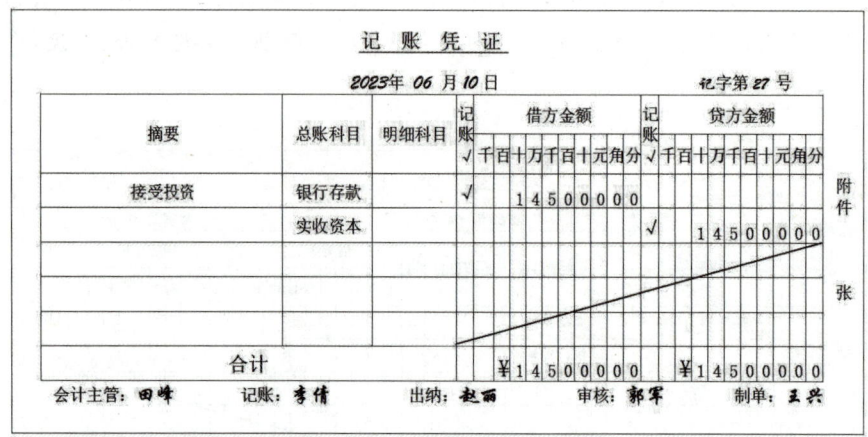

图 5-13　记账凭证

更正时，应用蓝字填制一张金额 9 000 元的记账凭证（见图 5-14），并据以登记入账。

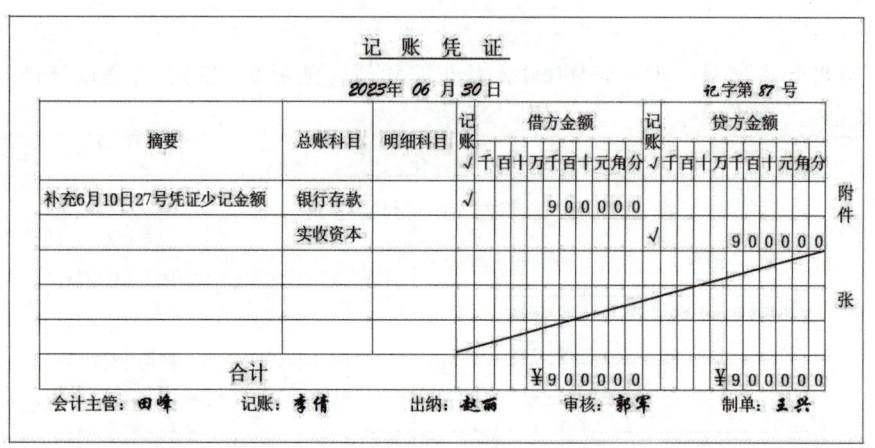

图 5-14　记账凭证

引例解析

引例中公司会计应采用划线更正法来更正错账。具体做法是，在错误的文字上划一条红线进行注销，用蓝、黑色字将正确的文字写在划线上方，由更正人员在更正处签名或盖章，以明确责任。

上述错账是企业众多经济业务中的几种情况，我们可以对错账更正方法进行总结，见表 5-28。

表 5-28　"错账更正方法"一览表

错误性质	发现时间	更正方法	更正步骤
只是账簿记录有误	记账后	划线更正法	（1）划红线注销； （2）做出正确记录； （3）在更正处盖章

续表

错误性质	发现时间	更正方法	更正步骤
记账凭证科目有误	记账后	红字更正法	(1) 用红字冲销原记录，并入账； (2) 用蓝字重新填记账张凭证，并入账
记账凭证科目正确，金额多记	记账后	红字更正法	用红字填制记账凭证冲销多记金额，并入账
记账凭证科目正确，金额少记	记账后	补充登记法	用蓝字填制记账凭证补充少记金额，并入账

知识链接

会计账簿中常见的舞弊行为

1. 无据（凭空）记账

会计账簿中所列的业务不是根据经审核无误的原始凭证填制记账凭证并逐笔登记的，而是会计人员凭空捏造出来的，或者在合法的凭证中插入一些不合法的业务内容。

2. 涂改、销毁、遗失、损坏会计账簿

用类似涂改凭证的方法来篡改有关账簿，如制造事故，造成账簿不慎被毁的假象，从而将不法行为掩盖于一般的过失当中，使审查人员的线索中断。

3. 设置账外账

一个企业建立两套或三套账，一套用于内部管理（对外不公开），另一套用于应付外来部门的检查，从而根据自己的需要做出对外公布的一套账。

4. 登账、挂账、改账、结账作假

（1）登账作假。在登记账簿的过程中，不按照记账凭证的内容和要求记账，而是随意改动业务内容，或者故意使用错误的账户，使借贷方科目弄错，混淆业务应有的对应关系，以掩饰其违法乱纪的意图。

（2）挂账作假。利用往来科目和结算科目将经济业务不结清到位，而是挂在账上，或者将有关资金款项挂在往来账上，等待时机成熟再回到账中，以达到"缓冲"、不露声色和隐藏事实真相之目的。

（3）改账作假。对账簿记录中发生的错误不按照规定的改错方法，而是用非规范的改错方法进行改错，或者利用红字"改错"随意对账户中的记录进行加减处理，如利用红字改变库存数、冲销材料成本差异数、无据减少销售数额等，以达到其违法乱纪之目的。

（4）结账作假。在结账及编制报表的过程中，通过提前或推迟结账、结总增列或结总减列和结账空转等手法故意多加或减少数据，虚列账面金额，或者为了把账做平，而故意调节账面数据，以达到其掩饰或舞弊的目的。

5. 利用计算机舞弊

随着计算机会计系统的普及，计算机舞弊正被日益关注。其主要的作案手法是在实现计算机会计核算的单位，利用计算机的知识和经验，在系统程序中设置陷阱，篡改程序，或者篡改输入、篡改文件和非法操作等。

任务五　会计账簿的更换与保管

任务引例

由于佳美服饰有限公司财务核算不规范,在面对税务稽查部门的检查时,公司负责人谎称账簿被盗丢失,将应当保管、提供的会计凭证、会计账簿、财务会计报告故意销毁。

讨论: 你认为该公司的做法会受到怎样的处罚?

知识讲解

一、会计账簿的更换

会计账簿的更换通常在新会计年度建账时进行。不同的会计账簿更换的要求有所不同。

(1) 总账、日记账和大部分明细账每年都应更换一次新账。年初,将旧账簿中各账户年末余额直接记入新账簿各账户的第一行,并在"摘要"栏内加盖"上年结转"戳记,在旧账页各账户最后一行划一条斜红线注销。旧账余额过入新账时,不需填制记账凭证。

(2) 部分明细账可以跨年度继续使用。但是,"摘要"栏内要加盖"结转下年"戳记,如固定资产明细账、应收账款明细账等,此外,备查账簿也可以跨年度连续使用。

二、会计账簿的保管

会计账簿是各单位重要的历史资料和会计档案,必须建立管理制度,妥善保管。对账簿的保管包括日常管理和归档管理两个方面。

1. 账簿的日常管理

(1) 各种账簿要分工明确,指定专人管理,账簿经管人员既要负责记账、对账、结账等工作,又要负责保证账簿安全。

(2) 未经领导和会计负责人或者有关人员批准,非经管人员不能随意翻阅查看会计账簿。

(3) 会计账簿除非特殊需要或司法介入要求,一般不能携带外出,对携带外出的账簿,一般应由经管人员或会计主管指定专人负责。

(4) 会计账簿不能随意交与其他人员管理,以保证账簿安全、完整,防止任意涂改、毁坏账簿等问题发生。

2. 旧账的归档管理

年度终了更换并启用新账后,对更换下来的旧账要整理、装订、造册、归档。

(1) 整理

归档前应对更换下来的旧账进行整理,其工作主要包括:检查应归档的旧账是否收集齐全;检查各种账簿应办的手续是否完备,对于手续不完备的应补办手续,如加盖印章、注销空行及空页、结转余额等。

（2）装订成册

整理后的账簿应装订成册。装订时首先检查账簿扉页的内容是否填写齐全；其次检查订本式账簿的账页是否顺序编写了页数，有无缺页或跳页；活页式账应撤出未使用的空白账页，再编定页码，装订成册。装订时根据实际情况，一个账户装订成一册或数册，某些账户账页较少，也可以合并装订成一册。装订后应由经办人员及装订人员、会计主管人员在封口处签名或盖章。

（3）办理交接手续，归档保管

账簿装订成册完毕，应当归档保管。当年形成的会计档案，在会计年度终了后，可由会计机构保管一年，期满之后，应由会计机构编制移交清册，移交本单位档案机构统一保管。未设立档案机构的，应当在会计机构内部指定专人保管。保管人员应按照《会计档案管理办法》的要求，编制索引、分类储存、妥善保管，以便日后查阅；要注意防火、防盗，以防毁损、霉烂等。

会计账簿应按照国家统一规定的保管期限保管，不得在保管期限未满时销毁账簿。单位应当定期对已到保管期限的会计账簿等会计档案进行鉴定，经鉴定可以销毁的会计账簿等会计档案，由单位档案管理机构编制会计档案销毁清册，单位负责人、档案管理机构负责人、会计管理机构负责人、档案管理机构经办人、会计管理机构经办人在会计档案销毁清册上签署意见。

引例解析

根据《会计法》的规定，隐匿或故意销毁依法应保存的会计凭证、会计账簿、财务会计报告等尚不构成犯罪的，对单位，由县级以上人民政府财政部门予以通报，可对单位并处5 000元以上10万元以下的罚款，对于其直接负责的主管人员和其他直接责任人员，可以处3 000元以上5万元以下的罚款，若上述行为构成犯罪的，依法追究刑事责任。

思政在线

精益求精，发扬工匠精神

胡双钱，上海飞机制造有限公司高级技师，数控机加车间钳工组组长，曾获全国劳动模范、全国"五一"劳动奖章、上海市质量金奖等荣誉称号。在几十年的从业生涯中，他加工的数十万个零部件没有一个次品，他也由此被人们称为"航空手艺人"。有一次，急需一个特殊零件，从原厂调配需要几天。为了不耽误工期，只能用钛合金毛坯来现场临时加工，这个任务交给了胡双钱。胡双钱回忆："一个零件要100多万元，关键它是精锻锻出来的，所以成本相当高。因为有36个孔，大小不一样，孔的精度要求是0.24毫米。"0.24毫米相当于人头发丝的直径，这个本来要靠细致编程的数控车床来完成的零部件，在当时却只能依靠胡双钱的一双手和一台传统的铣钻床，结果用了一个多小时，36个孔悉数打造完毕，一次性通过检验，再一次证明胡双钱的"金属雕花"技能。

作为中华民族优秀的文化基因和价值传承，工匠精神不只是培养工匠，不仅是"制造业之魂"，更应该成为全社会普遍的价值取向，为各行各业所必需。而对于广大财务会计工作者而言，工匠精神同样是会计人务实敬业、细致严谨、终身学习、不断提升职业胜任能力的基本元素和方向。财会人员与数字为伍，而数字最讲求精准，更需要匠心传承。每一本账簿、每一份报表、每一个报告，都体现着对会计准则、审计准则、财税法规的掌握程度以及构成职业判断能力的各项要素，体现着财务会计的工艺技能。坚持严、细、实，在工作上下真功夫、细功夫、苦功夫，不断提高自身专业技能，勤学善思，做到基础技能牢固掌握，前沿知识广泛吸收、深刻理解，执业中严守职业道德准则，善用会计专业工具，在工作的精益求精中获得职业尊严感和成就感。

项目小结

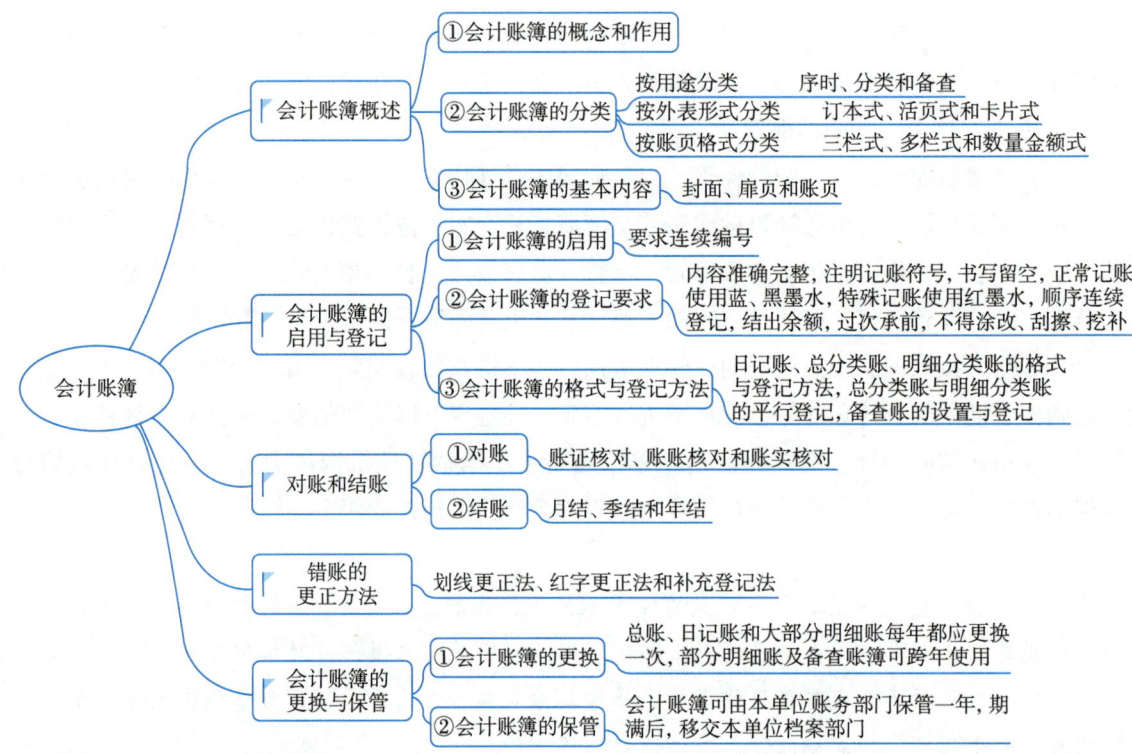

项目训练与测试

一、单项选择题

1. 登记账簿的依据是（　　）。
   A. 经济业务　　　　　　　　　　B. 审核无误的会计凭证
   C. 经济合同　　　　　　　　　　D. 领导批示

2. 下列明细账，应采用多栏式账页格式的是（　　）。
   A. 制造费用明细账　B. 原材料明细账　C. 应付账款明细账　D. 其他应收款明细账

3. 在登记账簿时，如果经济业务发生日期为20×5年9月10日，编制记账凭证日期为9月15日，登记账簿日期为9月20日，则账簿中的"日期"栏登记的时间为（　　）。
   A. 9月10日　　　　B. 9月15日　　　　C. 9月20日　　　　D. 9月15日或9月20日

4. 序时账、分类账和备查账划分的依据是（　　）。
   A. 账页的格式不同　B. 外表形式不同　C. 账簿的用途不同　D. 登记方式不同

5. 日记账从账簿的外表上看应采用（　　）。
   A. 订本式　　　　　B. 活页式　　　　　C. 卡片式　　　　　D. 多栏式

6. 账簿中书写的文字和汉字应占格距的（　　）。
   A. 1/2　　　　　　B. 1/3　　　　　　C. 2/3　　　　　　D. 1/4

7. 必须逐日逐笔登记的账簿是（　　）。

A. 明细账　　　　B. 总账　　　　C. 日记账　　　　D. 备查账

8. 三栏式库存现金日记账、银行存款日记账的登记处理，不正确的是（　　）。

A. 由出纳人员负责登记　　　　　　B. 逐日逐笔顺序登记

C. 每日结出余额，以便进行核对　　D. 根据收付款业务的原始凭证登记

9. 年终结账后，可以跨年度连续使用，不必每年更换的账簿是（　　）。

A. 原材料总账　　B. 库存现金总账　　C. 固定资产明细账　　D. 银行存款日记账

10. 年度结账时，应在"本年累计"行下划（　　）。

A. 通栏单红线　　B. 通栏双红线　　C. 半栏单红线　　D. 半栏双红线

11. 根据记账凭证登账，误将 1 234 元记为 1 243 元，应采用（　　）进行更正。

A. 红字更正法　　B. 补充登记法　　C. 划线更正法　　D. 平行登记法

12. 各种应收、应付款项明细分类账的账面余额与有关债务人、债权人的相关账面余额核对，属于（　　）。

A. 账账核对　　B. 账证核对　　C. 账实核对　　D. 账表核对

13. 划线更正法更正账簿中的数字时，应（　　）。

A. 用一条蓝线将整个数字全部划掉　　B. 用一条红线将整个数字全部划掉

C. 用一条红线将有错误的数字划掉　　D. 用多条红线将整个数字全部划掉

14. 会计人员在计提折旧时，将"制造费用"科目记入了"管理费用"科目，并据以登记入账。此时应采用的更正方法是（　　）。

A. 红字更正法　　B. 补充登记法　　C. 划线更正法　　D. 平行登记法

15. 记账凭证上记账栏中的"√"记号表示（　　）。

A. 已经登记入账　　B. 不需登记入账　　C. 此凭证作废　　D. 此凭证编制正确

二、多项选择题

1. 总账和明细账之间的平行登记应该做到（　　）。

A. 登记的期间相同　　　　B. 登记的方向相同

C. 登记的金额相同　　　　D. 登记的人员相同

2. 下列各项中，属于会计账簿的主要分类标准有（　　）。

A. 用途　　　　B. 金额　　　　C. 外表形式　　　　D. 账页格式

3. 账簿按其外表形式可分为（　　）。

A. 序时账簿　　B. 订本式账簿　　C. 活页式账簿　　D. 卡片式账簿

4. 活页账的主要优点有（　　）。

A. 可以根据需要增加账页　　　　B. 可以防止记账错误

C. 可以防止账页散失　　　　　　D. 便于分工记账

5. 银行存款日记账可以采用的账页格式有（　　）。

A. 三栏式　　B. 数量金额式　　C. 多栏式　　D. 平行登记式

6. 下列错误中可以用红字冲销法更正的有（　　）。

A. 记账凭证无误，登记账簿时发生错误

B. 发现记账凭证中会计科目无误而金额多记，并且已经登记入账

C. 发现记账凭证中所记会计科目有错并已登记入账

D. 发现记账凭证中会计科目无误而金额少记，并且已经登记入账

7. 以下内容中，属于对账范围的有（　　）。

A. 账簿记录与有关会计凭证的核对　　B. 日记账余额与有关总分类账户余额的核对

C. 账簿记录与报表记录的核对　　　　D. 银行存款日记账余额与银行对账单的核对

8. 下列说法不符合登记账簿要求的有（　　）。

A. 为防止篡改，文字书写要占满格　　B. 用蓝色圆珠笔记账

C. 将登记中不慎出现的空白页撕掉　　D. 红字冲销的记账凭证，文字和金额都是红色

9. 下列账簿记录中，可以使用红色墨水的有（　　）。

A. 结账　　　　　B. 改错　　　　　C. 登记账户增加额　　　D. 冲账

10. 对账内容主要应包括（　　）。

A. 账证核对　　　B. 账账核对　　　C. 账实核对　　　D. 账表核对

三、判断题

1. 三栏式账簿一般适用于费用、成本等明细账。（　　）

2. 会计人员根据记账凭证登记时误将1 000元登记为10 000元，更正这种错误应采用红字更正法。（　　）

3. 账簿的基本内容包括封面、扉页和账页几个方面。（　　）

4. 总分类账一般采用订本式的三栏式账页。（　　）

5. 年度结账后，对于发生额很少的总账，不必更换新账。（　　）

6. 备查账也称辅助账，与其他账簿之间不存在相互依存及勾稽关系。（　　）

7. 年终更换新账时，新旧账簿有关账户之间的结转金额，应编制记账凭证。（　　）

8. 设置和登记账簿是会计核算方法之一，是会计核算工作的最终环节。（　　）

9. 登记账簿的唯一依据是审核无误的原始凭证。（　　）

10. 为便于管理，"应收账款""应付账款"的明细账必须采用多栏式账页格式。（　　）

四、业务题

1. 某企业20×5年7月31日库存现金和银行存款日记账的余额分别是4 800元和620 000元，8月1—10日发生以下库存现金和银行存款收付业务。

（1）1日，向A公司购入原材料，价款50 000元，增值税税额为6 500元，材料已验收入库，货款以银行存款支付。

（2）2日，职工李明出差预借差旅费1 200元，以现金支付。

（3）3日，以银行存款30 000元归还东盛公司货款。

（4）4日，办公室购买办公用品共计300元，以现金支付。

（5）5日，销售商品一批，开出增值税专用发票价款30 000元，税金3 900元，货款收到并存入银行。

（6）6日，以银行存款归还短期借款40 000元。

（7）7日，收到万方公司前欠货款25 000元，存入银行。

(8) 8 日，职工李明出差回来，报销差旅费 1 500 元，差额 300 元以库存现金支付于李明。

(9) 9 日，用银行存款支付销售商品所发生的费用 1 000 元。

(10) 10 日，用银行存款 6 000 元支付交纳税金。

(11) 10 日，从银行提取 2 000 元现金以备零星开支。

要求：

(1) 根据上述资料编制记账凭证。

(2) 根据上述资料登记库存现金和银行存款日记账。

2. 2023 年 11 月，某企业会计人员在结账前进行对账，在账簿记录与记账凭证核对时发现以下错误。

(1) 11 月 3 日，用库存现金购买财务部办公用品，共计 580 元。原记账凭证如下且已登记入账：

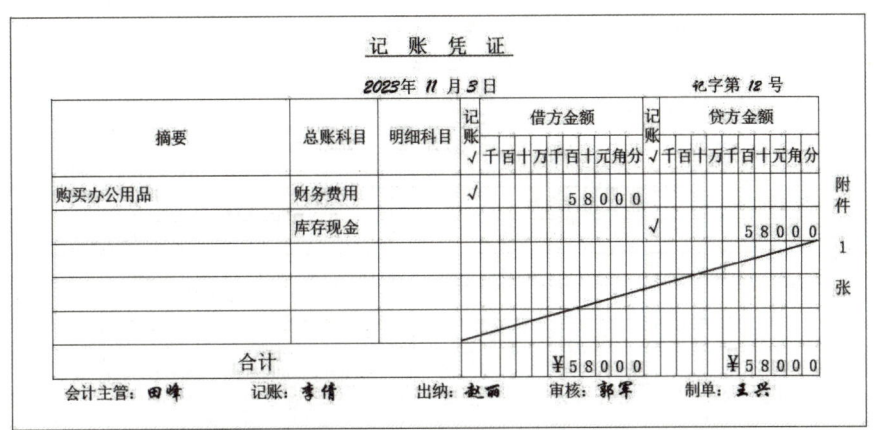

(2) 11 月 15 日，以银行存款支付所欠供货单位东江公司货款 9 800 元。原记账凭证如下且已登记入账：

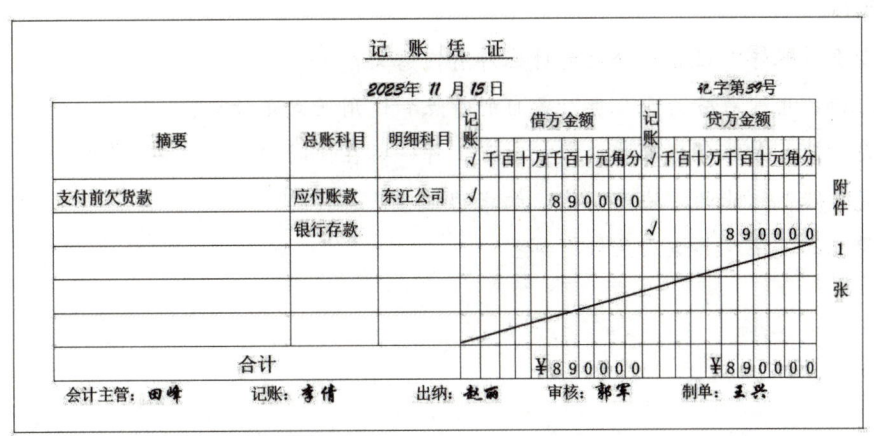

(3) 11 月 30 日，计提生产车间固定资产折旧 4 500 元。原记账凭证如下且已登记入账：

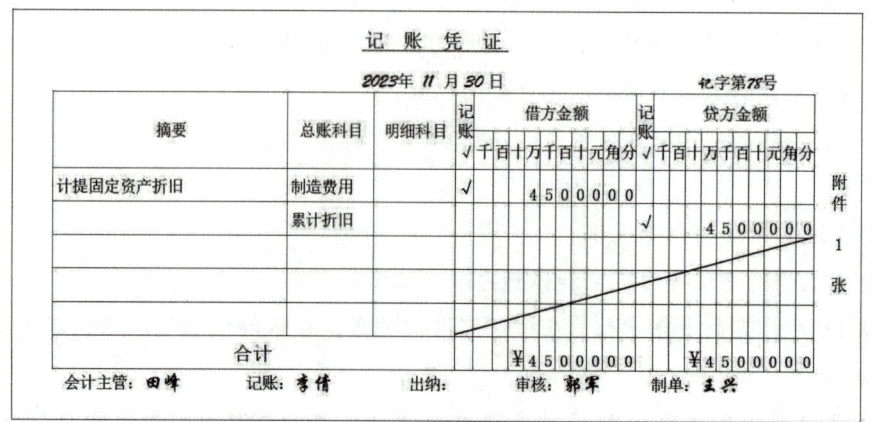

(4) 11月30日，结转本月主营业务收入334 000元。原记账凭证如下且已登记入账：

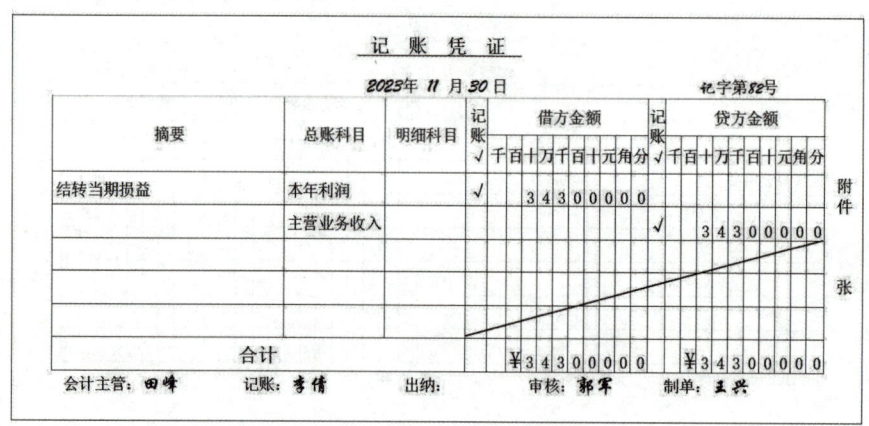

要求：根据上述业务的错误记录，采用适当的方法予以更正。（注：更正前，记账凭证的编号为记字86号）

五、思考题

1. 什么是会计账簿？设置和登记会计账簿有何意义？
2. 会计账簿按用途可分为哪几类？各自的特点和适用场景是什么？
3. 什么是对账？对账包括哪些内容？对账工作一般在何时进行？
4. 什么是结账？结账的方法有哪些？结账的程序是怎样的？
5. 错账更正的方法及其适用条件有哪些？

项目六 账务处理程序

学习目标

知识目标：

了解账务处理程序的意义和种类，熟悉各种账务处理程序的特点、优缺点和适用范围，掌握各种账务处理程序的核算步骤及其异同。

能力目标：

能够熟练地运用记账凭证账务处理程序；会编制科目汇总表，能运用科目汇总表账务处理程序处理经济业务。

素质目标：

培养学生严谨且追求创新的工作态度、按照规范流程进行账务处理的职业习惯以及团结协作、爱岗敬业的职业理念。

任务一 账务处理程序认知

任务引例

万方公司的会计主管安排刚毕业的会计专业大学生，参与设计企业账务处理程序的工作。

讨论： 设计账务处理程序的意义何在，在设计过程中需要考虑哪些因素的影响？

知识讲解

一、账务处理程序的概念

账务处理程序，又称会计核算组织程序或者会计核算形式，是指将会计凭证、会计账簿、财务报表相结合的方式，包括账簿凭证组织和记账程序及方法。

账簿凭证组织，是指会计凭证和会计账簿的种类、格式以及会计凭证与会计账簿之间的联系方法；记账程序及方法，是指从填制及审核会计凭证，登记各类账簿，到编制财务会计报告的循环过程和专门方法。不同的会计主体，根据自身的实际情况，采用不同的账簿凭证组织和记账程序及方法，构成不同的账务处理程序。

二、账务处理程序的意义

账务处理程序是会计主体会计制度设计的一项重要内容。科学、合理地设计账务处理程序，有重要的意义：

（1）保证各种凭证按照规定的时间和环节有条不紊地进行传递，及时登记会计账簿、编制会计报表，提高会计工作的效率。

（2）减少不必要的会计核算环节和手续，避免烦琐重复，节约人力、物力和财力。

（3）规范组织会计核算的分工、协作，加强岗位责任制，明确经济责任。

三、账务处理程序的种类

账务处理程序有多种形式，设计一个什么样的账务处理程序受多种因素的影响，如会计主体的经济活动性质、经济管理的特点、规模大小、经济业务的繁简、会计机构和会计人员的设置、会计核算成本、会计核算质量等。

目前，我国企业常用的账务处理程序主要有记账凭证账务处理程序、科目汇总表账务处理程序以及汇总记账凭证账务处理程序等。

四、账务处理的一般程序

几种账务处理程序虽然有差异，但是一般程序是一致的，即经济业务发生时，首先取得原始凭证，根据审核无误的原始凭证填制记账凭证，然后根据审核无误的记账凭证登记账簿，最后根据账簿编制会计报表，如图6-1所示。

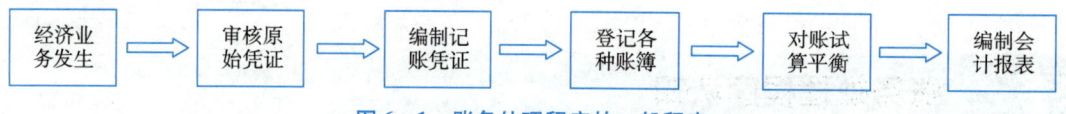

图6-1 账务处理程序的一般程序

引例解析

科学、合理地设计账务处理程序，可以有效组织会计核算，提高会计工作的质量和效率，发挥会计核算和监督的作用。在设计账务处理程序时需要从企业实际出发，考虑企业经济管理的特点、规模的大小、会计机构及人员等因素的影响，以保证会计信息质量为立足点，此外，还需降低核算成本，明确岗位责任。

任务二　记账凭证账务处理程序

任务引例

万方公司是增值税一般纳税人,主要生产各种零部件。目前有一个生产车间,规模较小,经济业务简单且业务量较少,记账凭证数量也不多。

讨论:该公司选择哪种账务处理程序比较合适?

知识讲解

一、记账凭证账务处理程序的概念与特点

记账凭证账务处理程序是直接根据记账凭证登记总账的一种最基本的账务处理程序,其他各种类型的账务处理程序都是在该账务处理程序的基础上发展起来的。

记账凭证账务处理程序的主要特点是直接根据记账凭证逐笔登记总账。

二、记账凭证账务处理程序的凭证与账簿设置

在记账凭证账务处理程序下,记账凭证可以采用收款凭证、付款凭证和转账凭证三种格式,也可以采用一种格式的通用记账凭证格式。

账簿应设置现金日记账、银行存款日记账、总账和各种明细账。总账一般为三栏式订本账,明细账可根据其重要程度和具体内容选择三栏式、数量金额式或多栏式。

三、记账凭证账务处理程序的内容

记账凭证账务处理程序的基本步骤如下(见图6-2):

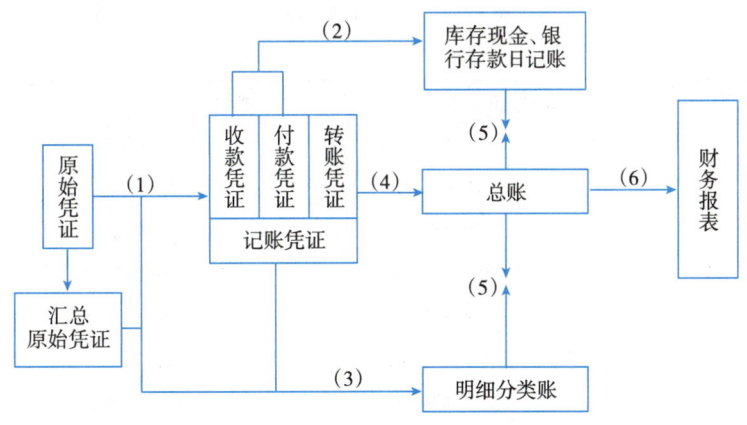

图6-2　记账凭证账务处理程序基本步骤示意图

(1)根据原始凭证或汇总原始凭证编制收款凭证、付款凭证和转账凭证,也可采用通用的记账凭证。

（2）根据收款凭证、付款凭证逐笔登记现金日记账和银行存款日记账。

（3）根据原始凭证、汇总原始凭证和记账凭证，登记各种明细分类账。

（4）根据记账凭证逐笔登记总分类账。

（5）期末，将现金日记账、银行存款日记账和各种明细分类账的余额与总分类账有关账户的余额核对。

（6）期末，根据总分类账和明细分类账的资料编制财务报表。

四、记账凭证账务处理程序的优缺点及适用范围

（一）优点

（1）简单明了，易于掌握。记账凭证账务处理程序根据记账凭证直接逐笔地登记总账，登记方法简单，易于理解和掌握。

（2）总分类账可以详细地反映经济业务的发生情况。在记账凭证账务处理程序下，不仅对于各种日记账和明细账采取逐笔登记的方法，对于总账的要求也是如此，因此，总分类账可以详细地反映经济业务的发生情况，便于了解经济业务动态与账目核查。

（二）缺点

登记总账的工作量较大。由于每一笔经济业务都要逐笔在总账上进行登记，很多总账的登记内容与所属明细账、日记账内容相同，大大增加了登记总账的工作量。

（三）适用范围

记账凭证账务处理程序适用于规模较小、经济业务量较少、记账凭证数量不多的经济单位。

引例解析

根据万方公司的实际情况，选择记账凭证账务处理程序比较合适。

【例 6.1】万方公司 2023 年 12 月有关总分类账户及部分明细账户的期初余额如表 6-1、表 6-2、表 6-3 所示。

表 6-1　总分类账户余额

2023 年 12 月 1 日　　　　　　　　　　　　　　　　　　　　单位：元

账户	借方金额	账户	贷方金额
库存现金	5 799.67	短期借款	30 000.00
银行存款	378 724.00	长期借款	150 000.00
应收账款	250 000.00	应付账款	130 000.00
原材料	356 400.00	应付利息	35 000.00
其他应收款	4 800.00	应交税费	26 000.00
库存商品	761 600.00	实收资本	1 800 000.00
预付账款	32 000.00	盈余公积	170 948.96
生产成本	10 542.00	本年利润	1 277 261.71
固定资产	2 750 000.00	利润分配	287 655.00
		累计折旧	643 000.00
合计	4 549 865.67		4 549 865.67

表6-2 原材料明细分类账户余额

2023年12月1日

名称	数量（千克）	单位成本（元）	金额
甲材料	23 210	14.95	347 000
乙材料	1 000	9.40	9 400

表6-3 应收账款明细分类账户余额

2023年12月1日

客户	金额（元）	客户	金额（元）
鑫隆公司	100 000	通力公司	150 000

万方公司2023年12月业务见项目三【例3.1】至【例3.52】。

账务处理如下：

（1）根据原始凭证、汇总原始凭证，按照时间顺序编制记账凭证，如图6-3至图6-56所示。

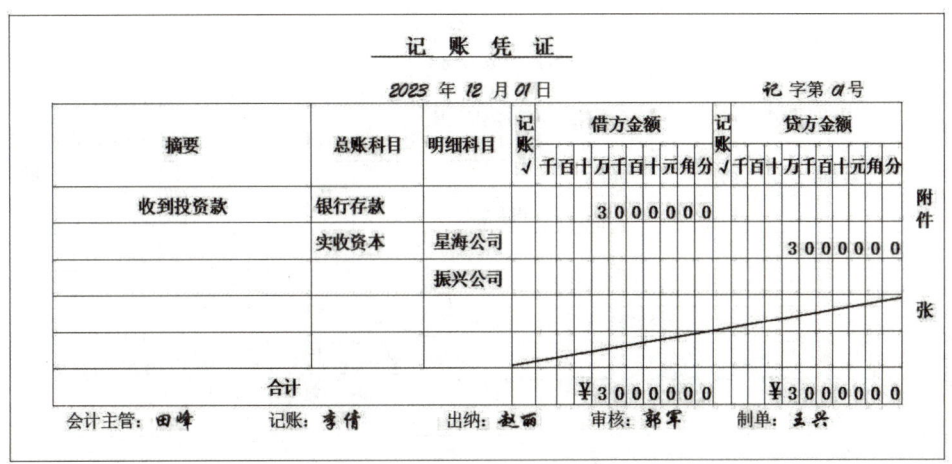

图6-3 记账凭证（【例3.1】）

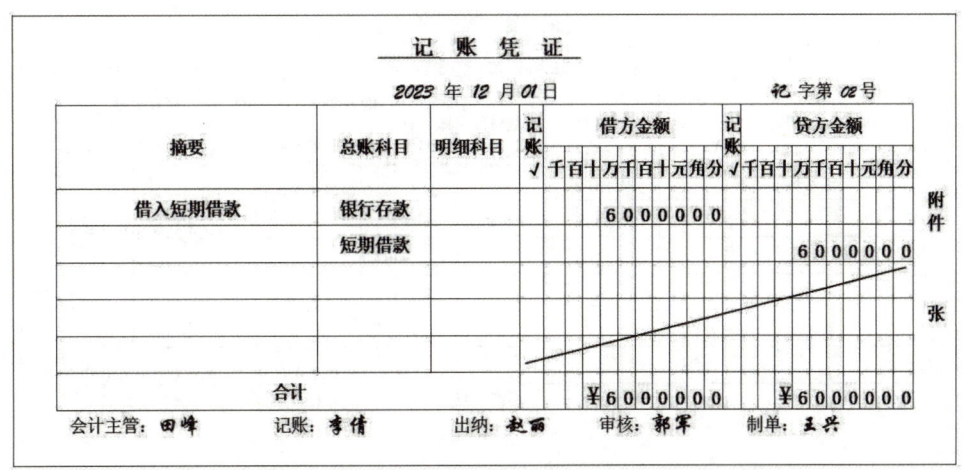

图6-4 记账凭证（【例3.6】）

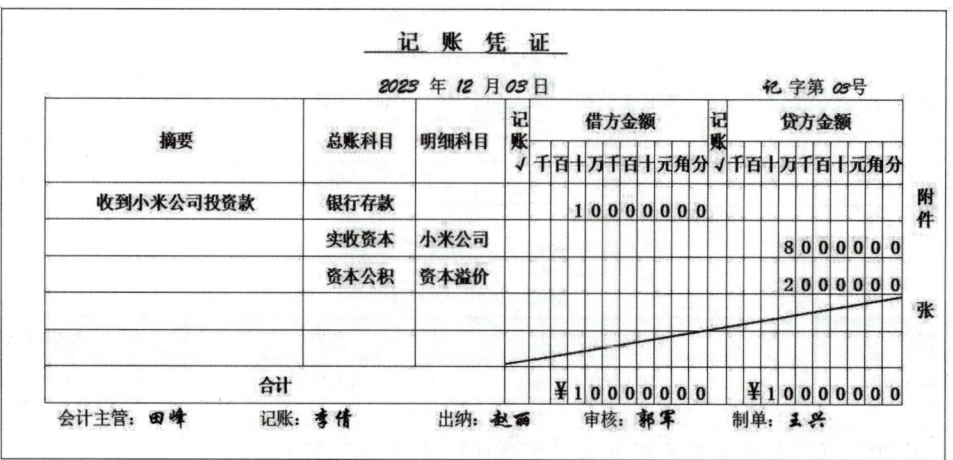

图6-5 记账凭证（【例3.2】）

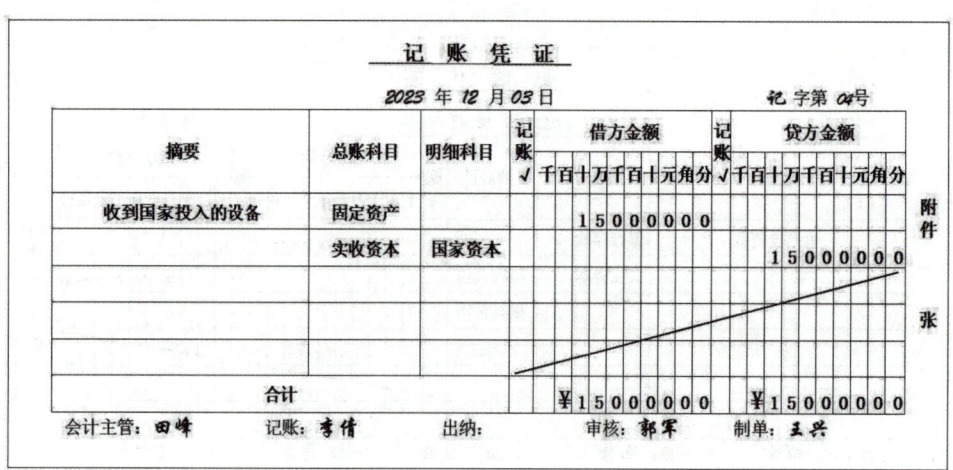

图6-6 记账凭证（【例3.3】）

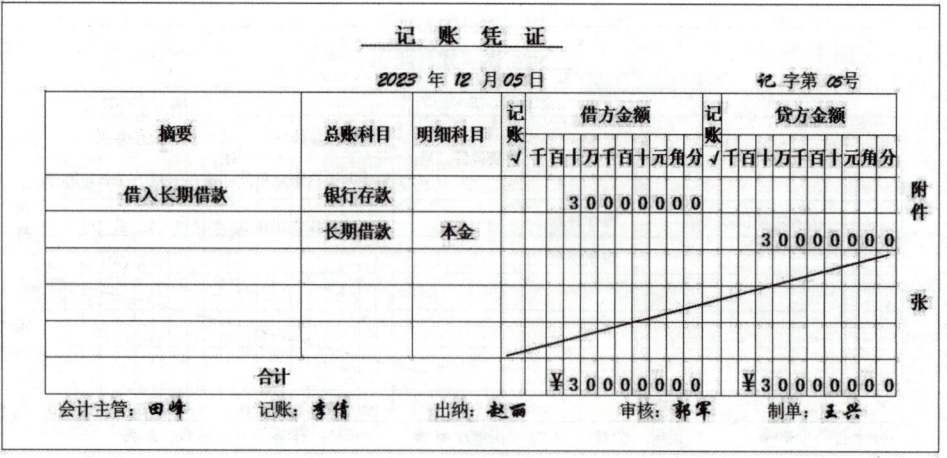

图6-7 记账凭证（【例3.7】）

记 账 凭 证

2023 年 12 月 05 日　　　　记 字第 06号

摘要	总账科目	明细科目	记账√	借方金额（千百十万千百十元角分）	记账√	贷方金额（千百十万千百十元角分）
购入原材料	原材料	甲材料		6080000		
		乙材料		3060000		
	应交税费	应交增值税（进项税额）		1182600		
	银行存款					10322600
合计				¥10322600		¥10322600

附件　张

会计主管：田峰　　记账：李倩　　出纳：赵丽　　审核：郭军　　制单：王兴

图 6－8　记账凭证（【例 3.9】）

记 账 凭 证

2023 年 12 月 10 日　　　　记 字第 07号

摘要	总账科目	明细科目	记账√	借方金额（千百十万千百十元角分）	记账√	贷方金额（千百十万千百十元角分）
购入固定资产	固定资产			13600000		
	应交税费	应交增值税（进项税额）		1647000		
	银行存款					15247000
合计				¥15247000		¥15247000

附件　张

会计主管：田峰　　记账：李倩　　出纳：　　审核：郭军　　制单：王兴

图 6－9　记账凭证（【例 3.17】）

记 账 凭 证

2023 年 12 月 10 日　　　　记 字第 08号

摘要	总账科目	明细科目	记账√	借方金额（千百十万千百十元角分）	记账√	贷方金额（千百十万千百十元角分）
销售产品	应收账款	鑫隆公司		72320000		
	主营业务收入	B产品				64000000
	应交税费	应交增值税（销项税额）				8320000
合计				¥72320000		¥72320000

附件　张

会计主管：田峰　　记账：李倩　　出纳：　　审核：郭军　　制单：王兴

图 6－10　记账凭证（【例 3.33】）

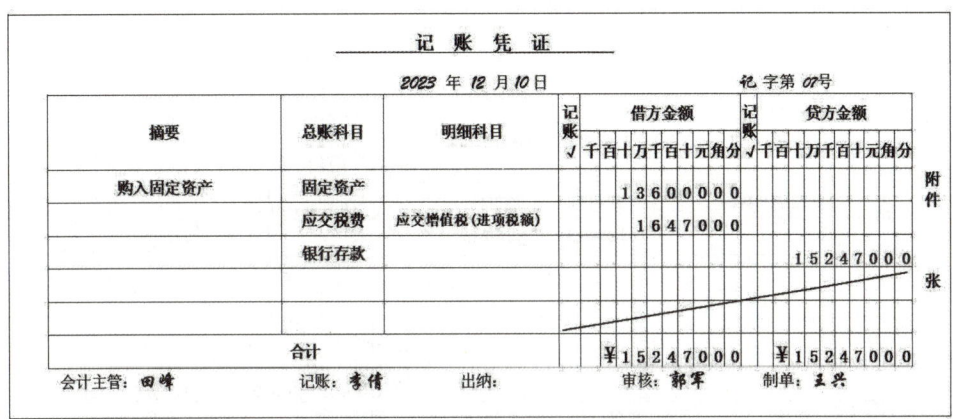

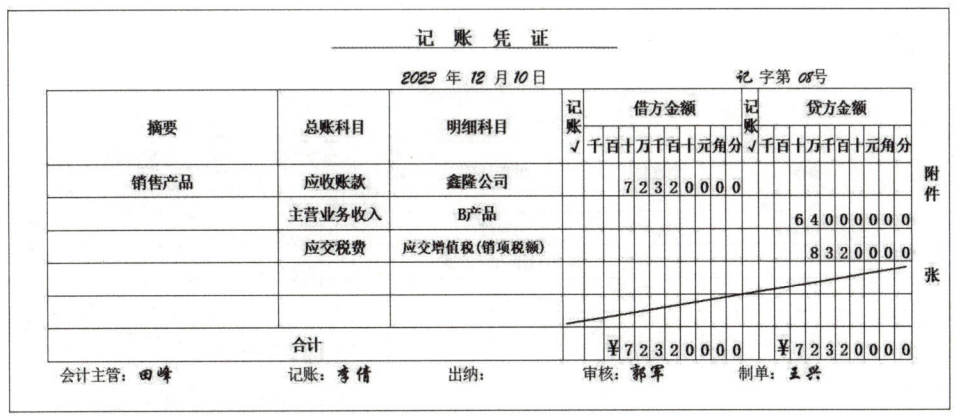

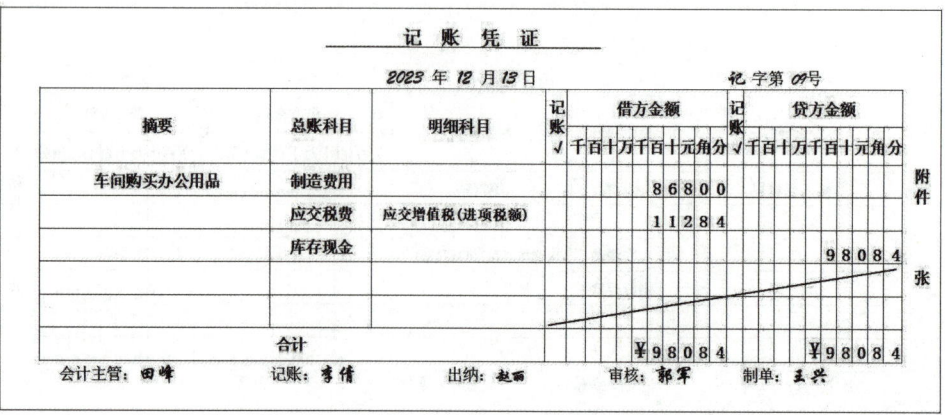

图 6-11 记账凭证（【例 3.24】）

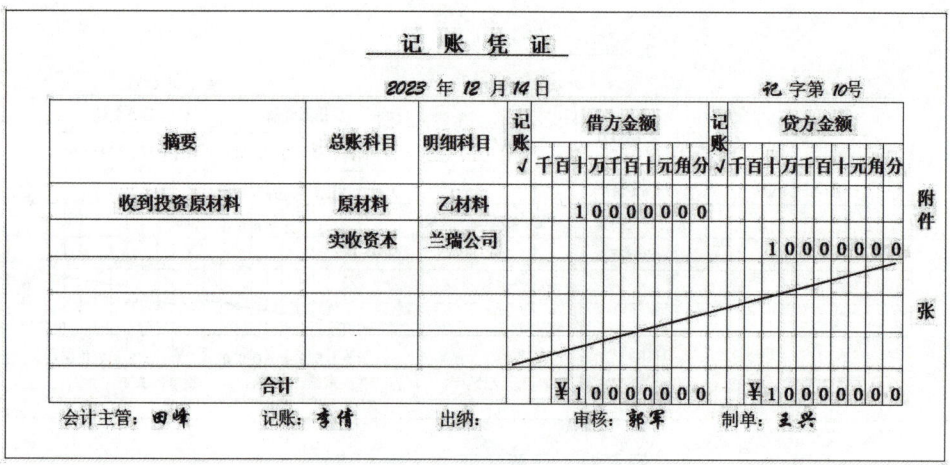

图 6-12 记账凭证（【例 3.4】）

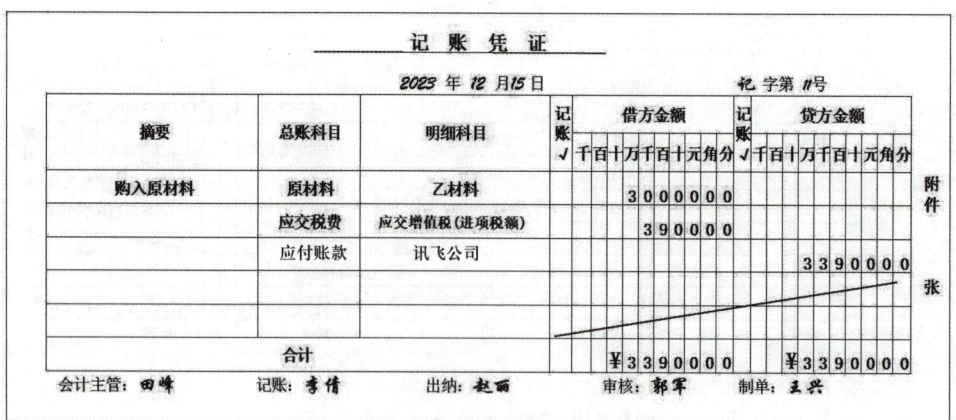

图 6-13 记账凭证（【例 3.10】）

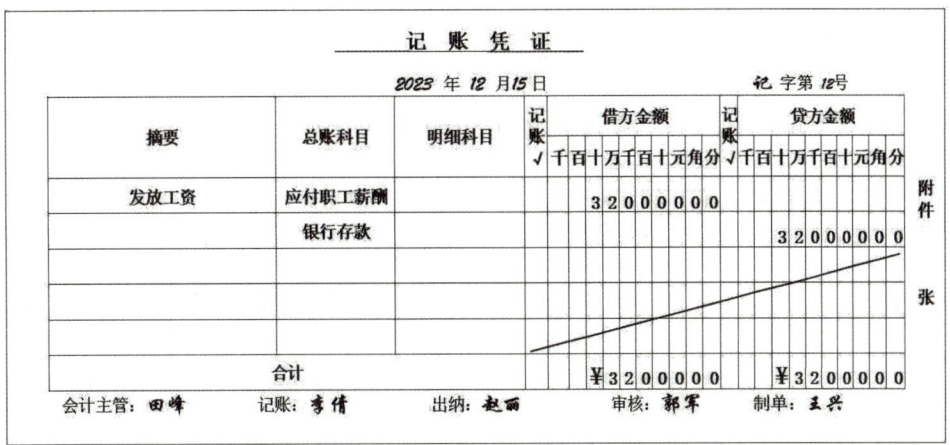

图 6-14　记账凭证（【例 3.22】）

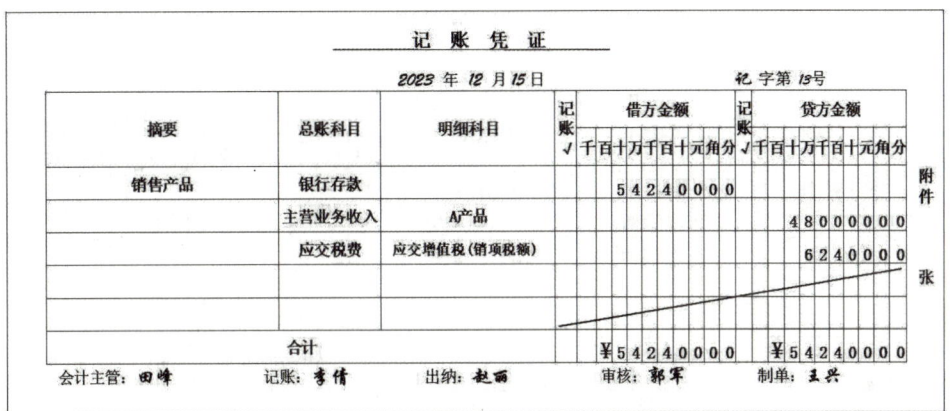

图 6-15　记账凭证（【例 3.34】）

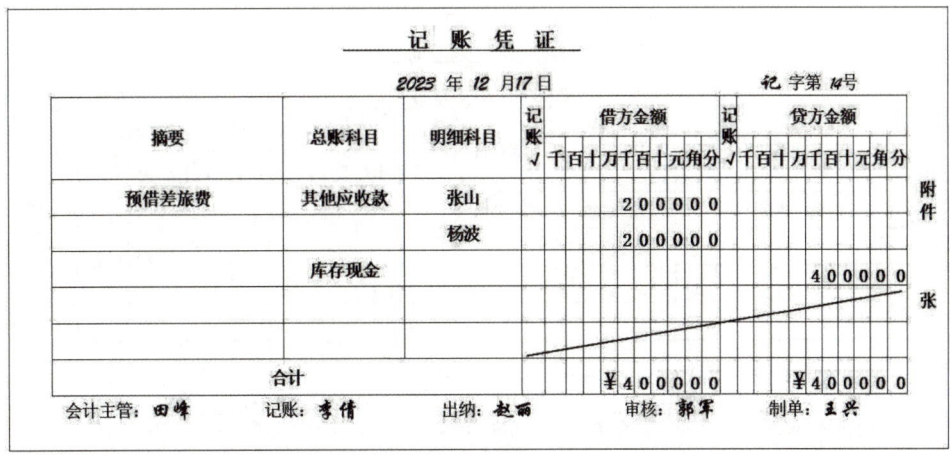

图 6-16　记账凭证（【例 3.25】）

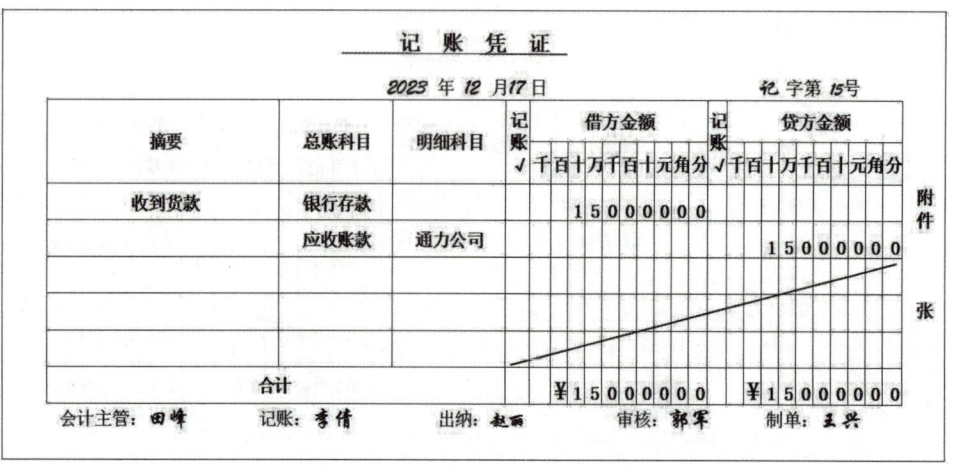

图 6-17　记账凭证（【例 3.35】）

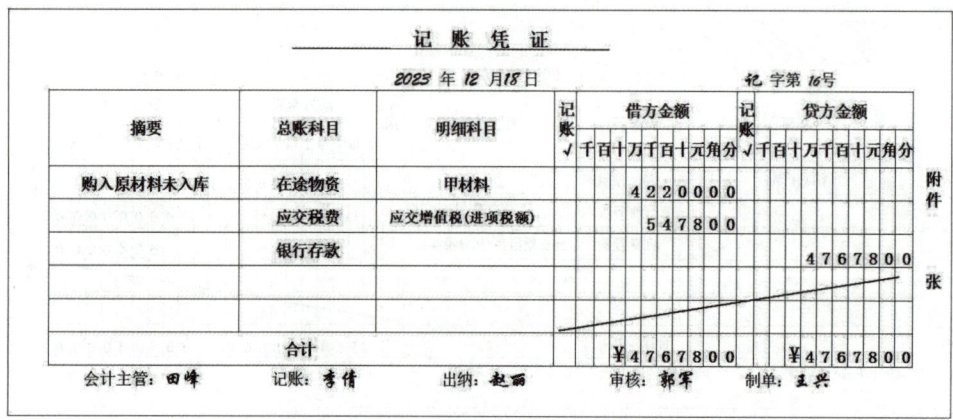

图 6-18　记账凭证（【例 3.11】）

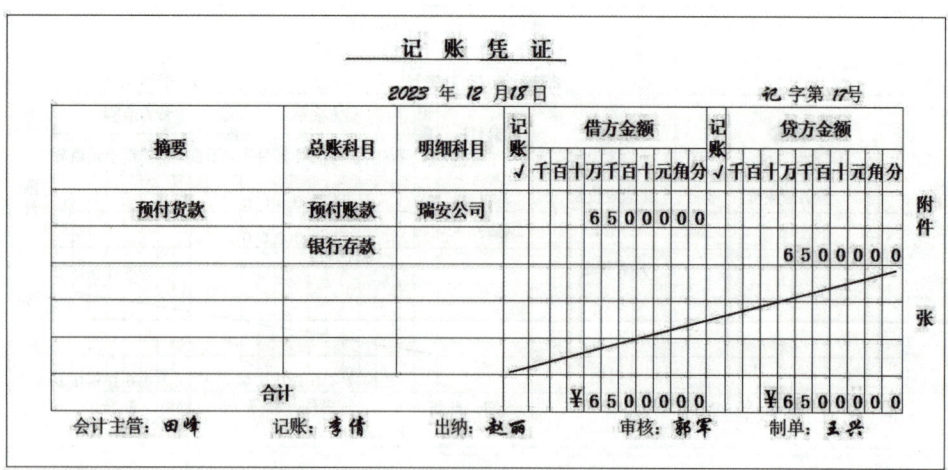

图 6-19　记账凭证（【例 3.13】）

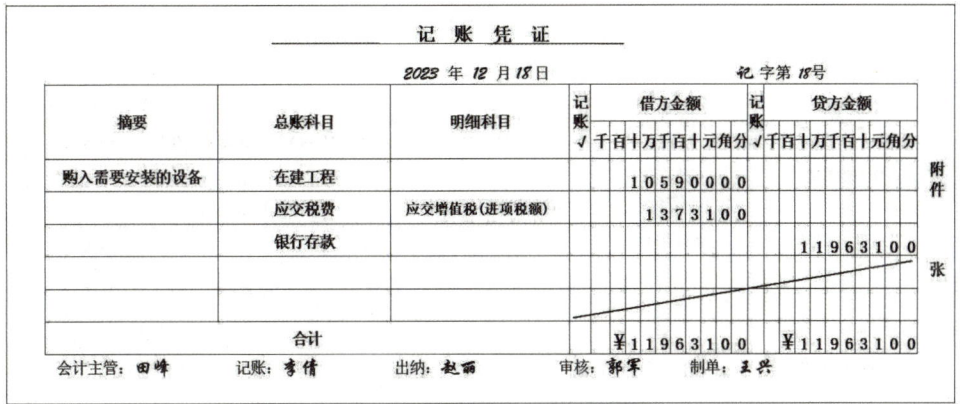

图 6-20　记账凭证（【例 3.18】）

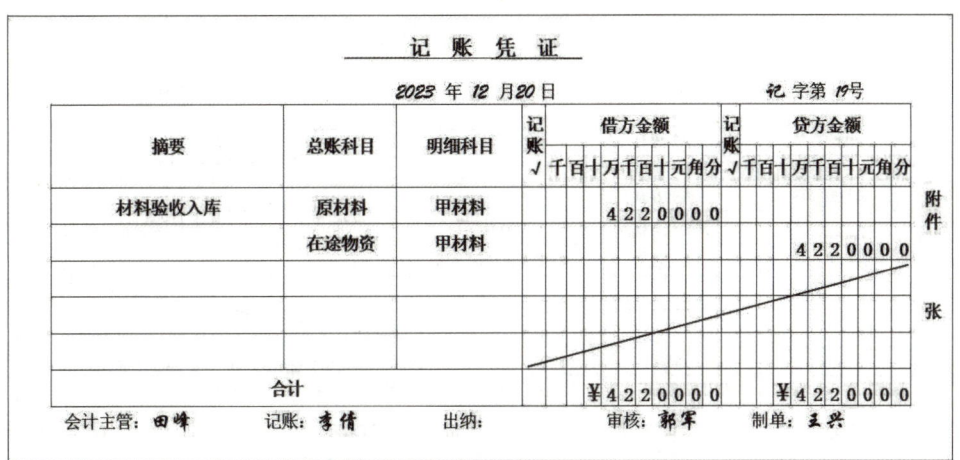

图 6-21　记账凭证（【例 3.12】）

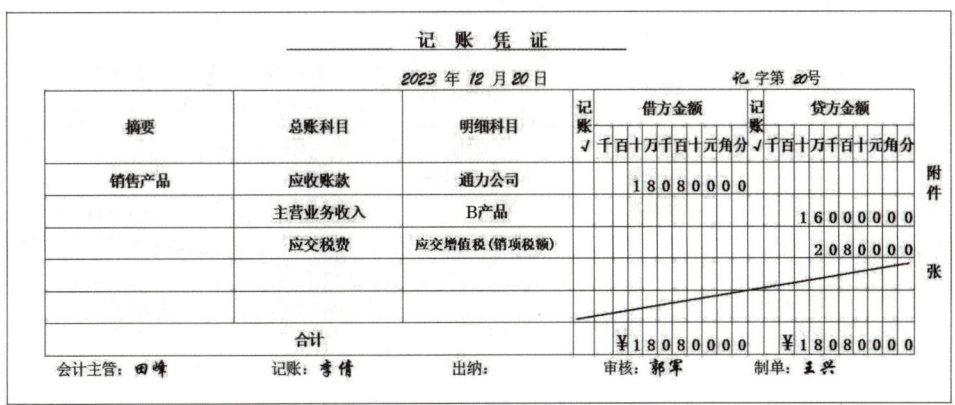

图 6-22　记账凭证（【例 3.36】）

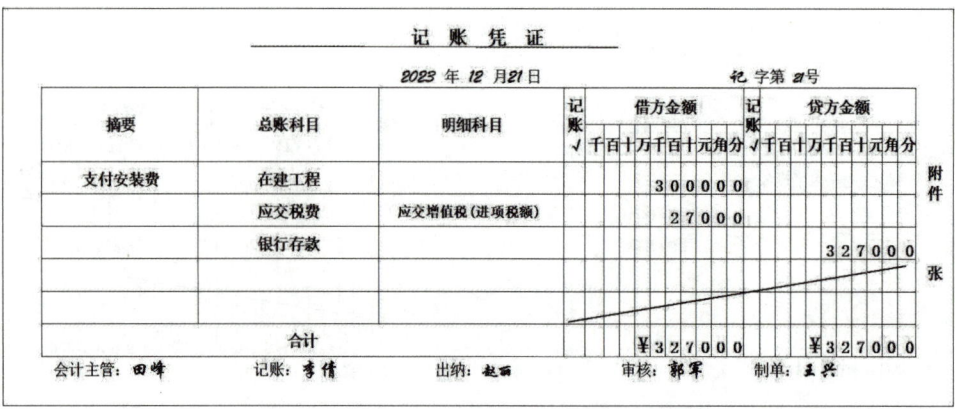

图 6-23 记账凭证（【例 3.19】）

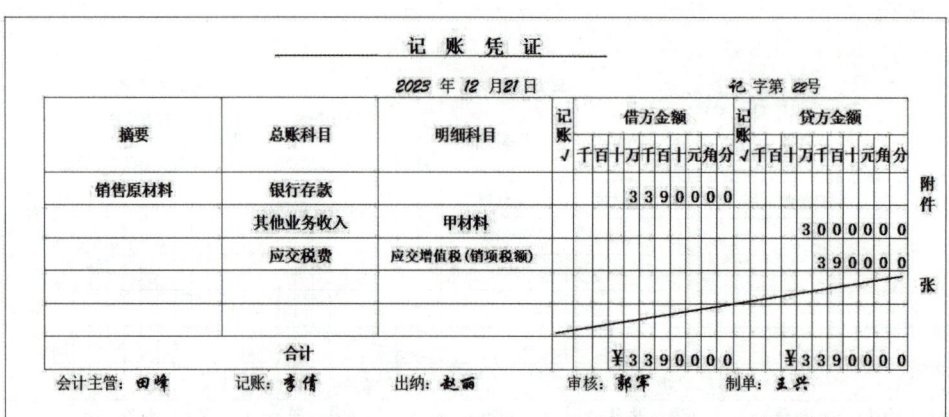

图 6-24 记账凭证（【例 3.38】）

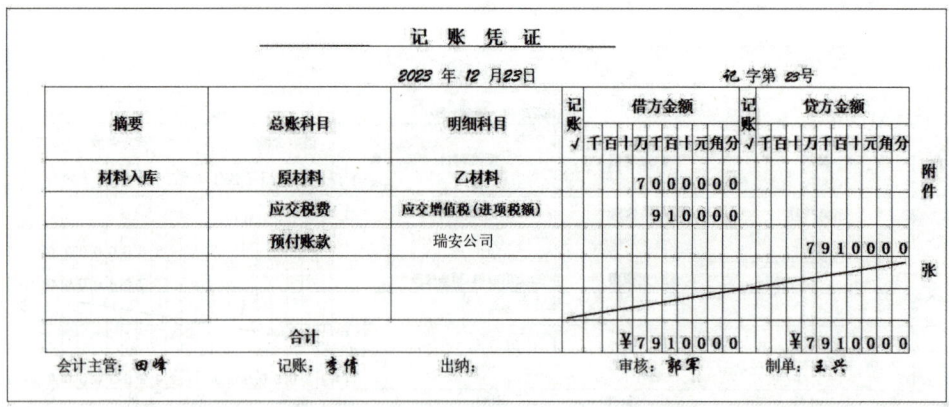

图 6-25 记账凭证（【例 3.14】）

记账凭证

2023年12月23日　　记字第24号

摘要	总账科目	明细科目	记账√	借方金额（千百十万千百十元角分）	记账√	贷方金额（千百十万千百十元角分）
报销差旅费	制造费用			329000		
	管理费用			329000		
	其他应收款	张山				200000
		杨波				200000
	银行存款					258000
合计				¥658000		¥658000

附件　张

会计主管：田峰　记账：李倩　出纳：赵丽　审核：郭军　制单：王兴

图6－26　记账凭证（【例3.26】）

记账凭证

2023年12月23日　　记字第25号

摘要	总账科目	明细科目	记账√	借方金额（千百十万千百十元角分）	记账√	贷方金额（千百十万千百十元角分）
支付广告费	销售费用			300000		
	应交税费	应交增值税（进项税额）		18000		
	银行存款					318000
合计				¥318000		¥318000

附件　张

会计主管：田峰　记账：李倩　出纳：赵丽　审核：郭军　制单：王兴

图6－27　记账凭证（【例3.40】）

记账凭证

2023年12月24日　　记字第26号

摘要	总账科目	明细科目	记账√	借方金额（千百十万千百十元角分）	记账√	贷方金额（千百十万千百十元角分）
补付货款	预付账款	瑞安公司		1410000		
	银行存款					1410000
合计				¥1410000		¥1410000

附件　张

会计主管：田峰　记账：李倩　出纳：赵丽　审核：郭军　制单：王兴

图6－28　记账凭证（【例3.15】）

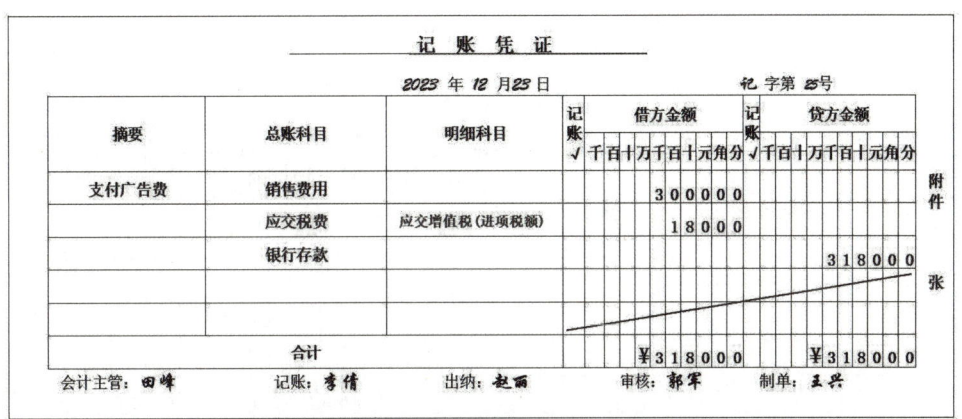

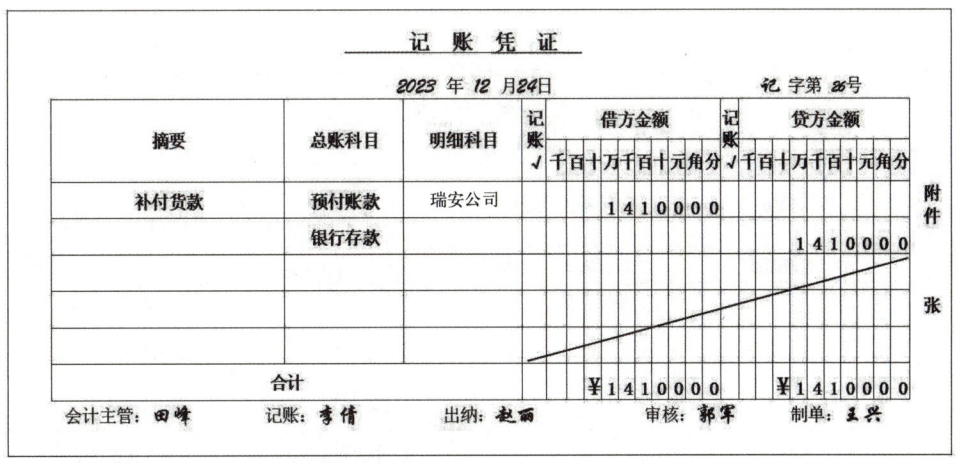

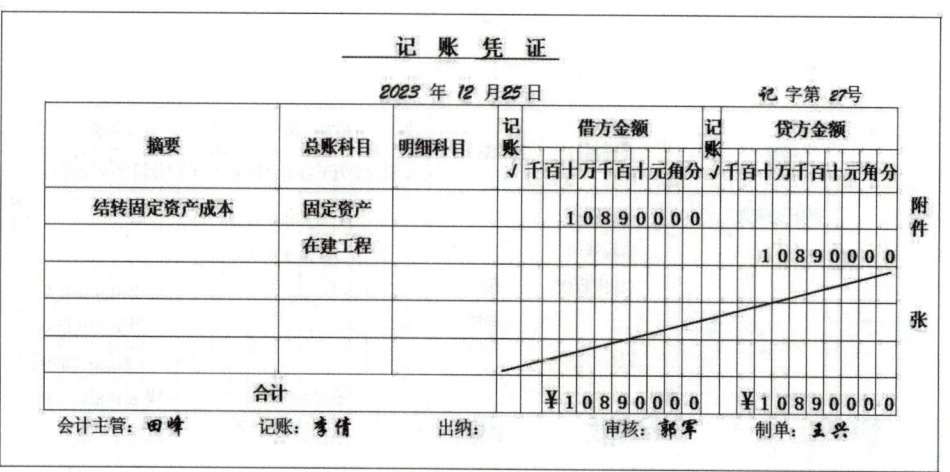

图 6-29 记账凭证（【例 3.20】）

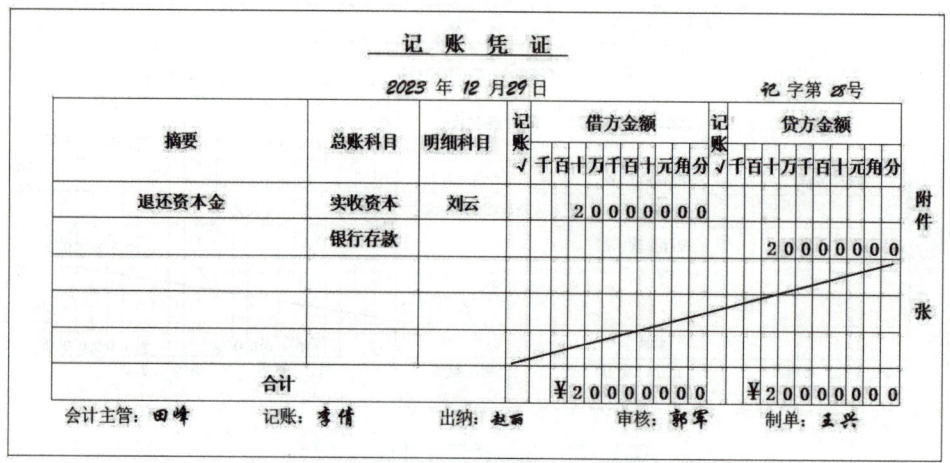

图 6-30 记账凭证（【例 3.5】）

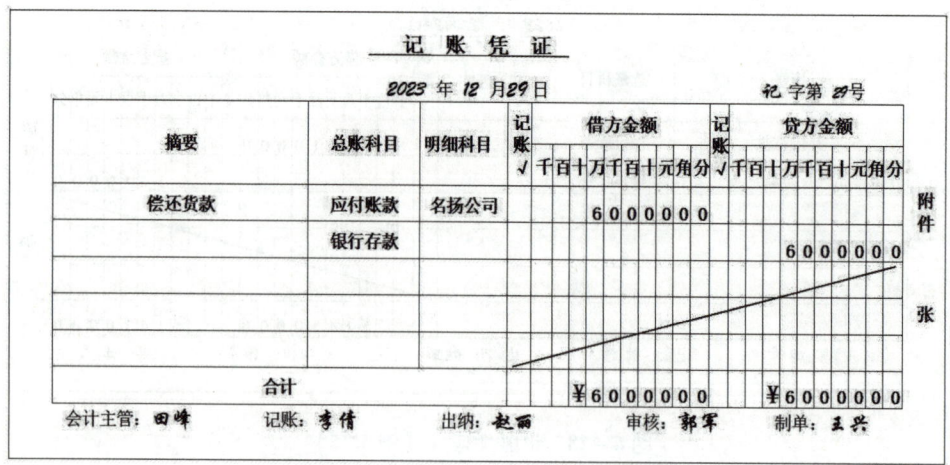

图 6-31 记账凭证（【例 3.16】）

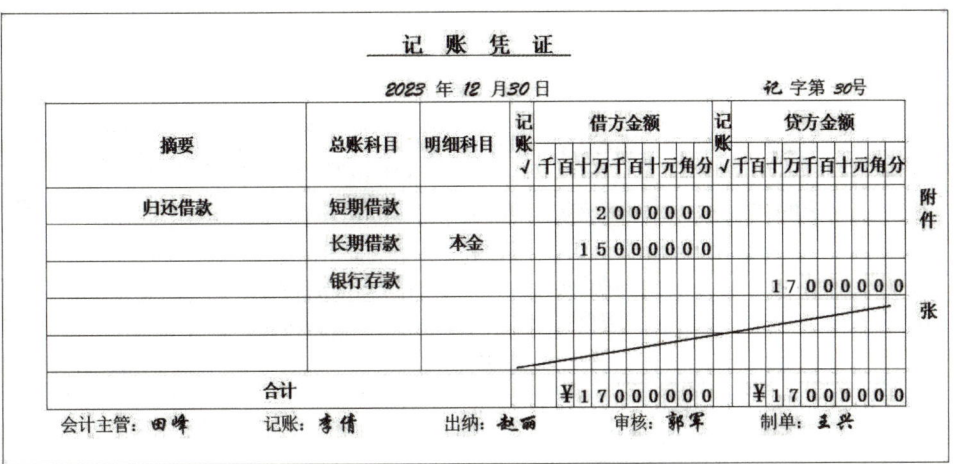

图 6-32 记账凭证（【例 3.8】）

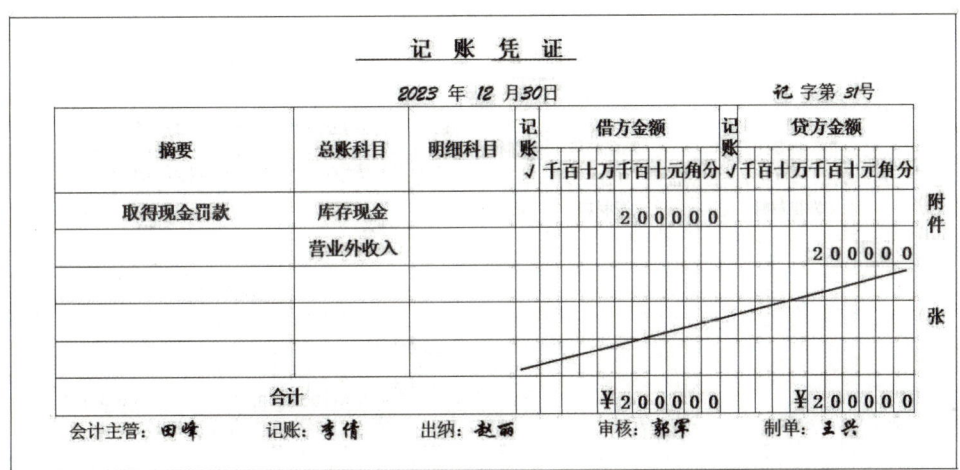

图 6-33 记账凭证（【例 3.44】）

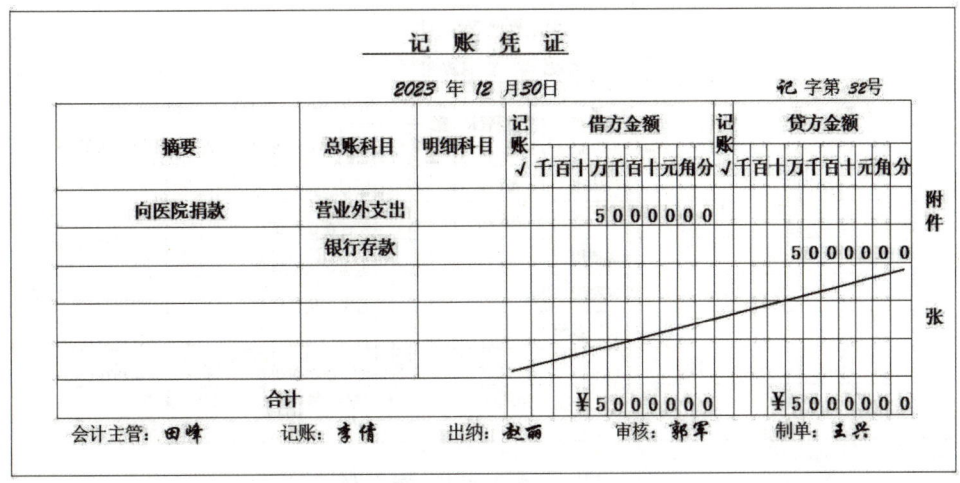

图 6-34 记账凭证（【例 3.45】）

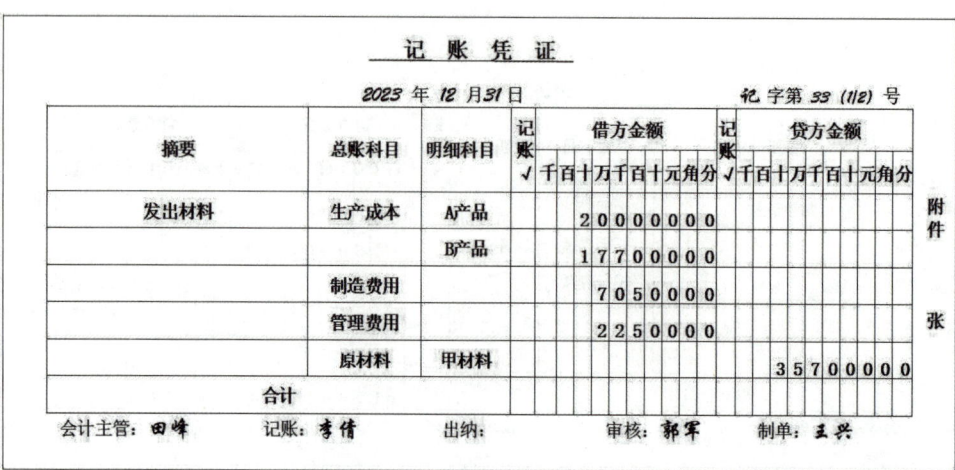

图 6-35　记账凭证（【例 3.21】）

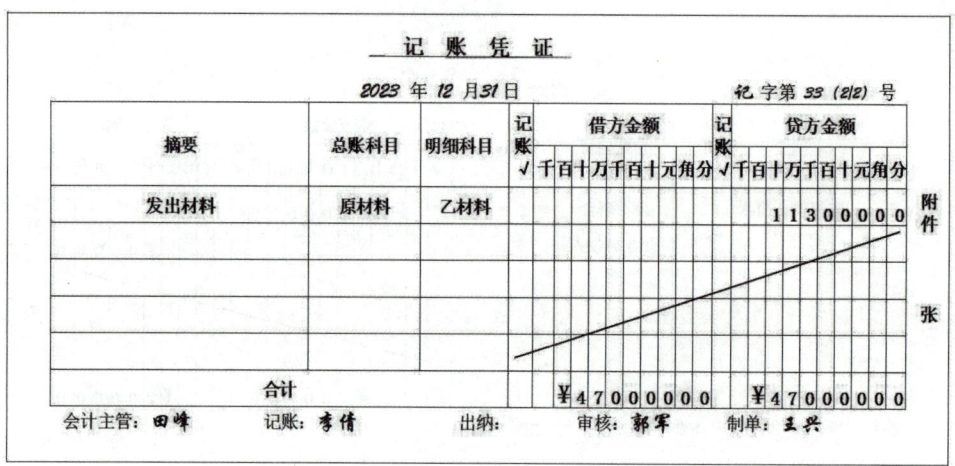

图 6-36　记账凭证（【例 3.21】）

记　账　凭　证

2023 年 12 月 31 日　　　　　　　　　记字第 34 号

摘要	总账科目	明细科目	记账 √	借方金额 千百十万千百十元角分	记账 √	贷方金额 千百十万千百十元角分
分配职工工资	生产成本	A产品		1 0 5 0 0 0 0 0		
		B产品		8 6 0 0 0 0 0		
	制造费用			4 4 5 0 0 0 0		
	管理费用			8 4 5 0 0 0 0		
	应付职工薪酬	工资				3 2 0 0 0 0 0 0
合计				¥ 3 2 0 0 0 0 0 0		¥ 3 2 0 0 0 0 0 0

会计主管：田峰　记账：李倩　出纳：　审核：郭军　制单：王兴

图 6-37　记账凭证（【例 3.23】）

188

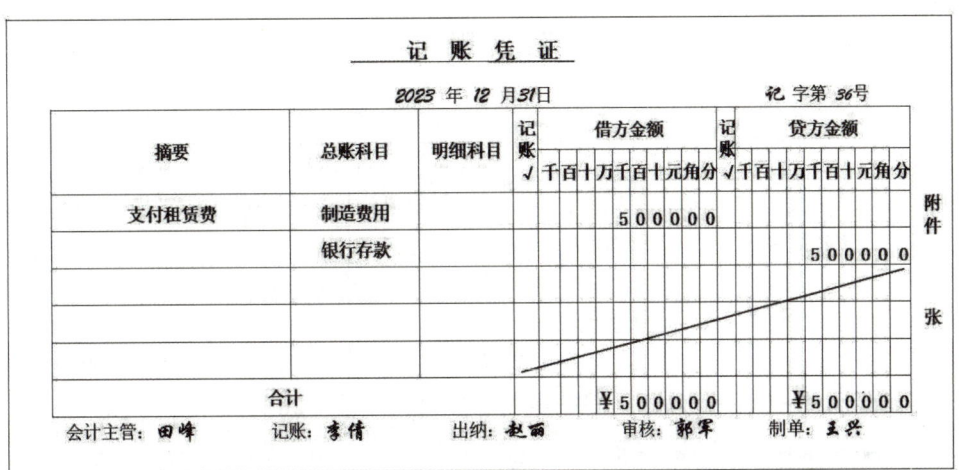

图 6-38　记账凭证（【例 3.27】）

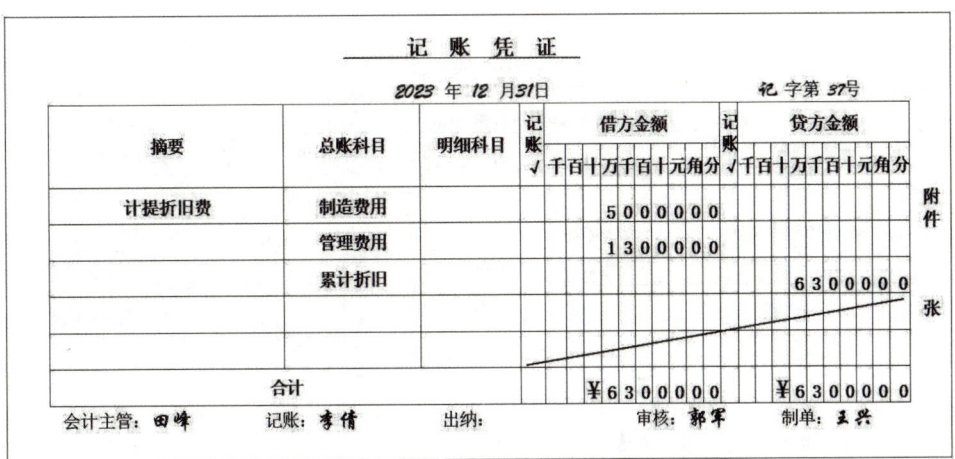

图 6-39　记账凭证（【例 3.28】）

摘要	总账科目	明细科目	记账√	借方金额 千百十万千百十元角分	记账√	贷方金额 千百十万千百十元角分
计提折旧费	制造费用			5 0 0 0 0 0		
	管理费用			1 3 0 0 0 0		
	累计折旧					6 3 0 0 0 0
	合计			¥ 6 3 0 0 0 0		¥ 6 3 0 0 0 0

记账凭证　2023年12月31日　记字第37号

会计主管：田峰　记账：李倩　出纳：　审核：郭军　制单：王兴

图 6-40　记账凭证（【例 3.29】）

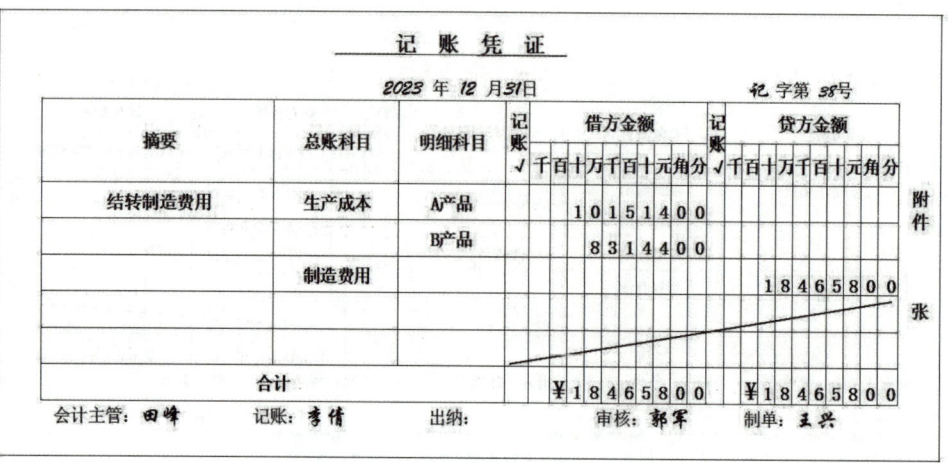

图 6-41 记账凭证（【例 3.31】）

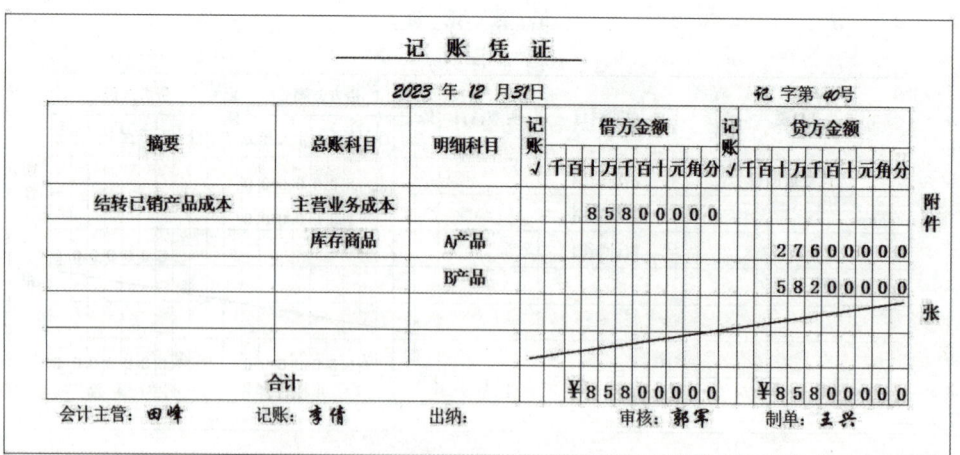

图 6-42 记账凭证（【例 3.32】）

图 6-43 记账凭证（【例 3.37】）

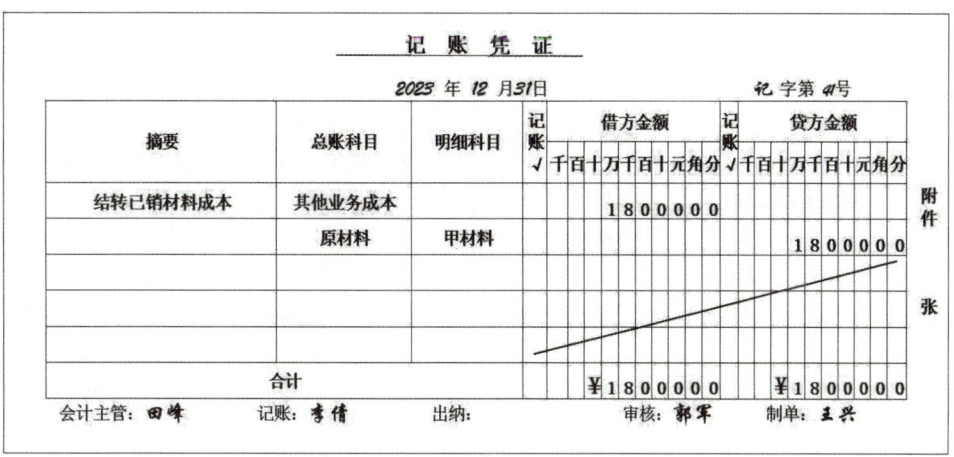

图 6-44 记账凭证（【例 3.39】）

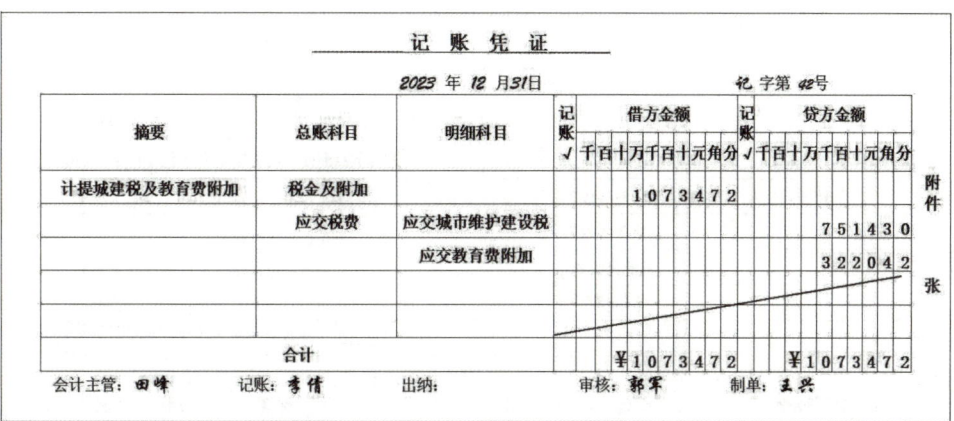

图 6-45 记账凭证（【例 3.41】）

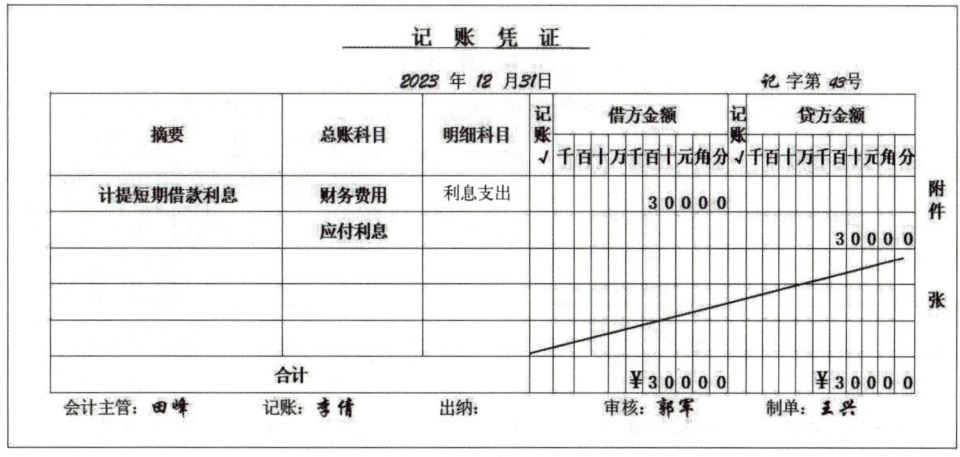

图 6-46 记账凭证（【例 3.42】）

记 账 凭 证

2023 年 12 月31日　　　　记 字第 44号

摘要	总账科目	明细科目	记账√	借方金额（千百十万千百十元角分）	记账√	贷方金额（千百十万千百十元角分）
计提长期借款利息	财务费用	利息支出		387000		
	应付利息					387000
合计				¥387000		¥387000

附件　张

会计主管：田峰　记账：李倩　出纳：　审核：郭军　制单：王兴

图 6－47　记账凭证（【例 3.43】）

记 账 凭 证

2023 年 12 月31日　　　　记 字第 45号

摘要	总账科目	明细科目	记账√	借方金额（千百十万千百十元角分）	记账√	贷方金额（千百十万千百十元角分）
结转各项收入	主营业务收入			128000000		
	其他业务收入			3000000		
	营业外收入			200000		
	本年利润					131200000
合计				¥131200000		¥131200000

附件　张

会计主管：田峰　记账：李倩　出纳：　审核：郭军　制单：王兴

图 6－48　记账凭证（【例 3.46】）

记 账 凭 证

2023 年 12 月31日　　　　记 字第 46 (1/2) 号

摘要	总账科目	明细科目	记账√	借方金额（千百十万千百十元角分）	记账√	贷方金额（千百十万千百十元角分）
结转各项费用	本年利润			107119472		
	主营业务成本					85800000
	其他业务成本					1800000
	税金及附加					1073472
	销售费用					300000
合计						

附件　张

会计主管：田峰　记账：李倩　出纳：　审核：郭军　制单：王兴

图 6－49　记账凭证（【例 3.46】）

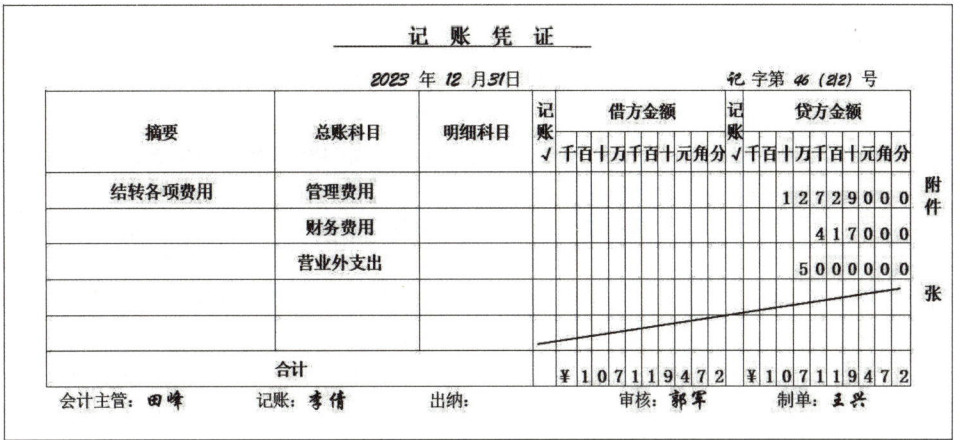

图 6–50 记账凭证（【例 3.46】）

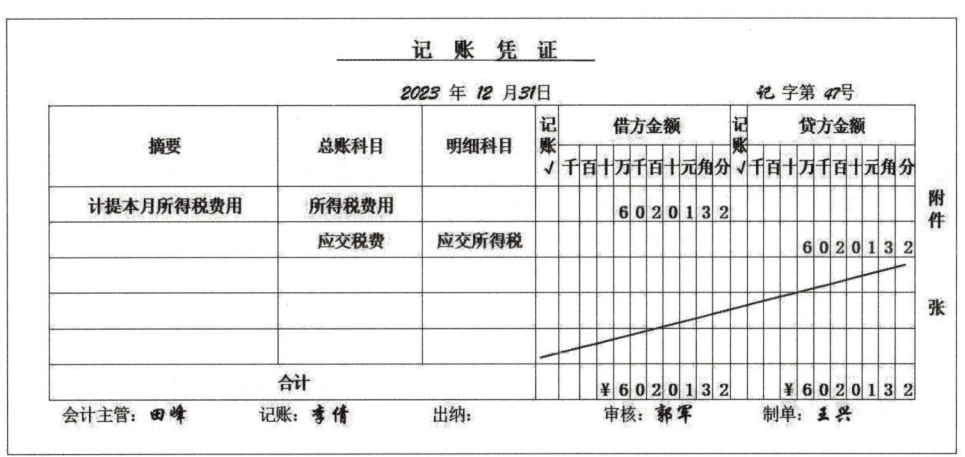

图 6–51 记账凭证（【例 3.47】）

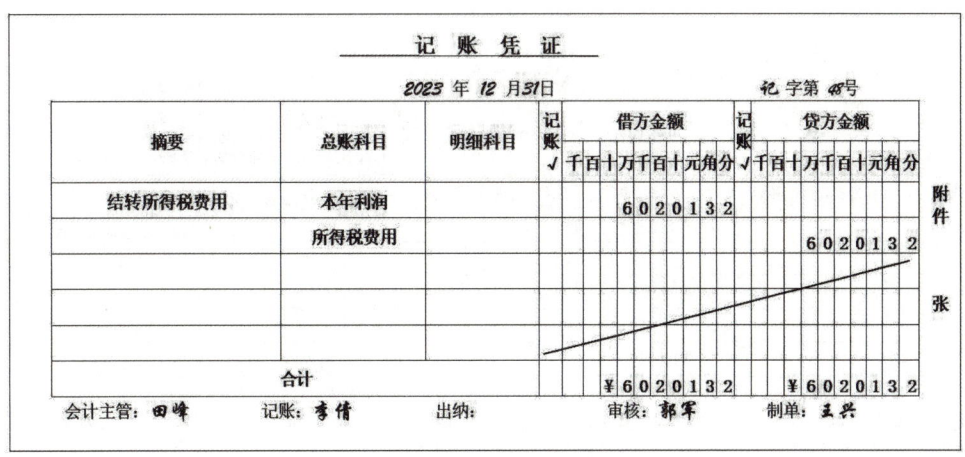

图 6–52 记账凭证（【例 3.48】）

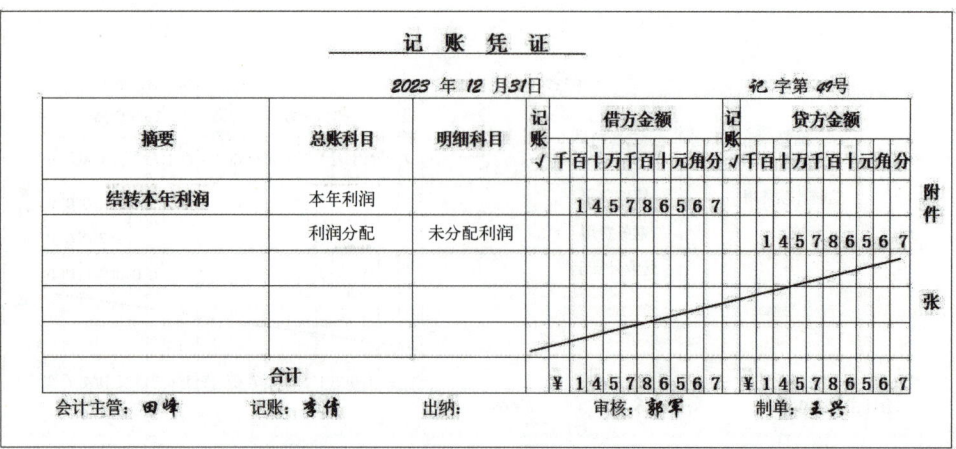

图6-53 记账凭证（【例3.49】）

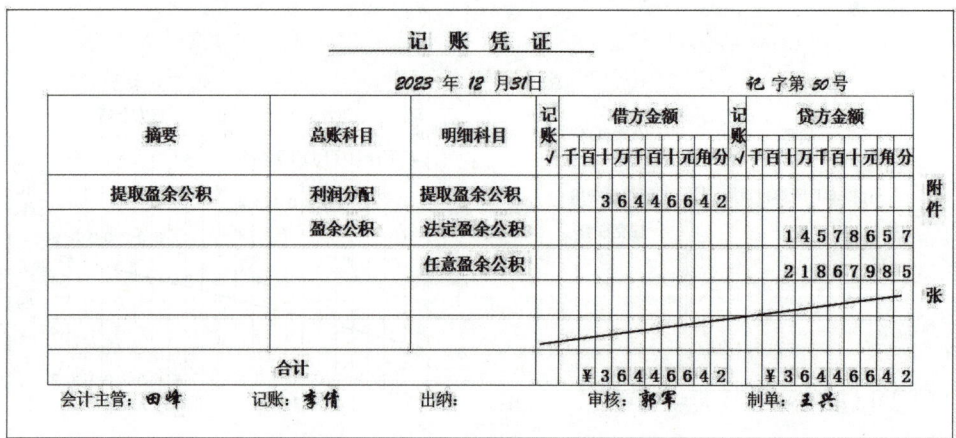

图6-54 记账凭证（【例3.50】）

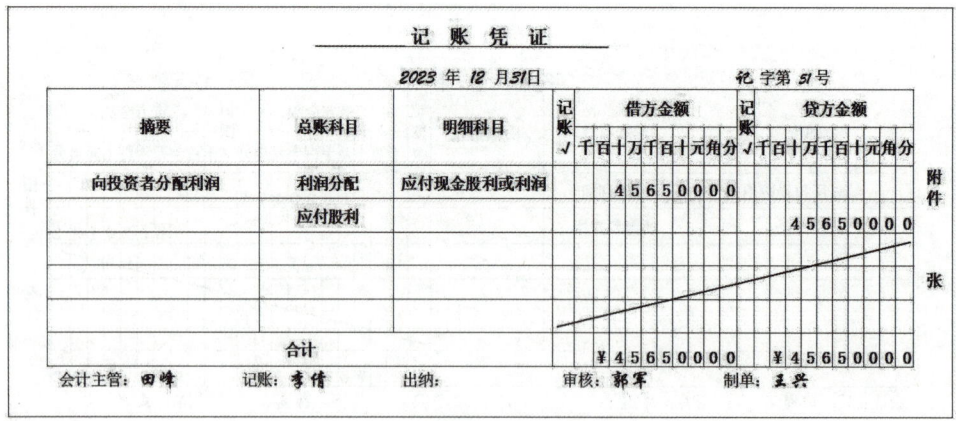

图6-55 记账凭证（【例3.51】）

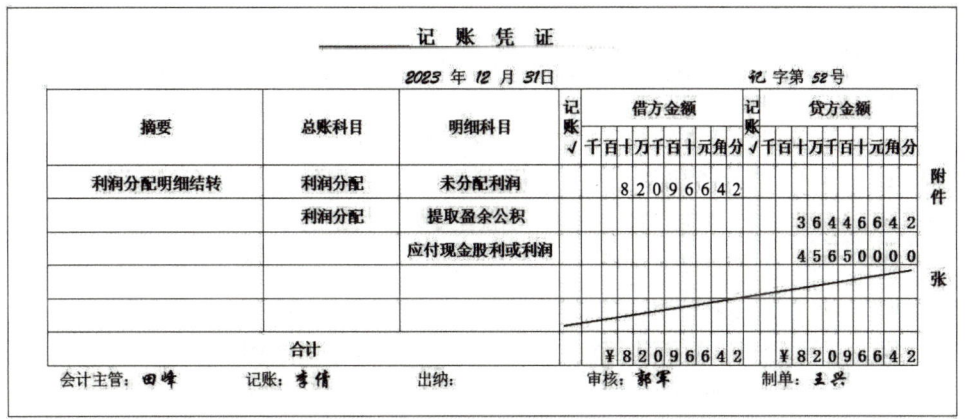

图 6-56 记账凭证（【例 3.52】）

（2）根据审核无误的记账凭证登记库存现金日记账和银行存款日记账，如表 6-4、表 6-5 所示。

表 6-4 库存现金日记账　　　　单位：元

2023 年		凭证		摘要	借方	贷方	借或贷	余额
月	日	字	号					
12	1			期初余额			借	5 799.67
	13	记	09	车间购买办公用品		980.84	借	4 818.83
				本日合计		980.84	借	4 818.83
	17	记	14	预借差旅费		4 000.00	借	818.83
				本日合计		4 000.00	借	818.83
	30	记	31	取得现金罚款	2 000		借	2 818.83
				本日合计	2 000		借	2 818.83
12	31			本月发生额及余额	2 000	4 980.84	借	2 818.83

表 6-5 银行存款日记账　　　　单位：元

2023 年		凭证		摘要	借方	贷方	借或贷	余额
月	日	字	号					
12	1			期初余额			借	378 724
	1	记	01	接受投资款	300 000		借	678 724
	1	记	02	借入短期借款	60 000		借	738 724
				本日合计	360 000		借	738 724
	3	记	03	收到小米公司投资款	100 000		借	838 724
				本日合计	100 000		借	838 724
	5	记	05	借入长期借款	300 000		借	1 138 724
	5	记	06	购入原材料		103 226	借	1 035 498
				本日合计	300 000	103 226	借	1 035 498
	10	记	07	购入固定资产		152 470	借	883 028
				本日合计		152 470	借	883 028
	15	记	12	发放工资		320 000	借	563 028
	15	记	13	销售产品	542 400		借	1 105 428

续表

2023年		凭证		摘要	借方	贷方	借或贷	余额
月	日	字	号					
				本日合计	542 400	320 000	借	1 105 428
	17	记	15	收到货款	150 000		借	1 255 428
				本日合计	150 000		借	1 255 428
	18	记	16	购进材料未入库		47 678	借	1 207 750
	18	记	17	预付货款		65 000	借	1 142 750
	18	记	18	购入需要安装的设备		119 631	借	1 023 119
				本日合计		232 309	借	1 023 119
	21	记	21	支付设备安装费		3 270	借	1 019 849
	21	记	22	销售材料	33 900		借	1 053 749
				本日合计	33 900	3 270	借	1 053 749
	23	记	24	报销差旅费		2 580	借	1 051 169
	23	记	24	支付广告费		3 180	借	1 047 989
				本日合计		5 760	借	1 047 989
	24	记	26	补付货款		14 100	借	1 033 889
				本日合计		14 100	借	1 033 889
	29	记	28	退还资本金		200 000	借	833 889
	29	记	29	偿还货款		60 000	借	773 889
				本日合计		260 000	借	773 889
	30	记	30	偿还借款		170 000	借	603 889
	30	记	32	向医院捐款		50 000	借	553 889
				本日合计		220 000	借	553 889
	31	记	35	支付本月水电费		16 385	借	537 504
	31	记	36	支付租赁费		5 000	借	532 504
				本日合计		21 385	借	532 504
12	31			本月发生额及余额	1 486 300	1 332 520	借	532 504

（3）根据记账凭证和原始凭证登记有关明细分类账。以"原材料""应收账款""生产成本"明细账为例，其他明细账从略，见表6-6至表6-11。

表6-6 原材料明细分类账（一）

货号：　　　品名：甲材料　　　计量单位：千克　　　存放地点：　　　第　页

2023年		凭证		摘要	收入			发出			结存		
月	日	字	号		数量	单价	金额	数量	单价	金额	数量	单价	金额
12	1			期初结存							23 210	14.95	347 000
	5	记	06	购入原材料	3 990	15.24	60 800				27 200		407 800
		记	19	材料入库	2 800	14.65	42 200				30 000		450 000
		记	33	发出材料				23 800	15	357 000	6 200	15.00	93 000
		记	41	销售材料成本				1 200	15	18 000	5 000	15.00	75 000

续表

2023年		凭证		摘要	收入			发出			结存		
月	日	字	号		数量	单价	金额	数量	单价	金额	数量	单价	金额
12	31			本月发生额及余额	6 790		103 000	25 000	15	375 000	5 000	15.00	75 000

表6－7　原材料明细分类账（二）

货号：　　　品名：乙材料　　　计量单位：千克　　　存放地点：　　　第　页

2023年		凭证		摘要	收入			发出			结存		
月	日	字	号		数量	单价	金额	数量	单价	金额	数量	单价	金额
12	1			期初结存							1 000	9.4	9 400
	5	记	6	购入原材料	3 000	10.20	30 600				4 000		40 000
		记	10	接受投资	10 000	10.00	100 000				14 000		140 000
		记	11	购入原材料	3 000	10.00	30 000				17 000		170 000
		记	23	材料入库	7 000	10.00	70 000				24 000		240 000
		记	33	发出材料				11 300	10	113 000	12 700	10.0	127 000
12	31			本月发生额及余额	23 000		230 600	11 300	10	113 000	12 700		127 000

表6－8　应收账款明细分类账（一）

明细账户：鑫隆公司　　　　　　　　　　　　　　　　　　　　　　　　　　　单位：元

2023年		凭证		摘要	借方	贷方	借或贷	余额
月	日	字	号					
12	1			期初余额			借	100 000
	10	记	08	销售产品	723 200		借	823 200
12	31			本月发生额及余额	723 200		借	823 200

表6－9　应收账款明细分类账（二）

明细账户：通力公司　　　　　　　　　　　　　　　　　　　　　　　　　　　单位：元

2023年		凭证		摘要	借方	贷方	借或贷	余额
月	日	字	号					
12	1			期初余额			借	150 000
	17	记	15	收到货款		150 000	平	0
	20	记	20	销售产品	180 800		借	180 800
12	31			本月发生额及余额	180 800	150 000	借	180 800

表6－10　生产成本明细分类账（一）

产品名称：A产品　　　　　　　　　　　　　　　　　　　　　　　　　　　　单位：元

2023年		凭证		摘要	成本项目			合计
月	日	字	号		直接材料	直接人工	制造费用	
12	1			期初余额	3 686	1 989	1 811	7 486
	31	记	33	发出原材料	200 000			200 000
	31	记	34	分配职工工资		105 000		105 000

续表

2023年		凭证		摘要	成本项目			合计
月	日	字	号		直接材料	直接人工	制造费用	
	31	记	38	结转制造费用			101 514	101 514
	31	记	39	结转完工产品成本	(203 686)	(106 989)	(103 325)	(414 000)
12	31			本月发生额及余额	0	0	0	0

表 6-11 生产成本明细分类账（二）

产品名称：B 产品　　　　　　　　　　　　　　　　　　　　　　　　　　　　　　　　　　　　单位：元

2023年		凭证		摘要	成本项目			合计
月	日	字	号		直接材料	直接人工	制造费用	
12	1			期初余额	1 600	760	696	3 056
	31	记	33	发出原材料	177 000			177 000
	31	记	34	分配职工工资		86 000		86 000
	31	记	38	结转制造费用			83 144	83 144
	31	记	39	结转完工产品成本	(178 600)	(86 760)	(83 840)	(349 200)
12	31			本月发生额及余额	0	0	0	0

（4）根据记账凭证逐笔登记各总分类账户（见表 6-12 至表 6-47）。

表 6-12 库存现金总分类账

单位：元

2023年		凭证		摘要	借方	贷方	借或贷	余额
月	日	字	号					
12	1			期初余额			借	5 799.67
	13	记	09	车间购买办公用品		980.84	借	4 818.83
	17	记	14	预借差旅费		4 000.00	借	818.83
	30	记	31	取得现金罚款	2 000		借	2 818.83
12	31			本月发生额及余额	2 000	4 980.84	借	2 818.83

表 6-13 银行存款总分类账

单位：元

2023年		凭证		摘要	借方	贷方	借或贷	余额
月	日	字	号					
12	1			期初余额			借	378 724
	1	记	01	接受投资款	300 000		借	678 724
	1	记	02	借入短期借款	60 000		借	738 724
	3	记	03	接受小米公司投资款	100 000		借	838 724
	5	记	05	借入长期借款	300 000		借	1 138 724
	5	记	06	购入原材料		103 226	借	1 035 498
	10	记	07	购入固定资产		152 470	借	883 028
	15	记	12	发放工资		320 000	借	563 028
	15	记	13	销售产品	542 400		借	1 105 428
	17	记	15	收到货款	150 000		借	1 255 428

续表

2023年		凭证		摘要	借方	贷方	借或贷	余额
月	日	字	号					
	18	记	16	购进材料未入库		47 678	借	1 207 750
	18	记	17	预付货款		65 000	借	1 142 750
	18	记	18	购入需要安装的设备		119 631	借	1 023 119
	21	记	21	支付设备安装费		3 270	借	1 019 849
	21	记	22	销售材料	33 900		借	1 053 749
	23	记	24	报销差旅费		2 580	借	1 051 169
	23	记	24	支付广告费		3 180	借	1 047 989
	24	记	26	补付货款		14 100	借	1 033 889
	29	记	28	退还资本金		200 000	借	833 889
	29	记	29	偿还货款		60 000	借	773 889
	30	记	30	偿还借款		170 000	借	603 889
	30	记	32	向医院捐款		50 000	借	553 889
	31	记	35	支付本月水电费		16 385	借	537 504
	31	记	36	支付租赁费		5 000	借	532 504
12	31			本月发生额及余额	1 486 300	1 332 520	借	532 504

表6-14　应收账款总分类账　　　　　　　　　　　　　　　　　　　　单位：元

2023年		凭证		摘要	借方	贷方	借或贷	余额
月	日	字	号					
12	1			期初余额			借	250 000
	10	记	08	销售产品	723 200		借	973 200
	17	记	15	收到货款		150 000	借	823 200
	20	记	20	销售产品	180 800		借	1 004 000
12	31			本月发生额及余额	904 000	150 000	借	1 004 000

表6-15　在途物资总分类账　　　　　　　　　　　　　　　　　　　　单位：元

2023年		凭证		摘要	借方	贷方	借或贷	余额
月	日	字	号					
12	18	记	16	购进材料未入库	42 200		借	42 200
	20	记	19	材料入库		42 200	平	0
12	31			本月发生额及余额	42 200	42 200	平	0

表6-16　原材料总分类账　　　　　　　　　　　　　　　　　　　　单位：元

2023年		凭证		摘要	借方	贷方	借或贷	余额
月	日	字	号					
12	1			期初余额			借	356 400
	5	记	06	购入原材料	91 400		借	447 800
	14	记	10	兰瑞公司投入原材料	100 000		借	547 800
	15	记	11	购入原材料	30 000		借	577 800

续表

2023年		凭证		摘要	借方	贷方	借或贷	余额
月	日	字	号					
	20	记	19	材料入库	42 200		借	620 000
	23	记	23	材料入库	70 000		借	690 000
	31	记	33	发出原材料		470 000	借	220 000
	31	记	41	结转销售材料成本		18 000	借	202 000
12	31			本月发生额及余额	333 600	488 000	借	202 000

表6-17　其他应收款总分类账　　　　　　　　　　　　　　　　　　　　　单位：元

2023年		凭证		摘要	借方	贷方	借或贷	余额
月	日	字	号					
12	1			期初余额			借	4 800
	17	记	14	预借差旅费	4 000		借	8 800
	23	记	24	报销差旅费		4 000	借	4 800
12	31			本月发生额及余额	4 000	4 000	借	4 800

表6-18　库存商品总分类账　　　　　　　　　　　　　　　　　　　　　　单位：元

2023年		凭证		摘要	借方	贷方	借或贷	余额
月	日	字	号					
12	1			期初余额			借	761 600
	31	记	39	结转完工产品成本	763 200		借	1 524 800
	31	记	40	结转已销产品成本		858 000	借	656 800
12	31			本月发生额及余额	763 200	858 000	借	656 800

表6-19　预付账款总分类账　　　　　　　　　　　　　　　　　　　　　　单位：元

2023年		凭证		摘要	借方	贷方	借或贷	余额
月	日	字	号					
12	1			期初余额			借	32 000
	18	记	17	预付货款	65 000		借	97 000
	23	记	23	材料入库		79 100	借	17 900
	24	记	26	补付货款	14 100		借	32 000
12	31			本月发生额及余额	79 100	79 100	借	32 000

表6-20　固定资产总分类账　　　　　　　　　　　　　　　　　　　　　　单位：元

2023年		凭证		摘要	借方	贷方	借或贷	余额
月	日	字	号					
12	1			期初余额			借	2 750 000
	3	记	04	接受国家投入设备	150 000		借	2 900 000
	10	记	07	购入固定资产	136 000		借	3 036 000
	25	记	27	结转固定资产成本	108 900		借	3 144 900
12	31			本月发生额及余额	394 900		借	3 144 900

表 6-21　累计折旧总分类账　　　　　　　　　　　　　　　　　　　　　单位：元

2023年		凭证		摘要	借方	贷方	借或贷	余额
月	日	字	号					
12	1			期初余额			贷	643 000
	31	记	37	计提折旧费		63 000	贷	706 000
12	31			本月发生额及余额		63 000	贷	706 000

表 6-22　在建工程总分类账　　　　　　　　　　　　　　　　　　　　　单位：元

2023年		凭证		摘要	借方	贷方	借或贷	余额
月	日	字	号					
12	18	记	18	购入需要安装的设备	105 900		借	105 900
	21	记	21	支付设备安装费	3 000		借	108 900
	25	记	27	结转固定资产成本		108 900	平	0
12	31			本月发生额及余额	108 900	108 900	平	0

表 6-23　短期借款总分类账　　　　　　　　　　　　　　　　　　　　　单位：元

2023年		凭证		摘要	借方	贷方	借或贷	余额
月	日	字	号					
12	1			期初余额			贷	30 000
	1	记	02	借入短期借款		60 000	贷	90 000
	30	记	30	偿还借款	20 000		贷	70 000
12	31			本月发生额及余额	20 000	60 000	贷	70 000

表 6-24　长期借款总分类账　　　　　　　　　　　　　　　　　　　　　单位：元

2023年		凭证		摘要	借方	贷方	借或贷	余额
月	日	字	号					
12	1			期初余额			贷	150 000
	5	记	05	借入长期借款		300 000	贷	450 000
	30	记	30	偿还借款	150 000		贷	300 000
12	31			本月发生额及余额	150 000	300 000	贷	300 000

表 6-25　应付账款总分类账　　　　　　　　　　　　　　　　　　　　　单位：元

2023年		凭证		摘要	借方	贷方	借或贷	余额
月	日	字	号					
12	1			期初余额			贷	130 000
	15	记	11	购入原材料		33 900	贷	163 900
	29	记	29	偿还货款	60 000		贷	103 900
12	31			本月发生额及余额	60 000	33 900	贷	103 900

表 6-26　应付职工薪酬总分类账　　　　　　　　　　　　　　　　单位：元

2023 年		凭证		摘要	借方	贷方	借或贷	余额
月	日	字	号					
12	15	记	12	发放工资	320 000		借	320 000
	31	记	34	分配职工工资		320 000	平	0
12	31			本月发生额及余额	320 000	320 000	平	0

表 6-27　应付利息总分类账　　　　　　　　　　　　　　　　单位：元

2023 年		凭证		摘要	借方	贷方	借或贷	余额
月	日	字	号					
12	1			期初余额			贷	35 000
	31	记	43	计提短期借款利息		300	贷	35 300
	31	记	44	计提长期借款利息		3 870	贷	39 170
12	31			本月发生额及余额		4 170	贷	39 170

表 6-28　应交税费总分类账　　　　　　　　　　　　　　　　单位：元

2023 年		凭证		摘要	借方	贷方	借或贷	余额
月	日	字	号					
12	1			期初余额			贷	26 000.00
	5	记	06	购入原材料	11 826.00		贷	14 174.00
	10	记	07	购入固定资产	16 470.00		借	2 296.00
	10	记	08	销售产品		83 200.00	贷	80 904.00
	13	记	09	车间购买办公用品	112.84		贷	80 791.16
	15	记	11	购入原材料	3 900.00		贷	76 891.16
	15	记	13	销售产品		62 400.00	贷	139 291.16
	18	记	16	购进材料未入库	5 478.00		贷	133 813.16
	18	记	18	购入需要安装的设备	13 731.00		贷	120 082.16
	20	记	20	销售产品		20 800.00	贷	140 882.16
	21	记	21	支付设备安装费	270.00		贷	140 612.16
	21	记	22	销售材料		3 900.00	贷	144 512.16
	23	记	23	材料入库	9 100.00		贷	135 412.16
	23	记	24	支付广告费	180.00		贷	135 232.16
	31	记	35	支付本月水电费	1885.00		贷	133 347.16
	31	记	42	计提城建税及教育费附加		10 734.72	贷	144 081.88
	31	记	47	计提本月所得税费用		60 201.32	贷	204 283.20
12	31			本月发生额及余额	62 952.84	241 236.04	贷	204 283.20

表 6-29　应付股利总分类账　　　　　　　　　　　　　　　　单位：元

2023 年		凭证		摘要	借方	贷方	借或贷	余额
月	日	字	号					
12	31	记	51	向投资人分配利润		456 500	贷	456 500
12	31			本月发生额及余额		456 500	贷	456 500

表6-30　生产成本总分类账　　　　　　　　　　　　　　　　　　　　　　　　　　　　单位：元

2023年		凭证		摘要	借方	贷方	借或贷	余额
月	日	字	号					
12	1			期初余额			借	10 542
	31	记	33	发出原材料	377 000		借	387 542
	31	记	34	计提职工工资	191 000		借	578 542
	31	记	38	结转制造费用	184 658		借	763 200
	31	记	39	结转完工产品成本		763 200	平	0
12	31			本月发生额及余额	752 658	763 200	平	0

表6-31　制造费用总分类账　　　　　　　　　　　　　　　　　　　　　　　　　　　　单位：元

2023年		凭证		摘要	借方	贷方	借或贷	余额
月	日	字	号					
12	13	记	09	车间购买办公用品	868		借	868
	23	记	24	报销差旅费	3 290		借	4 158
	31	记	33	发出原材料	70 500		借	74 658
	31	记	34	分配职工工资	44 500		借	119 158
	31	记	35	支付本月水电费	10 500		借	129 658
	31	记	36	支付租赁费	5 000		借	134 658
	31	记	37	计提折旧费	50 000		借	184 658
	31	记	38	结转制造费用		184 658	平	0
12				本月合计	184 658	184 658	平	0

表6-32　实收资本总分类账　　　　　　　　　　　　　　　　　　　　　　　　　　　　单位：元

2023年		凭证		摘要	借方	贷方	借或贷	余额
月	日	字	号					
12	1			期初余额			贷	1 800 000
	1	记	01	接受投资款		300 000	贷	2 100 000
	3	记	03	收到小米公司投资款		80 000	贷	2 180 000
	3	记	04	接受国家投入设备		150 000	贷	2 330 000
	14	记	10	兰瑞公司投入原材料		100 000	贷	2 430 000
	29	记	28	退还资本金	200 000		贷	2 230 000
12	31			本月发生额及余额	200 000	630 000	贷	2 230 000

表6-33　资本公积总分类账　　　　　　　　　　　　　　　　　　　　　　　　　　　　单位：元

2023年		凭证		摘要	借方	贷方	借或贷	余额
月	日	字	号					
12	3	记	03	接受小米公司投资款		20 000	贷	20 000
12	31			本月发生额及余额		20 000	贷	20 000

表 6-34　盈余公积总分类账　　　　　　　　　　　　　　　　　　　　　　　　　　　　　　　　　　　　　单位：元

2023年		凭证		摘要	借方	贷方	借或贷	余额
月	日	字	号					
12	1			期初余额			贷	170 948.96
	31	记	50	提取盈余公积		364 466.42	贷	535 415.38
12	31			本月发生额及余额		364 466.42	贷	535 415.38

表 6-35　本年利润总分类账　　　　　　　　　　　　　　　　　　　　　　　　　　　　　　　　　　　　　单位：元

2023年		凭证		摘要	借方	贷方	借或贷	余额
月	日	字	号					
12	1			期初余额			贷	1 277 261.71
	31	记	45	结转各项收入		1 312 000	贷	2 589 261.71
	31	记	46	结转各项费用	1 071 194.72		贷	1 518 066.99
	31	记	48	结转所得税费用	60 201.32		贷	1 457 865.67
	31	记	49	结转本年利润	1 457 865.67		平	0
12	31			本月发生额及余额	2 589 261.71	1 312 000	平	0

表 6-36　利润分配总分类账　　　　　　　　　　　　　　　　　　　　　　　　　　　　　　　　　　　　　单位：元

2023年		凭证		摘要	借方	贷方	借或贷	余额
月	日	字	号					
12	1			期初余额			贷	287 655
	31	记	49	结转本年利润		1 457 865.67	贷	1 745 520.67
	31	记	50	提取盈余公积	364 466.42		贷	1 381 054.25
	31	记	51	向投资人分配利润	456 500		贷	924 554.25
	31	记	52	利润分配明细结转	820 966.42	820 966.42	贷	924 554.25
12	31			本月发生额及余额	1 641 932.84	2 278 832.09	贷	924 554.25

表 6-37　主营业务收入总分类账　　　　　　　　　　　　　　　　　　　　　　　　　　　　　　　　　　　单位：元

2023年		凭证		摘要	借方	贷方	借或贷	余额
月	日	字	号					
12	10	记	08	销售产品		640 000	贷	640 000
	15	记	13	销售产品		480 000	贷	1 120 000
	20	记	20	销售产品		160 000	贷	1 280 000
	31	记	45	结转各项收入	1 280 000		平	0
12	31			本月合计	1 280 000	1 280 000	平	0

表 6-38　其他业务收入总分类账　　　　　　　　　　　　　　　　　　　　　　　　　　　　　　　　　　　单位：元

2023年		凭证		摘要	借方	贷方	借或贷	余额
月	日	字	号					
12	21	记	22	销售材料		30 000	贷	30 000
	31	记	45	结转各项收入	30 000		平	0
12	31			本月合计	30 000	30 000	平	0

表6-39 主营业务成本总分类账　　　　　　　　　　　　　　　　　　　　　　　　单位：元

2023年		凭证		摘要	借方	贷方	借或贷	余额
月	日	字	号					
12	31	记	40	结转已销产品成本	858 000		借	858 000
	31	记	46	结转各项费用		858 000	平	0
12	31			本月合计	858 000	858 000	平	0

表6-40 其他业务成本总分类账　　　　　　　　　　　　　　　　　　　　　　　　单位：元

2023年		凭证		摘要	借方	贷方	借或贷	余额
月	日	字	号					
12	31	记	41	结转销售材料成本	18 000		借	18 000
	31	记	46	结转各项费用		18 000	平	0
12	31			本月合计	18 000	18 000	平	0

表6-41 营业外收入总分类账　　　　　　　　　　　　　　　　　　　　　　　　单位：元

2023年		凭证		摘要	借方	贷方	借或贷	余额
月	日	字	号					
12	30	记	31	取得现金罚款		2 000	贷	2 000
	31	记	45	结转各项收入	2 000		平	0
12	31			本月合计	2 000	2 000	平	0

表6-42 营业外支出总分类账　　　　　　　　　　　　　　　　　　　　　　　　单位：元

2023年		凭证		摘要	借方	贷方	借或贷	余额
月	日	字	号					
12	30	记	32	向医院捐款	50 000		借	50 000
	31	记	46	结转各项费用		50 000	平	0
12	31			本月合计	50 000	50 000	平	0

表6-43 销售费用总分类账　　　　　　　　　　　　　　　　　　　　　　　　单位：元

2023年		凭证		摘要	借方	贷方	借或贷	余额
月	日	字	号					
12	23	记	24	支付广告费	3 000		借	3 000
	31	记	46	结转各项费用		3 000	平	0
12	31			本月合计	3 000	3 000	平	0

表6-44 管理费用总分类账　　　　　　　　　　　　　　　　　　　　　　　　单位：元

2023年		凭证		摘要	借方	贷方	借或贷	余额
月	日	字	号					
12	23	记	24	报销差旅费	3 290		借	3 290
	31	记	33	发出原材料	22 500		借	25 790
	31	记	34	分配职工工资	84 500		借	110 290
	31	记	35	支付本月水电费	4 000		借	114 290

续表

2023年		凭证		摘要	借方	贷方	借或贷	余额
月	日	字	号					
	31	记	37	计提折旧费	1 3000		借	127 290
	31	记	46	结转各项费用		127 290	平	0
12	31			本月合计	127 290	127 290	平	0

表6-45 财务费用总分类账　　　　　　　　　　　　　　　　　　　　　　　　　　单位：元

2023年		凭证		摘要	借方	贷方	借或贷	余额
月	日	字	号					
12	31	记	43	计提短期借款利息	300		借	300
	31	记	44	计提长期借款利息	3 870		借	4 170
	31	记	46	结转各项费用		4 170	平	0
12	31			本月合计	4 170	4 170	平	0

表6-46 税金及附加总分类账　　　　　　　　　　　　　　　　　　　　　　　　　单位：元

2023年		凭证		摘要	借方	贷方	借或贷	余额
月	日	字	号					
12	31	记	42	计提城建税及教育费附加	10 734.72		借	10 734.72
	31	记	46	结转各项费用		10 734.72	平	0
12	31			本月合计	10 734.72	10 734.72	平	0

表6-47 所得税费用总分类账　　　　　　　　　　　　　　　　　　　　　　　　　单位：元

2023年		凭证		摘要	借方	贷方	借或贷	余额
月	日	字	号					
12	31	记	47	计提本月所得税费用	60 201.32		借	60 201.32
	31	记	48	结转所得税费用		60 201.32	平	0
12	31			本月合计	60 201.32	60 201.32	平	0

（5）将总分类账与日记账核对，总分类账与其所属明细账核对，做到账账相符。

如果有关数字不等，表明账簿登记有误，应查明原因，加以更正。如表6-16原材料总分类账期末余额为202 000元，等于所属明细账甲材料期末余额75 000元（见表6-6）与乙材料期末余额127 000元（见表6-7）之和；原材料总分类账期初余额、本期借方发生额及本期贷方发生额均为所属明细分类账之和。依次逐笔核对其他总分类账与所属明细分类账。

（6）根据总分类账的记录，编制试算平衡表，验证账簿登记的正确性。总分类账户发生额及余额试算平衡表见表6-48。

表6-48 总分类账户发生额及余额试算平衡表　　　　　　　　　　　　　　　　　　单位：元

账户名称	期初余额		本期发生额		期末余额	
	借方	贷方	借方	贷方	借方	贷方
库存现金	5 799.67		2 000.00	4 980.84	2 818.83	
银行存款	378 724.00		1 486 300.00	1 332 520.00	532 504.00	

续表

账户名称	期初余额		本期发生额		期末余额	
	借方	贷方	借方	贷方	借方	贷方
应收账款	250 000.00		904 000.00	150 000.00	1 004 000.00	
在途物资			42 200.00	42 200.00		
原材料	356 400.00		333 600.00	488 000.00	202 000.00	
其他应收款	4 800.00		4 000.00	4 000.00	4 800.00	
库存商品	761 600.00		763 200.00	858 000.00	666 800.00	
预付账款	32 000.00		79 100.00	79 100.00	32 000.00	
固定资产	2 750 000.00		394 900.00		3 144 900.00	
累计折旧		643 000.00		63 000.00		706 000.00
在建工程			108 900.00	108 900.00		
短期借款		30 000.00	20 000.00	60 000.00		70 000.00
应付账款		130 000.00	60 000.00	33 900.00		103 900.00
应交税费		26 000.00	62 952.84	241 236.04		204 283.20
应付职工薪酬			320 000.00	320 000.00		
应付利息		35 000.00		4 170.00		39 170.00
应付股利				456 500.00		456 500.00
长期借款		150 000.00	150 000.00	300 000.00		300 000.00
实收资本		1 800 000.00	200 000.00	630 000.00		2 230 000.00
资本公积				20 000.00		20 000.00
盈余公积		170 948.96		364 466.42		535 415.38
本年利润		1 277 261.71	2 589 261.71	1 312 000.00		
利润分配		287 655.00	1 641 932.84	2 278 832.09		924 554.25
生产成本	10 542.00		752 658.00	763 200.00		
制造费用			184 658.00	184 658.00		
主营业务收入			1 280 000.00	1 280 000.00		
其他业务收入			30 000.00	30 000.00		
主营业务成本			858 000.00	858 000.00		
其他业务成本			18 000.00	18 000.00		
税金及附加			10 734.72	10 734.72		
销售费用			3 000.00	3 000.00		
管理费用			127 290.00	127 290.00		
财务费用			4 170.00	4 170.00		
营业外收入			2 000.00	2 000.00		
营业外支出			50 000.00	50 000.00		
所得税费用			60 201.32	60 201.32		
合计	4 549 865.67	4 549 865.67	12 543 059.43	12 543 059.43	5 589 822.83	5 589 822.83

（7）根据审核无误的总分类账和明细分类账相关资料，编制会计报表。万方公司会计报表的编制见项目八。

任务三　科目汇总表账务处理程序

任务引例
万方公司规模逐渐扩大,企业的经济业务日益复杂繁多,登记总账的工作量越来越大。

讨论：如何在确保工作质量的同时,有效减轻登记总账的工作负担?

知识讲解

一、科目汇总表账务处理程序的概念与特点

科目汇总表账务处理程序,又称记账凭证汇总表账务处理程序,是根据记账凭证定期编制科目汇总表,然后根据科目汇总表登记总分类账的一种会计核算形式。

科目汇总表账务处理程序的主要特点是定期根据记账凭证编制科目汇总表,再根据科目汇总表登记总分类账。

二、科目汇总表的编制

科目汇总表根据记账凭证汇总编制而成。基本的编制方法是,根据一定时期内的全部记账凭证,按照相同会计科目进行归类,定期分别汇总每一个账户的借、贷方发生额,将其填列在科目汇总表的相关栏内,借以反映全部账户的借、贷方发生额。根据科目汇总表登记总分类账时,只需要将该表中汇总的各科目的借、贷方发生额合计数,分次或月末一次记入相应总分类账户的借方或贷方即可。

在实际工作中,常以"T"型账户的形式汇总会计科目的借方发生额和贷方发生额。其具体做法是,先将一个汇总期内记账凭证上记录的各项经济业务,逐笔记入按照会计科目设置的"T"型账户的借方和贷方,分别汇总各账户的借方发生额和贷方发生额,进而汇总全部账户的借方发生额和贷方发生额,进行试算平衡,最后将各个科目的借方发生额和贷方发生额填入科目汇总表相应栏内。

科目汇总表可以每月汇总一次,月末编制一张科目汇总表(见表6-49);也可以15天、10天、5天或更短的时间汇总一次,每汇总一次编制一张科目汇总表(见表6-50),根据每张汇总表登记总分类账;或者一个月汇总若干次,每月编制一张科目汇总表(见表6-51),根据汇总表登记总分类账,总分类账每月只登记一次。

表 6–49　科目汇总表（一）

年　　月　　　　　　　　　　　　　编号：

会计科目	总账页数	本期发生额		记账凭证起止号
		借方	贷方	
合计				

表 6–50　科目汇总表（二）

年　　月　　日至　　日　　　　　　　编号：

会计科目	总账页数	本期发生额		记账凭证起止号
		借方	贷方	
合计				

表 6–51　科目汇总表（三）

年　　月　　　　　　　　　　　　　编号：

会计科目	1—10 日发生额		11—20 日发生额		21—31 日发生额		合计		总账页数
	借方	贷方	借方	贷方	借方	贷方	借方	贷方	
合计									
记账凭证起止号数									

三、科目汇总表账务处理程序的凭证与账簿设置

在科目汇总表账务处理程序下，除设置专用记账凭证或通用记账凭证外，还应设置科目汇总表，作为登记总账的依据。使用的会计账簿与记账凭证账务处理程序基本相同。

四、科目汇总表账务处理的内容

科目汇总表账务处理程序的基本步骤如下（见图 6–57）：

（1）根据原始凭证或汇总原始凭证编制记账凭证。

（2）根据收款凭证、付款凭证登记现金日记账和银行存款日记账。

（3）根据原始凭证、原始凭证汇总表和记账凭证登记各种明细账。

（4）根据记账凭证汇总编制科目汇总表。

（5）根据科目汇总表定期登记总账。

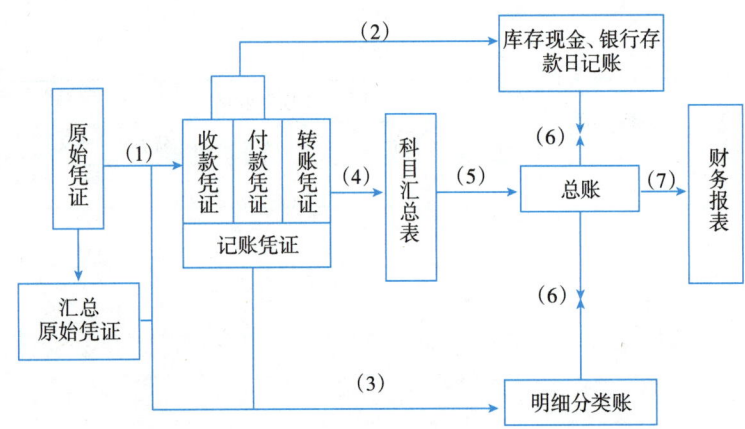

图 6-57 科目汇总表账务处理程序基本步骤示意图

(6) 期末,将现金日记账、银行存款日记账和各种明细分类账的余额与总分类账有关账户的余额核对。

(7) 期末,根据总分类账和明细分类账的资料编制财务报表。

五、科目汇总表账务处理程序的优缺点及适用范围

(一) 优点

(1) 可以减少登记总账的工作量。根据科目汇总表上有关账户的汇总发生额,在月中定期或月末一次性登记总分类账,大大减少了登记总账的工作量。

(2) 可以根据科目汇总表结果进行账户的试算平衡。科目汇总表的汇总结果反映了一定期间所有账户的借方发生额和贷方发生额之间的相等关系,利用这种相等关系,可以进行账户的试算平衡,检验账户发生额的准确性。

(二) 缺点

科目汇总表是根据各个科目归类汇总其发生额的,表中不能清楚地显示账户之间的对应关系,难以反映经济业务的来龙去脉,不利于对账目进行检查。

(三) 适用范围

科目汇总表账务处理程序清楚明了,又具有试算平衡和减少登记总分类账工作量的特点,因此,不论规模大小的会计主体都可以采用。

引例解析

随着公司规模逐渐扩大,经济业务日益复杂繁多,万方公司可以采用科目汇总表账务处理程序或汇总记账凭证账务处理程序。这样,在保证工作质量的同时,可以大大减轻会计登记总账的工作负担。

【例 6.2】承【例 6.1】,进行科目汇总表账务处理。

(1) 根据原始凭证、汇总原始凭证,按照时间顺序编制记账凭证,如图 6-3 至图 6-56 所示。

(2) 根据审核无误的记账凭证登记库存现金日记账和银行存款日记账,如表 6-4、表 6-5 所示。

(3) 根据记账凭证和原始凭证登记有关明细分类账。以"原材料""应收账款""生产成本"明细账为例,其他明细账从略,见表 6-6 至表 6-11。

(4) 根据记账凭证编制科目汇总表（本例每月编制一张科目汇总表），如表6-52所示。

表6-52 科目汇总表

2023年12月　　　　　　　　科汇字　第12号

会计科目	总账页数	本期发生额（元）		记账凭证起止号
		借方	贷方	
库存现金		2 000.00	4 980.84	
银行存款		1 486 300.00	1 332 520.00	
应收账款		904 000.00	150 000.00	
在途物资		42 200.00	42 200.00	
原材料		333 600.00	488 000.00	
其他应收款		4 000.00	4 000.00	
库存商品		763 200.00	858 000.00	
预付账款		79 100.00	79 100.00	
固定资产		394 900.00		
累计折旧			63 000.00	
在建工程		108 900.00	108 900.00	
短期借款		20 000.00	60 000.00	
应付账款		60 000.00	33 900.00	
应交税费		62 952.84	241 236.04	
应付职工薪酬		320 000.00	320 000.00	
应付利息			4 170.00	
应付股利			456 500.00	
长期借款		150 000.00	300 000.00	记字01至记字52
实收资本		200 000.00	630 000.00	
资本公积			20 000.00	
盈余公积			364 466.42	
本年利润		2 589 261.71	1 312 000.00	
利润分配		1 641 932.84	2 278 832.09	
生产成本		752 658.00	763 200.00	
制造费用		184 658.00	184 658.00	
主营业务收入		1 280 000.00	1 280 000.00	
其他业务收入		30 000.00	30 000.00	
主营业务成本		858 000.00	858 000.00	
其他业务成本		18 000.00	18 000.00	
税金及附加		10 734.72	10 734.72	
销售费用		3 000.00	3 000.00	
管理费用		127 290.00	127 290.00	
财务费用		4 170.00	4 170.00	
营业外收入		2 000.00	2 000.00	
营业外支出		50 000.00	50 000.00	

续表

会计科目	总账页数	本期发生额（元） 借方	本期发生额（元） 贷方	记账凭证起止号
所得税费用		60 201.32	60 201.32	记字01至记字52
合计		12 543 059.43	125 43 059.43	

（5）根据科目汇总表登记总分类账，如表6-53至表6-88所示。

表6-53 库存现金总分类账　　　　　　　　　　　　　　　　　　单位：元

2023年 月	2023年 日	凭证 字	凭证 号	摘要	借方	贷方	借或贷	余额
12	1			期初余额			借	5 799.67
	31	科汇	12	汇总1—31日凭证	2 000	4 980.84	借	2 818.83

表6-54 银行存款总分类账　　　　　　　　　　　　　　　　　　单位：元

2023年 月	2023年 日	凭证 字	凭证 号	摘要	借方	贷方	借或贷	余额
12	1			期初余额			借	378 724
	31	科汇	12	汇总1—31日凭证	1 486 300	1 332 520	借	532 504

表6-55 应收账款总分类账　　　　　　　　　　　　　　　　　　单位：元

2023年 月	2023年 日	凭证 字	凭证 号	摘要	借方	贷方	借或贷	余额
12	1			期初余额			借	250 000
	31	科汇	12	汇总1—31日凭证	904 000	150 000	借	1 004 000

表6-56 在途物资总分类账　　　　　　　　　　　　　　　　　　单位：元

2023年 月	2023年 日	凭证 字	凭证 号	摘要	借方	贷方	借或贷	余额
12	31	科汇	12	汇总1—31日凭证	42 200	42 200	平	0

表6-57 原材料总分类账　　　　　　　　　　　　　　　　　　单位：元

2023年 月	2023年 日	凭证 字	凭证 号	摘要	借方	贷方	借或贷	余额
12	1			期初余额			借	356 400
	31	科汇	12	汇总1—31日凭证	333 600	488 000	借	202 000

表 6-58　其他应收款总分类账　　　　　　　　　　　　　　　　　　　　　　　单位：元

2023年		凭证		摘要	借方	贷方	借或贷	余额
月	日	字	号					
12	1			期初余额			借	4 800
	31	科汇	12	汇总1—31日凭证	4 000	4 000	借	4 800

表 6-59　库存商品总分类账　　　　　　　　　　　　　　　　　　　　　　　　单位：元

2023年		凭证		摘要	借方	贷方	借或贷	余额
月	日	字	号					
12	1			期初余额			借	761 600
	31	科汇	12	汇总1—31日凭证	763 200	858 000	借	666 800

表 6-60　预付账款总分类账　　　　　　　　　　　　　　　　　　　　　　　　单位：元

2023年		凭证		摘要	借方	贷方	借或贷	余额
月	日	字	号					
12	1			期初余额			借	32 000
	31	科汇	12	汇总1—31日凭证	79 100	79 100	借	32 000

表 6-61　固定资产总分类账　　　　　　　　　　　　　　　　　　　　　　　　单位：元

2023年		凭证		摘要	借方	贷方	借或贷	余额
月	日	字	号					
12	1			期初余额			借	2 750 000
	31	科汇	12	汇总1—31日凭证	394 900		借	3 144 900

表 6-62　累计折旧总分类账　　　　　　　　　　　　　　　　　　　　　　　　单位：元

2023年		凭证		摘要	借方	贷方	借或贷	余额
月	日	字	号					
12	1			期初余额			贷	643 000
	31	科汇	12			63 000	贷	706 000

表 6-63　在建工程总分类账　　　　　　　　　　　　　　　　　　　　　　　　单位：元

2023年		凭证		摘要	借方	贷方	借或贷	余额
月	日	字	号					
12	31	科汇	12	汇总1—31日凭证	108 900	108 900	平	0

表6-64　短期借款总分类账　　　　　　　　　　　　　　　　单位：元

2023年		凭证		摘要	借方	贷方	借或贷	余额
月	日	字	号					
12	1			期初余额			贷	30 000
	31	科汇	12	汇总1—31日凭证	20 000	60 000	贷	70 000

表6-65　长期借款总分类账　　　　　　　　　　　　　　　　单位：元

2023年		凭证		摘要	借方	贷方	借或贷	余额
月	日	字	号					
12	1			期初余额			贷	150 000
	31	科汇	12	汇总1—31日凭证	150 000	300 000	贷	300 000

表6-66　应付账款总分类账　　　　　　　　　　　　　　　　单位：元

2023年		凭证		摘要	借方	贷方	借或贷	余额
月	日	字	号					
12	1			期初余额			贷	130 000
	31	科汇	12	汇总1—31日凭证	60 000	33 900	贷	103 900

表6-67　应付职工薪酬总分类账　　　　　　　　　　　　　　单位：元

2023年		凭证		摘要	借方	贷方	借或贷	余额
月	日	字	号					
12	31	科汇	12	汇总1—31日凭证	320 000	320 000	平	0

表6-68　应付利息总分类账　　　　　　　　　　　　　　　　单位：元

2023年		凭证		摘要	借方	贷方	借或贷	余额
月	日	字	号					
12	1			期初余额			贷	35 000
	31	科汇	12	汇总1—31日凭证		4 170	贷	39 170

表6-69　应交税费总分类账　　　　　　　　　　　　　　　　单位：元

2023年		凭证		摘要	借方	贷方	借或贷	余额
月	日	字	号					
12	1			期初余额			贷	26 000.00
	31	科汇	12	汇总1—31日凭证	62 952.84	241 236.04	贷	204 283.20

表 6-70　应付股利总分类账　　　　　　　　　　　　　　　　　　　　　　　　　　　　单位：元

2023 年		凭证		摘要	借方	贷方	借或贷	余额
月	日	字	号					
12	31	科汇	12	汇总 1—31 日凭证		456 500	贷	456 500

表 6-71　生产成本总分类账　　　　　　　　　　　　　　　　　　　　　　　　　　　　单位：元

2023 年		凭证		摘要	借方	贷方	借或贷	余额
月	日	字	号					
12	1			期初余额			借	10 542
	31	科汇	12	汇总 1—31 日凭证	752 658	763 200	平	0

表 6-72　制造费用总分类账　　　　　　　　　　　　　　　　　　　　　　　　　　　　单位：元

2023 年		凭证		摘要	借方	贷方	借或贷	余额
月	日	字	号					
12	31	科汇	12	汇总 1—31 日凭证	184 658	184 658	平	0

表 6-73　实收资本总分类账　　　　　　　　　　　　　　　　　　　　　　　　　　　　单位：元

2023 年		凭证		摘要	借方	贷方	借或贷	余额
月	日	字	号					
12	1			期初余额			贷	1 800 000
	31	科汇	12	汇总 1—31 日凭证	200 000	630 000	贷	2 230 000

表 6-74　资本公积总分类账　　　　　　　　　　　　　　　　　　　　　　　　　　　　单位：元

2023 年		凭证		摘要	借方	贷方	借或贷	余额
月	日	字	号					
12	31	科汇	12	汇总 1—31 日凭证		20 000	贷	20 000

表 6-75　盈余公积总分类账　　　　　　　　　　　　　　　　　　　　　　　　　　　　单位：元

2023 年		凭证		摘要	借方	贷方	借或贷	余额
月	日	字	号					
12	1			期初余额			贷	170 948.96
	31	科汇	12	汇总 1—31 日凭证		364 466.42	贷	535 415.38

表 6-76　本年利润总分类账　　　　　　　　　　　　　　　　　　　　　　　　　　　　单位：元

2023 年		凭证		摘要	借方	贷方	借或贷	余额
月	日	字	号					
12	1			期初余额			贷	1 277 261.71

续表

2023年		凭证		摘要	借方	贷方	借或贷	余额
月	日	字	号					
	31	科汇	12	汇总1—31日凭证	2 589 261.71	1 312 000	平	0

表6-77 利润分配总分类账　　　　　　　　　　　　单位：元

2023年		凭证		摘要	借方	贷方	借或贷	余额
月	日	字	号					
12	1			期初余额			贷	287 655.00
	31	科汇	12	汇总1—31日凭证	1 641 932.84	2 278 832.09	贷	924 554.25

表6-78 主营业务收入总分类账　　　　　　　　　　　单位：元

2023年		凭证		摘要	借方	贷方	借或贷	余额
月	日	字	号					
12	31	科汇	12	汇总1—31日凭证	1 280 000	1 280 000	平	0

表6-79 其他业务收入总分类账　　　　　　　　　　　单位：元

2023年		凭证		摘要	借方	贷方	借或贷	余额
月	日	字	号					
12	31	科汇	12	汇总1—31日凭证	30 000	30 000	平	0

表6-80 主营业务成本总分类账　　　　　　　　　　　单位：元

2023年		凭证		摘要	借方	贷方	借或贷	余额
月	日	字	号					
12	31	科汇	12	汇总1—31日凭证	858 000	858 000	平	0

表6-81 其他业务成本总分类账　　　　　　　　　　　单位：元

2023年		凭证		摘要	借方	贷方	借或贷	余额
月	日	字	号					
12	31	科汇	12	汇总1—31日凭证	18 000	18 000	平	0

表6-82 营业外收入总分类账　　　　　　　　　　　　单位：元

2023年		凭证		摘要	借方	贷方	借或贷	余额
月	日	字	号					
12	31	科汇	12	汇总1—31日凭证	2 000	2 000	平	0

表 6-83　营业外支出总分类账　　　　　　　　　　　　　　　　　　单位：元

2023年		凭证		摘要	借方	贷方	借或贷	余额
月	日	字	号					
12	31	科汇	12	汇总1—31日凭证	50 000	50 000	平	0

表 6-84　销售费用总分类账　　　　　　　　　　　　　　　　　　单位：元

2023年		凭证		摘要	借方	贷方	借或贷	余额
月	日	字	号					
12	31	科汇	12	汇总1—31日凭证	3 000	3 000	平	0

表 6-85　管理费用总分类账　　　　　　　　　　　　　　　　　　单位：元

2023年		凭证		摘要	借方	贷方	借或贷	余额
月	日	字	号					
12	31	科汇	12	汇总1—31日凭证	127 290	127 290	平	0

表 6-86　财务费用总分类账　　　　　　　　　　　　　　　　　　单位：元

2023年		凭证		摘要	借方	贷方	借或贷	余额
月	日	字	号					
12	31	科汇	12	汇总1—31日凭证	4 170	4 170	平	0

表 6-87　税金及附加总分类账　　　　　　　　　　　　　　　　　　单位：元

2023年		凭证		摘要	借方	贷方	借或贷	余额
月	日	字	号					
12	31	科汇	12	汇总1—31日凭证	10 734.72	10 734.72	平	0

表 6-88　所得税费用总分类账　　　　　　　　　　　　　　　　　　单位：元

2023年		凭证		摘要	借方	贷方	借或贷	余额
月	日	字	号					
12	31	科汇	12	汇总1—31日凭证	60 201.32	60 201.32	平	0

（6）将总分类账与日记账核对，总分类账与其所属明细账核对，做到账账相符。

（7）根据总分类账的记录，编制试算平衡表，见表6-48。

（8）根据审核无误的总分类账和明细分类账相关资料，编制会计报表。万方公司会计报表的编制见项目八。

任务四 汇总记账凭证账务处理程序

任务引例

随着公司规模逐渐扩大,万方公司的经济业务量剧增,尤其体现在收付款业务方面,公司采用了收款凭证、付款凭证及转账凭证的专用记账凭证格式。

讨论:该公司选择哪种账务处理程序更为合适?

知识讲解

一、汇总记账凭证账务处理程序的概念与特点

汇总记账凭证账务处理程序是根据记账凭证定期汇总编制汇总记账凭证,然后根据汇总记账凭证登记总分类账的一种会计核算形式。

汇总记账凭证的主要特点是定期根据记账凭证分类编制汇总收款凭证、汇总付款凭证和汇总转账凭证,再根据汇总记账凭证登记总分类账。

二、汇总记账凭证的编制

(一) 汇总收款凭证的编制

汇总收款凭证是根据一定时期的收款凭证,按借方科目(库存现金或银行存款)设置,计算出每一个贷方科目的发生额合计数,定期(如5天或10天)填列一次,每月编制一张。月末,计算出汇总收款凭证的合计数,分别登记库存现金或银行存款总账的借方,以及各对应账户总账的贷方。汇总收款凭证格式如表6-89所示。

表6-89 汇总收款凭证

借方科目: 　　　　　　　　　　年　月　　　　　　　　　　汇收字第 号

贷方科目	金　额									合计
	日至	日收款凭证	号至	号	日至	日收款凭证	号至	号	日至	日收款凭证	号至	号	
本月合计										

为了便于编制汇总收款凭证,在日常编制收款凭证时,会计分录的形式最好是一借一贷、一借多贷,不宜多借一贷或多借多贷的会计分录形式。

(二) 汇总付款凭证的编制

汇总付款凭证是根据一定时期的付款凭证,按贷方科目(库存现金或银行存款)设置,计算出每一个借方科目的发生额合计数,定期(如5天或10天)填列一次,每月编制一张。月末,计算

出汇总付款凭证的合计数,分别登记库存现金或银行存款总账的贷方,以及各对应账户总账的借方。汇总付款凭证格式如表6-90所示。

表6-90 汇总付款凭证

贷方科目:　　　　　　　　　　　　　年　月　　　　　　　　　　　　　汇付字　第　号

借方科目	金额									合计
	日至	日付款凭证	号至	号	日至	日付款凭证	号至	号	日至	日付款凭证	号至	号	
本月合计										

为了便于编制汇总付款凭证,在日常编制付款凭证时,会计分录的形式最好是一借一贷、多借一贷,不宜一借多贷或多借多贷的会计分录形式。

(三) 汇总转账凭证的编制

汇总转账凭证是根据转账凭证每个科目的贷方分别设置,按对应的借方科目归类汇总,定期(如5天或10天)填列一次,每月编制一张。月末,计算出汇总转账凭证的合计数,分别登记各有关总账账户的借方或贷方。汇总转账凭证格式如表6-91所示。

表6-91 汇总转账凭证

贷方科目:　　　　　　　　　　　　　年　月　　　　　　　　　　　　　汇转字　第　号

借方科目	金额									合计
	日至	日转账凭证	号至	号	日至	日转账凭证	号至	号	日至	日转账凭证	号至	号	
本月合计										

为了便于编制汇总转账凭证,在日常编制转账凭证时,会计分录的形式最好是一借一贷、多借一贷,不宜一借多贷或多借多贷的会计分录形式。

三、汇总记账凭证账务处理程序的凭证与账簿设置

在汇总记账凭证账务处理程序下,记账凭证只能采用专用记账凭证,除设置收款凭证、付款凭证和转账凭证外,还应设置汇总收款凭证、汇总付款凭证和汇总转账凭证。使用的会计账簿与记账凭证账务处理程序基本相同。

四、汇总记账凭证账务处理程序的内容

汇总记账凭证账务处理程序的基本步骤如下(见图6-58):

(1) 根据原始凭证或汇总原始凭证,编制收款凭证、付款凭证和转账凭证。

(2) 根据收款凭证、付款凭证逐笔登记库存现金日记账和银行存款日记账。

(3) 根据原始凭证、汇总原始凭证和记账凭证,登记各种明细分类账。

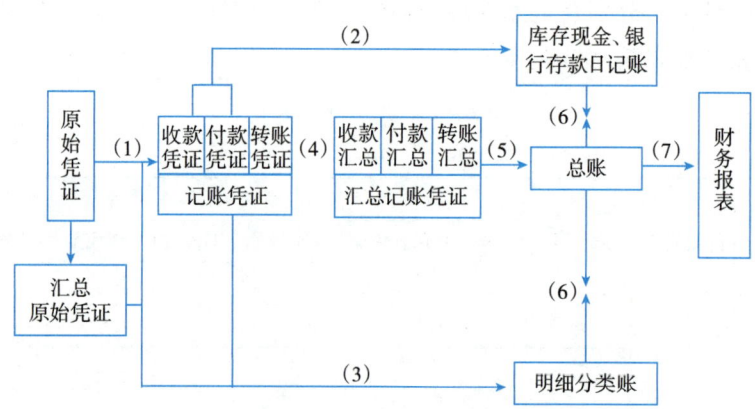

图 6-58 汇总记账凭证账务处理程序基本步骤示意图

(4) 根据各种记账凭证编制汇总记账凭证，包括汇总收款凭证、汇总付款凭证和汇总转账凭证。

(5) 根据各种汇总记账凭证登记总分类账。

(6) 期末，将库存现金日记账、银行存款日记账和明细分类账的余额同有关总分类账的余额核对相符。

(7) 期末，根据总分类账和明细分类账的记录，编制财务报表。

五、汇总记账凭证账务处理程序的优缺点及适用范围

（一）优点

(1) 可以减少登记总账的工作量。根据汇总记账凭证的汇总发生额，在月中定期或月末一次性登记总分类账，大大减少了登记总账的工作量。

(2) 可以清楚地反映账户之间的对应关系。汇总记账凭证账务处理程序采用的是专用记账凭证和汇总记账凭证，能够清晰地反映账户的对应关系，便于了解经济业务的来龙去脉。

（二）缺点

按每一贷方科目编制汇总转账凭证不利于会计核算的日常分工，当转账凭证较多时，编制汇总转账凭证的工作量较大。

（三）适用范围

该账务处理程序适用于规模较大、业务量较多的单位，尤其是转账业务少，但收、付款业务较多的单位。

引例解析

由于万方公司规模扩大，经济业务变多，尤其是收、付款业务较多，因此，选择汇总记账凭证账务处理程序较为合适。采用该程序既可以减少登记总账的工作量，又能全面反映账户的对应关系，便于核查账目。

思政在线

践行会计社会责任，赋能乡村振兴新征程

湖北中信会计师事务所紧跟国家"三农"方针政策，积极投身于乡村振兴事业，通过一系列专

业服务和创新举措，为武汉市农业农村发展注入了新的活力。

中信会计师事务所充分发挥专业优势，接受委托对地方高标准农田建设项目实施情况进行稽查，通过稽查工作，不仅为政府制定相关管理规范、完善监督程序提供了专业研究依据，还有力推动了高标准农田建设的合理控制和委托管理方式的完善；积极参与专项整治突出问题的治理检查工作，有效推进了农村集体"三资"管理突出问题专项整治工作的深入开展；编撰了《武汉市地方政策性农业保险实务操作指南》，该指南的编撰属于全国首创；通过加强执业人员对中央关于"三农"政策和乡村振兴工作精神的重点把握，结合自身专业开展相关政策系列研究，将研究成果运用到助力"三农"工作发展及乡村振兴事业服务工作中。

中信会计师事务所的实践证明，会计不仅是经济活动的"记录者"，还是乡村振兴的"赋能者"。在全面推进中国式现代化的新征程中，会计行业需进一步发挥专业优势，将社会责任融入职业使命，以精准的财务服务、创新的资源配置、科学的风险管理，为乡村振兴注入专业力量，书写新时代会计人的担当答卷。

项目小结

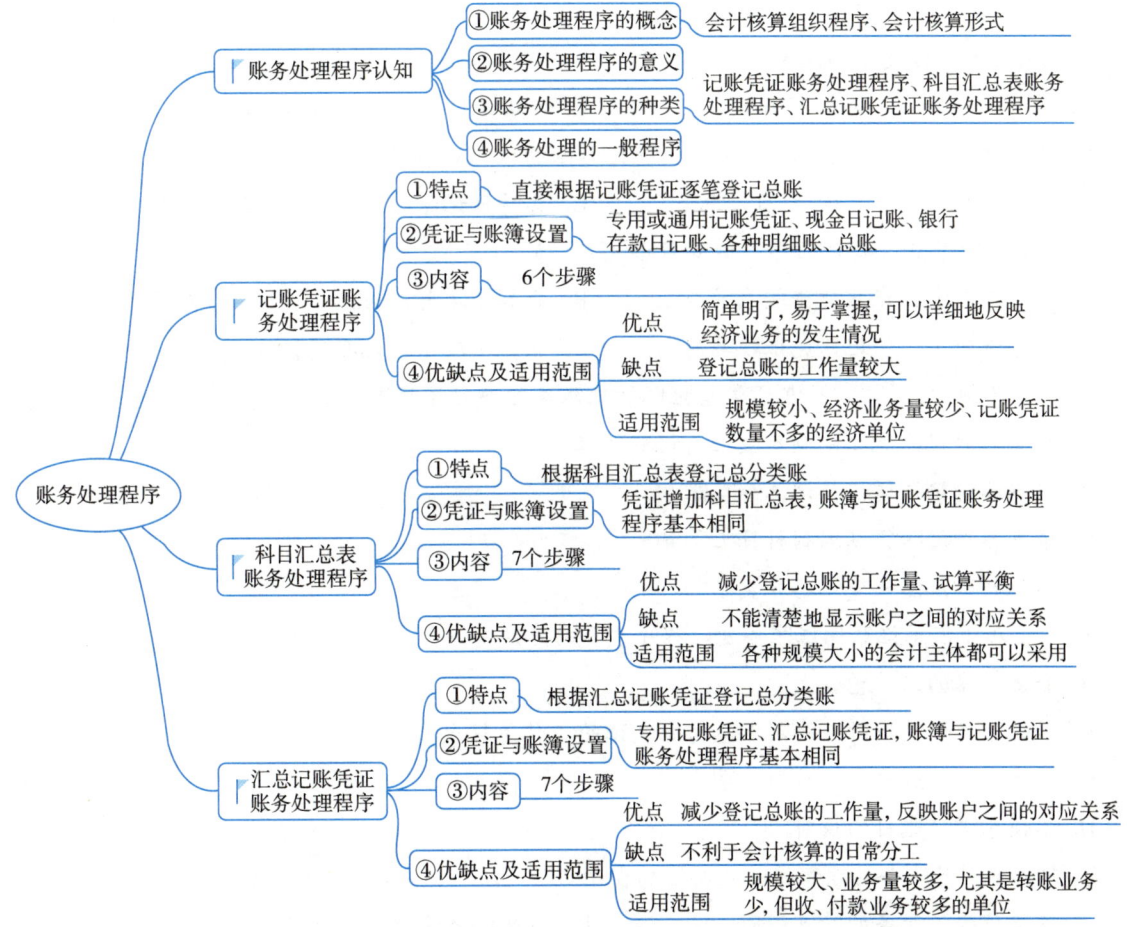

项目训练与测试

一、单项选择题

1. 为了便于填制汇总转账凭证，平时填制转账凭证时，应尽可能使账户的对应关系保持（　　）。
   A. "一借一贷"或"一贷多借"
   B. "一借一贷"或"一借多贷"
   C. "一贷多借"或"多借多贷"
   D. "一借多贷"或"多借多贷"

2. 在记账凭证账务处理程序下，总分类账的记账依据是（　　）。
   A. 原始凭证　　　B. 记账凭证　　　C. 科目汇总表　　　D. 汇总记账凭证

3. 在各种账务处理程序中，其相同的是（　　）。
   A. 登记总账的依据
   B. 登记明细账的依据
   C. 账务处理的程序
   D. 优缺点及适用范围

4. 甲公司采用科目汇总表账务处理程序进行记账，20×5年5月1日至15日发生下列收付业务：①以现金支付修理费1 000元；②以银行存款偿还应付账款11 700元；③通过银行收取货款34 000元；④转让残料取得现金收入1 300元，已存入银行。5月15日甲公司编制科目汇总表时，银行存款科目的借方发生额应为（　　）元。
   A. 35 300　　　B. 23 600　　　C. 34 000　　　D. 35 000

5. 采用科目汇总表账务处理程序时，登记总账的依据是（　　）。
   A. 原始凭证　　　B. 科目汇总表　　　C. 各种日记账　　　D. 记账凭证

6. 科目汇总表账务处理程序一般适用于（　　）。
   A. 业务量较大，记账凭证较多的企业
   B. 业务量较大，但记账凭证较少的企业
   C. 业务量较小，但记账凭证较多的企业
   D. 业务量较小，记账凭证较少的企业

7. 下列各项中，（　　）属于汇总记账凭证账务处理程序步骤。
   A. 根据各种记账凭证编制有关汇总记账凭证
   B. 根据各种记账凭证登记总分类账
   C. 根据各种记账凭证编制科目汇总表
   D. 根据科目汇总表登记总分类账

8. 以下属于汇总记账凭证账务处理程序主要缺点的是（　　）。
   A. 登记总账的工作量较大
   B. 当转账凭证较多时，编制汇总转账凭证的工作量较大
   C. 不便于体现账户间的对应关系
   D. 不便于进行账目的核对

9. 各种不同的账务处理程序的主要区别在于（　　）。
   A. 各单位经济业务的特点不同
   B. 各单位经营管理的要求不同
   C. 登记总分类账的依据和方法不同
   D. 凭证的传递程序不同

10. 企业的会计凭证、会计账簿、会计报表相结合的方式称为（　　）。

A. 账簿组织　　　　B. 账务处理程序　　　C. 记账工作步骤　　　D. 会计组织形式

11. 编制科目汇总表的直接依据是（　　）。

A. 原始凭证　　　B. 原始凭证汇总表　C. 记账凭证　　　D. 汇总记账凭证

12. 下列关于汇总记账凭证账务处理程序缺点的表述中，正确的是（　　）。

A. 总分类账中无法清晰地反映科目之间的对应关系

B. 登记总分类账的工作量较大

C. 编制汇总记账凭证的程序比较简单

D. 当转账凭证较多时，编制汇总转账凭证的工作量较大

13. 科目汇总表的汇总范围是（　　）。

A. 全部科目的借方余额　　　　　　B. 全部科目的贷方余额

C. 全部科目的借、贷方发生额　　　D. 部分科目的借、贷方发生额

14. 在汇总记账凭证账务处理程序下，记账凭证宜采用（　　）。

A. 通用的统一格式的记账凭证

B. 收款、付款、转账三种专用格式的记账凭证

C. 数量金额式

D. 横线登记式

15. 科目汇总表的主要缺点是（　　）。

A. 不能汇总每一账户的发生额　　　B. 不能汇总各账户的借、贷方的发生额

C. 无法反映账户的对应关系　　　　D. 不能起到入账前的试算平衡作用

二、多项选择题

1. 下列各项中，（　　）可以作为记账凭证的编制依据。

A. 每一张原始凭证　　　　　　　　B. 若干张同类原始凭证

C. 原始凭证汇总表　　　　　　　　D. 付款凭证

2. 下列各项中，（　　）属于我国常用账务处理程序。

A. 记账凭证账务处理程序　　　　　B. 汇总记账凭证账务处理程序

C. 科目汇总表账务处理程序　　　　D. 总账账务处理程序

3. 汇总记账凭证账务处理程序下，会计凭证除设置收款凭证、付款凭证、转账凭证外，还应设置（　　）。

A. 科目汇总表　　　　　　　　　　B. 汇总收款凭证

C. 汇总付款凭证　　　　　　　　　D. 汇总转账凭证

4. 账务处理程序是指（　　）结合的方式。

A. 会计报表　　　B. 会计账簿　　　C. 会计凭证　　　D. 原始凭证

5. 建立怎样的账务处理程序是由多种因素决定的，如（　　）。

A. 经济活动的实际情况　　　　　　B. 规模大小

C. 经营管理的需要　　　　　　　　D. 会计核算成本

6. 采用科目汇总表账务处理程序时，月末应将（　　）与总分类账进行核对。

A. 现金日记账　　　　　　　　　　B. 明细分类账

C. 汇总记账凭证　　　　　　　　　　D. 银行存款日记账

7. 能够起到简化登记分类账工作作用的是（　　）账务处理程序。

A. 汇总记账凭证　　　　　　　　　　B. 记账凭证

C. 科目汇总表　　　　　　　　　　　D. 日记总账

8. 在汇总记账凭证账务处理程序下，月末应与总账核对的内容有（　　）。

A. 银行存款日记账　　　　　　　　　B. 会计报表

C. 明细账　　　　　　　　　　　　　D. 记账凭证

9. 下列会计科目中，（　　）适用按会计科目贷方分别编制汇总付款凭证。

A. 库存现金　　　B. 银行存款　　　C. 应付账款　　　D. 其他应付款

10. 选用账务处理程序，应符合的要求有（　　）。

A. 与单位规模大小、业务繁简程度相适应

B. 保证能正确、全面、及时、系统地提供会计信息使用者所需用的各种会计信息

C. 手续力求简便，有利于节约记账时间

D. 有利于满足对账的需要

11. 由于采用的账务处理程序不同，总账的登记依据为（　　）。

A. 记账凭证　　　B. 汇总记账凭证　　　C. 科目汇总表　　　D. 多栏式现金日记账

12. 在记账凭证账务处理程序下，记账凭证可以采取的格式有（　　）。

A. 收、付、转三种凭证　　　　　　　B. 通用记账凭证

C. 汇总记账凭证　　　　　　　　　　D. 科目汇总表

13. 在记账凭证账务处理程序下，登记总账的依据有（　　）。

A. 收款凭证　　　B. 付款凭证　　　C. 转账凭证　　　D. 汇总原始凭证

14. 采用科目汇总表账务处理程序时，月末应将（　　）与总分类账进行核对。

A. 现金日记账　　　B. 银行存款日记账　　　C. 明细分类账　　　D. 科目汇总表

15. 科目汇总表的编制要点有（　　）。

A. 根据记账凭证，按相同会计科目编制

B. 将汇总的有关数额，分别填入科目汇总表的相应栏目内

C. 定期汇总每一会计科目的借方发生额和贷方发生额

D. 会计科目汇总后进行试算平衡

三、判断题

1. 记账凭证账务处理程序、科目汇总表账务处理程序和汇总记账凭证账务处理程序登记总分类账的依据和方法不同，总分类账的格式也不尽相同。（　　）

2. 汇总收款凭证，是按照库存现金科目、银行存款科目贷方分别编制，按照与所设置科目相对应的借方科目加以归类、汇总填列。（　　）

3. 汇总记账凭证和科目汇总表编制的依据和方法相同。（　　）

4. 科目汇总表的作用与汇总记账凭证相似，但它们的结构不同，填制的方法也不同。（　　）

5. 在各种不同账务处理程序下，会计报表的编制依据都是相同的。（　　）

6. 同一企业可以同时采用几种不同的账务处理程序。（　　）

7. 各种明细账的登账依据，既可以是原始凭证、原始凭证汇总表，也可以是记账凭证。
（　　）

8. 账务处理程序是指运用一定的记账方法，从填制、审核会计凭证，登记账簿，直到编制会计报表的记账程序。（　　）

9. 各种账务处理程序的区别主要是登记总分类账的依据不同。（　　）

10. 每种账务处理程序只是在记账和提供会计资料的步骤和方法上有一定区别，无论采用哪种账务处理程序，会计核算的最终结果都是一致的。（　　）

11. 各种账务处理程序之间的区别在于编制会计报表的依据和方法不同。（　　）

12. 由于各企业单位业务性质、规模大小、业务繁简程度各有不同，所以它们所采用的账务处理程序也就有所不同。（　　）

13. 各种账务处理程序，虽各有特点，为扬长避短，在日常实际工作中可以相互结合使用。
（　　）

14. 账务处理程序不同，现金日记账、银行存款日记账登记的依据也不同。（　　）

15. 编制财务会计报告是企业账务处理程序的组成部分。（　　）

四、业务题

佳美服饰有限公司是一家生产服装的企业，税务部门核定其为一般纳税人，增值税税率为13%。佳美服饰有限公司20×5年5月各总分类账及相关明细账的账户余额如下两张表所示。

总分类账户余额　　　　　　　　　　　　　　　　　单位：元

账户名称	期初余额	
	借方	贷方
库存现金	4 000	
银行存款	231 000	
应收账款	120 333	
原材料	56 000	
生产成本	800	
库存商品	3 000	
固定资产	98 993	
累计折旧		8 500
短期借款		35 000
实收资本		300 000
盈余公积		40 000
利润分配		130 626
合计	514 126	514 126

原材料明细账户余额

材料名称	计量单位	数量	单价（元）	金额（元）
甲材料	米	1 450	26	37 700
乙材料	件	366	50	18 300
合计				56 000

佳美服装有限公司5月发生经济业务如下：

（1）3日，从科迪公司购入甲材料600米，单价26元，增值税税率为13%，材料已经验收入库，款项用银行存款支付。

（2）5日，向理想服饰公司出售A产品200件，每件售价230元，货款46 000元，销项税额5 980元，货款已存入银行。

（3）6日，生产A产品领用甲材料300米，单位成本34元；领用乙材料120件，单位成本55元。

（4）15日，从金蔻公司购入乙材料230件，单价56元/件，增值税税率为13%，材料已验收入库，款项用银行存款支付。

（5）19日，以银行存款支付广告费1 000元，增值税税额60元。

（6）20日，以银行存款归还短期借款2 300元。

（7）20日，向梦飞服饰公司出售A产品1 200件，每件售价245元，款项尚未支付。

（8）21日，行政部门用现金购买办公用品，花费881.40元，其中增值税税额为101.40元。

（9）22日，以现金支付销售部门李博预借差旅费4 500元。

（10）22日，按公司相关规定取得现金罚款收入5 650元。

（11）23日，以银行存款发放职工工资188 000元。

（12）24日，职工李博出差回来，报销差旅费6 580元，用银行存款补付不足部分。

（13）25日，以银行存款支付生产车间厂房的租赁费4 000元。

（14）27日，分配本月工资费用，其中生产人员工资162 000元，车间管理人员工资18 600元，行政管理人员工资7 400元。

（15）30日，理想服饰公司以现金支付前欠款项980元。

（16）30日，以银行存款向慈善机构捐款37 000元。

（17）31日，计提本月银行短期借款利息440元。

（18）31日，计提本月固定资产折旧20 800元，其中，生产车间固定资产折旧18 600元，行政管理部门固定资产折旧2 200元。

（19）31日，结转本月产品负担的制造费用。

（20）31日，月末尚有产品未完工，完工产品成本218 800元，结转完工产品成本。

（21）31日，结转本月已售产品成本194 700元。

（22）31日，结转本月各项收入。

（23）31日，结转本月各项费用。

要求：运用记账凭证账务处理程序对佳美服装有限公司5月发生的经济业务进行会计核算。

五、思考题

1. 账务处理程序有何意义？
2. 各种账务处理程序划分的依据是什么？
3. 简述记账凭证账务处理程序的基本步骤。
4. 记账凭证账务处理程序的优缺点、适用范围分别是什么？
5. 科目汇总表账务处理程序的优缺点、适用范围分别是什么？

项目七 财产清查

学习目标

知识目标：

了解财产清查的作用和种类，熟悉清查的一般程序，掌握各种财产清查的方法和财产清查结果的处理。

能力目标：

能够按照规范程序进行财产清查，能够编制银行存款余额调节表，能够进行财产清查结果的账务处理。

素质目标：

培养细心严谨的工作作风和科学的质疑精神。

任务一　财产清查概述

任务引例

2023年年末，万方公司组织财产清查工作，公司负责人提出为了不影响生产进度，只需要进行货币资金和往来账项的清查，存货和固定资产的清查可以不进行，等到公司不忙的时候再仔细清查。

讨论： 你认为万方公司的做法对吗？

知识讲解

一、财产清查的概念和意义

（一）财产清查的概念

财产清查是指通过对货币资金、实物资产和往来款项的盘点或核对，确定其实存数，查明账存数与实存数是否相符的一种专门方法。

实际工作中，企业财产物资的账存数与实存数常常出现不符的情况，造成账实不符的原因很多，一般可归纳为以下几种情况：

（1）财产物资在保管过程中发生的自然损耗；
（2）在收发财产物资时，由于计量、计算、检验不准确而发生的品种、数量、质量上的差错；
（3）在财产物资增减变动时，没有及时办理手续或在计算、登记上发生了差错；
（4）由于管理不善、制度不严造成财产物资的损坏、丢失、被盗；
（5）在账簿记录中发生的重记、漏记、错记；
（6）自然灾害造成的非常损失；
（7）未达账项。

由于上述各种原因对财产物资的实际影响，为了确定企业财产物资的实有数，保证会计资料的真实性、正确性，各单位必须建立财产清查制度。

（二）财产清查的意义

财产清查是会计核算的一种专门方法，也是财产管理的一项重要制度。加强财产清查工作，对加强企业管理，充分发挥会计的监督作用具有重要意义。

1. 保证账实相符，提高会计资料的准确性

通过财产清查，可以查明各项财产物资的实有数，进而将实有数和账面数进行对比。存在差异的，要查明原因，分清责任，并按规定的手续及时调整账面数字，保证账实相符和会计资料的真实可靠。

2. 保障财产物资的安全与完整

通过财产清查，可以查明财产物资有无毁损、变质及私人占用情况，以便及时采取有效措施，加强管理，进一步建立健全财产管理制度，落实岗位责任制，切实保障各项财产物资的安全与完整。

3. 加速资金周转，提高资金使用效益

通过财产清查，可以揭示财产物资的储备和使用情况，查明是否有超储、积压、浪费、闲置等问题，合理安排生产经营活动，充分利用各项财产物资，加速资金周转，提高资金使用效益。

二、财产清查的种类

(一) 按财产清查的范围，分为全面清查和局部清查

1. 全面清查

全面清查是指对单位所有财产进行全面盘点和核对。全面清查的范围广、内容多、耗时长、工作量大，不是经常进行。一般在以下几种情况下，需要进行全面清查：

(1) 在年终结算之前；

(2) 单位撤销、合并或改变隶属关系之前；

(3) 中外合资、国内合资之前；

(4) 企业股份制改制之前；

(5) 开展全面的资产评估、清产核资之前；

(6) 单位主要领导调离工作之前。

2. 局部清查

局部清查是指根据需要对单位部分财产进行盘点和核对。局部清查范围小、内容少、时间短、参与人员少，但专业性较强，主要是对货币资金、存货等流动性较大的财产的清查。

局部清查一般包括：

(1) 对现金的清查，应由出纳员在每日业务终了时进行清点，做到日清月结；

(2) 对于银行存款，至少每月应同银行核对一次；

(3) 对于各种债权债务，每年至少同对方核对一次至两次；

(4) 贵重物品每月清查盘点一次；

(5) 存货中流动性较大的，除年终决算时进行全面清查外，年内还要轮流盘点或重点抽查。

(二) 按财产清查的时间，分为定期清查和不定期清查

1. 定期清查

定期清查是指按照预先计划安排的时间对财产物资进行的清查，通常在年末、季末、月末和每日结账时进行。定期清查可以是全面清查，也可以是局部清查，一般是在年终决算前进行全面清查，季末、月末和每日结账时进行局部清查。

2. 不定期清查

不定期清查是指事先并无规定的清查时间，而是根据实际需要对财产物资进行的临时性清查。一般来说，不定期清查在下列情况下进行：

(1) 更换出纳人员或其他财产物资保管人员；

(2) 财产物资遭受自然灾害或意外损失；

(3) 开展临时性清产核资时；

(4) 上级主管、财政、审计、税务和银行等部门对企业进行检查。

同定期清查一样，不定期清查可以是全面清查，也可以是局部清查。

(三) 按照财产清查的执行系统，分为内部清查和外部清查

1. 内部清查

内部清查是指由本单位内部自行组织清查工作小组所进行的财产清查工作。大多数财产清查是内部清查。

2. 外部清查

外部清查是指由上级主管部门、审计机关、司法部门、注册会计师等根据国家有关规定或情况需要对本单位所进行的财产清查。

一般来讲，进行外部清查时应有本单位相关人员参加。

三、财产清查的一般程序

财产清查涉及面广、工作量大，是一项极为复杂、细致的工作，在财产清查前必须有组织、有步骤、有计划地认真做好各方面准备工作，其一般程序如下：

（1）成立财产清查领导小组；
（2）确定财产清查对象、范围，明确清查任务；
（3）制订清查方案，具体安排清查的内容、时间、步骤、方法，以及必要的清查前准备；
（4）清查时本着先清查数量、核对有关账簿记录，后认定质量的原则进行；
（5）填制盘存清单；
（6）根据盘存清单填制实物、往来款项清查结果报告表。

引例解析

财产清查不仅是会计核算的重要方法，也是财产物资管理制度的重要内容。通过财产清查，可以提高会计核算资料的质量，反映财产物资的使用情况，一旦发现账实不符，应采取相应处理措施，发现贪污盗窃等行为应及时追究责任，保障会计信息的真实性。引例中万万公司负责人的做法是不对的，年底决算前，企业应进行全面清查工作，清查的范围是所有财产物资。

知识链接

财产清查前的准备工作

1. 组织准备

在进行财产清查前，要专门成立清查组织，负责财产清查的组织和管理。在清查过程中，清查组织还必须做好监督和检查工作，及时研究、处理清查中出现的问题。在清查结束后，应将清查的结果及其处理意见和建议以书面报告形式呈送有关部门审批。

2. 业务准备

会计部门和会计人员应在财产清查前，将有关账目登记齐全，结出余额，核对清楚，做到账簿记录完整、正确，账证相符，账账相符，为清查提供可靠的依据。同时，财产物资管理部门和保管人员应将截止日为止的所有经济业务，办理好凭证手续，全部登记入账，并结出余额。

任务二 货币资金清查

任务引例

万方公司的出纳员入职不久,对于现金业务的相关规定不甚了解,出现了不应有的错误。9月3日,在对现金清查时发现现金短缺60元;9月15日现金清查时,发现现金溢余25元。为了保全面子,且考虑两次账实不相符的金额很小,出纳员采取了以下处理方式:现金短缺60元,自掏腰包补上;现金溢余25元,自己收起。

讨论:该公司出纳员的做法错在何处,原因何在?

知识讲解

一、库存现金的清查

(一) 库存现金的清查方法

库存现金的清查是通过实地盘点的方法,确定库存现金的实存数,再通过与现金日记账进行核对,确定账实是否相符。

具体清查方法:由主管会计或财务负责人和出纳人员共同清点出各种纸币的张数和硬币的个数,确定库存现金的实存数,然后与库存现金日记账的账面余额进行核对,查明账实是否相符。清查人员还应认真审核现金收付凭证和有关账簿,检查账务处理是否合理合法,以及账簿记录有无错误;还应关注出纳人员是否有违反现金管理制度的现象,如白条抵库、现金坐支及超限额的现金库存等情况。

知识链接

白条、坐支和库存现金限额

白条,是指非正规收据或欠条,如用白纸、便签等作为收付款凭单。坐支,是指将单位销售所得的收入,直接用来支付自身的支出(银行特许者除外)。库存现金限额,一般由单位提出计划,经开户银行核定,一般为本单位3~5天的日常零星开支所需额。

清查结束后,根据清查结果填制"库存现金盘点报告表",由清查人员和出纳人员共同签字盖章。"库存现金盘点报告表"如表7-1所示。

表7-1 库存现金盘点报告表

单位名称: 年 月 日

实存金额	账存金额	对比结果		备注
		盘盈	盘亏	
100元面值 张				
50元面值 张				
20元面值 张				
……				

续表

实存金额	账存金额	对比结果		备注
		盘盈	盘亏	
合计				

盘点人（签章）：　　　　　　　　　　　　　　　　　　出纳员（签章）：

（二）库存现金清查结果的处理

1. 库存现金盘盈

库存现金盘盈时，按盘盈的金额借记"库存现金"科目，贷记"待处理财产损溢——待处理流动资产损溢"科目。

报经批准后，借记"待处理财产损溢——待处理流动资产损溢"科目。属于需要支付或退还他人的，贷记"其他应付款"科目；属于无法查明原因的，贷记"营业外收入"科目。

【例7.1】万方公司在财产清查过程中盘盈库存现金20 000元，其中12 000元属于应支付给张华的加班工资，剩余盘盈金额无法查明原因。编制会计分录如下：

（1）批准前：

借：库存现金　　　　　　　　　　　　　　　　　　　　　　　　　　20 000
　　贷：待处理财产损溢——待处理流动资产损溢　　　　　　　　　　　　20 000

（2）批准后：

借：待处理财产损溢——待处理流动资产损溢　　　　　　　　　　　　　20 000
　　贷：其他应付款——张华　　　　　　　　　　　　　　　　　　　　　12 000
　　　　营业外收入　　　　　　　　　　　　　　　　　　　　　　　　　 8 000

2. 库存现金盘亏

库存现金盘亏时，按盘亏的金额借记"待处理财产损溢——待处理流动资产损溢"科目，贷记"库存现金"科目。

报经批准后，应由责任人或保险公司赔偿的部分，借记"其他应收款"科目，无法查明原因的，借记"管理费用"科目；贷记"待处理财产损溢——待处理流动资产损溢"科目。

【例7.2】万方公司在财产清查中发现库存现金盘亏8 000元，其中出纳人员赵力应赔偿4 000元，剩余部分无法查明原因。编制会计分录如下：

（1）批准前：

借：待处理财产损溢——待处理流动资产损溢　　　　　　　　　　　　　 8 000
　　贷：库存现金　　　　　　　　　　　　　　　　　　　　　　　　　　 8 000

（2）批准后：

借：其他应收款——赵力　　　　　　　　　　　　　　　　　　　　　　　4 000
　　管理费用　　　　　　　　　　　　　　　　　　　　　　　　　　　　4 000
　　贷：待处理财产损溢——待处理流动资产损溢　　　　　　　　　　　　 8 000

引例解析

万方公司出纳员对现金清查结果的处理是错误的，这种处理方式可能会掩盖公司在现金管理与核算中存在的问题。正确的处理方法是，对现金清查中发现的账实不符，应通过"待处理财产损溢"科目进行核算，待查明原因后按规定转账，若无法查明原因，报经主管人员批准后，转作"营业外收入"或"管理费用"。

二、银行存款的清查

（一）银行存款的清查方法

银行存款的清查是通过与开户银行核对账目来进行的，即将本单位银行存款日记账的账簿记录与开户银行转来的对账单逐笔进行核对，来查明双方记账是否有误以及余额是否相符。银行存款的清查一般在月末进行。

银行存款日记账与银行对账单不一致的原因往往有两个方面：一是双方或一方记账有误；二是存在未达账项。

所谓未达账项，是指企业与银行之间，由于凭证的传递时间不同，导致双方记录时间的不一致，即一方已经取得凭证登记入账，而另一方由于未取得凭证尚未入账的款项。概言之，未达账项有两大类型：一是企业已经入账而银行尚未入账的款项，二是银行已经入账而企业尚未入账的款项。具体来说，有以下四种情况：

（1）企业已经收款入账，银行尚未收款入账的款项（简称"企业已收，银行未收"）。如企业将收到购货单位的转账支票送存银行，并已登记增加银行存款账户，但是，银行因尚未办妥转账收款手续而没有入账。

（2）企业已经付款，银行尚未付款入账的款项（简称"企业已付，银行未付"）。如企业签发转账支票，已经付款记账，但是，收款单位尚未到银行办理转账手续而银行没有入账。

（3）银行已经收款入账，企业尚未收款入账的款项（简称"银行已收，企业未收"）。如企业委托银行代收购货款项，银行已经办妥收款手续并且入账，但是，因收款通知尚未到达企业而使企业没有入账。

（4）银行已经付款入账，企业尚未付款入账的款项（简称"银行已付，企业未付"）。如企业应付给银行的借款利息，银行已经办妥付款手续并且入账，但是，因付款通知尚未到达企业而使企业没有入账。

上述任何一种未达账项的存在，都会导致银行存款日记账的余额与银行对账单的余额不符。在与银行对账时首先应查明是否存在未达账项，如果存在未达账项，应编制"银行存款余额调节表"予以调整，如果没有记账错误，调节后的双方余额应相等。

银行存款清查应按以下四个步骤进行：

（1）将本单位银行存款日记账与银行对账单，以结算凭证的种类、号码和金额为依据，逐日逐笔核对。凡是双方都有记录的，用铅笔在金额旁边打上记号"✓"。

（2）找出未达账项（银行存款日记账与银行对账单中没有打"✓"的款项）。

（3）根据日记账和对账单余额以及未达账项编制"银行存款余额调节表"。

（4）将调整平衡的"银行存款余额调节表"，经主管会计签章后，呈报开户银行。

（二）银行存款余额调节表的编制

银行存款余额调节表的编制方法是在双方账面余额的基础上，分别加上对方已收而本方未收，

减去对方已付而本方未付的账项金额,其计算公式为

企业银行存款日记账余额+银行已收企业未收款-银行已付企业未付款=银行对账单余额+企业已收银行未收款-企业已付银行未付款

【情境训练7-1】

佳美服饰有限公司开户行寄来20×5年10月银行对账单,会计人员王芬将银行存款日记账与银行对账单进行核对,公司银行存款日记账余额是496 000元,银行对账单余额是617 200元,经过认真逐笔核对,公司与银行均无记账错误,王芬发现存在几笔未达账项,情况如下:

(1) 10月28日,公司偿还鑫旺公司货款70 000元已登记入账,但银行对账单尚未登记该项业务;

(2) 10月29日,公司收到转账支票一张,销售商品款,金额为13 200元,已登记入账,但未见银行对账单上登记该项业务;

(3) 10月30日,银行对账单上记录,由银行代公司支付电费5 600元,但企业尚未收到付款通知单,未登记入账;

(4) 10月30日,银行对账单有一笔收到客户汇入的货款70 000元,但企业尚未收到收款通知单,未登记入账。

经分析,王芬编制了银行存款余额调节表(见表7-2)。

表7-2 银行存款余额调节表

20×5年10月31日　　　　　　　　　　　　　　　　　　单位:元

项目	金额	项目	金额
企业银行日记账余额	496 000	银行对账单余额	617 200
加:银行已收,企业未收	70 000	加:企业已收,银行未收	13 200
减:银行已付,企业未付	5 600	减:企业已付,银行未付	70 000
调节后的存款余额	560 400	调节后的存款余额	560 400

分析提示:

未达账项不是错账、漏账,因此无须根据银行存款余额调节表做任何账务处理,待收到有关凭证后,再同正常业务一样进行处理。企业编制银行存款余额调节表的目的主要是检查账簿记录是否存在错误。银行存款余额调节表上调节后的余额,代表企业可以实际动用的银行存款数额。

任务三　实物资产清查

任务引例

万方公司11月发生了一场火灾,材料损失达60万元。保险公司赔偿20万元,公司领导为了保证利润指标的实现,经过商议,要求财务部门不列报毁损材料。

讨论:万方公司的做法会产生什么结果?应如何进行正确的会计处理?

知识讲解

一、实物资产的清查方法

实物资产的清查主要包括存货（如原材料、在产品、库存商品、半成品、低值易耗品等）和固定资产的清查。由于实物的形态、体积、重量、码放方式等不同，采用的清查方法也不同，主要包括实地盘点法、技术推算法和抽样盘点法三种。

（一）实地盘点法

实地盘点法是指在财产物资存放现场逐一清点数量或用计量仪器确定其实存数的一种方法。这种方法适用范围比较广，数字准确可靠，但是工作量比较大，大部分财产物资的清查采用这种方法。

（二）技术推算法

技术推算法是指利用技术方法推算财产物资实存数的方法。这种方法适用于数量大、价值比较低、不便一一清点的财产物资，如堆放的砂石、煤炭、盐、化肥等物资。这种方法工作量小，但是数字不够准确。

（三）抽样盘点法

对某些价值比较小，数量又多，不便于逐一清点的存货，可以先测定总体或总量，然后从总体或总量中抽取少量样本，确定样本的数量，从而推算出总体数量。抽样盘点法适用于价值较小，数量又多，不便于逐一进行清点，质量比较均匀的存货。

为了明确责任，对实物进行清查时，实物资产的保管人员和清查人员必须同时在场，并参加清查工作。清查结束后，清查人员应将清查结果逐一如实地登记在"盘存单"上，由清查人员和保管人员同时签章生效。"盘存单"既是记录清查结果的书面证明，也是反映实物实存数的原始凭证，其一般格式见表7-3。

表7-3 盘存单

财产类别：　　　　　　存放地点：　　　　　　盘点时间：　　　　　　编号：

序号	名称	规格型号	计量单位	盘点数量	单价	金额	备注

盘点人（签章）：　　　　　　　　　　　　实物保管人（签章）：

为了查明账存数与实存数是否一致，确定实物资产的盘盈或盘亏情况，应根据"盘存单"和有关账簿的记录，编制"账存实存对比表"。"账存实存对比表"是调整账面记录的原始凭证，也是分析产生差异原因、明确经济责任的依据。"账存实存对比表"一般格式见表7-4。

表7-4 账存实存对比表

年　月　日　　　　　　　　　　　　　　　　　　　　　　编号：

序号	名称	规格型号	计量单位	实存		账存		盘盈		盘亏	
				数量	金额	数量	金额	数量	金额	数量	金额

盘点人（签章）：　　　　　　　　　　　　　　　　　　　会计（签章）：

二、存货的盘存制度

财产清查的重要环节是盘点财产物资，尤其是存货的实存数量。存货的盘存制度，就是确定期末库存数量的方法。在实际中，存货的盘存制度有两种：永续盘存制和实地盘存制。

1. 永续盘存制

永续盘存制也称账面盘存制，是指通过设置存货明细账，逐日逐笔地登记收入数、发出数，并随时结出结存数的一种存货盘存制度。其计算公式如下：

期末存货成本＝期初存货成本＋本期收入的存货成本－本期发出的存货成本

【例7.3】万方公司对A材料采用永续盘存制进行收入、发出和结存核算。A材料20×5年6月结存1 200千克，计12 000元；2日购进入库1 300千克，实际成本13 000元；6日生产领用1 500千克，计15 000元；10日购进入库800千克，实际成本8 000元；20日生产领用600千克，计6 000元；月末盘点A材料实存1 150千克，计11 500元。根据上述资料，A材料明细账（永续盘存制）的记录如表7-5所示。

表7-5 原材料明细分类账

货号：213109　　　　　品名：A材料　　　　计量单位：千克　　　　存放地点：第三仓库　　　　第　　页

20×5年		凭证		摘要	收入			发出			结存		
月	日	字	号		数量	单价	金额（元）	数量	单价	金额（元）	数量	单价	金额（元）
6	1			期初余额							1 200	10	12 000
	2	略	略	材料入库	1 300	10	13 000				2 500	10	25 000
	6	略	略	发出材料				1 500	10	15 000	1 000	10	10 000
	10	略	略	材料入库	800	10	8 000				1 800	10	18 000
	20	略	略	发出材料				600	10	6 000	1 200	10	12 000
	30			本月合计	2 100	10	21 000	2 100	10	21 000	1 200	10	12 000

永续盘存制的优点：核算严密及时，可以随时掌握和了解存货的收入、发出和结存情况，有利于加强对存货的管理和监督。因此，在实际工作中，除少数情况外，对存货核算时均应采用永续盘存制。

永续盘存制的缺点：存货的明细分类核算工作量较大，对于存货品种复杂、繁多的企业，需要投入大量的人力和物力，也可能发生账实不符的情况。【例7.3】中，A材料的月末账存数为1 200千克，而盘点的实存数为1 150千克，这说明，即使是在永续盘存制下，有时也会由于记录不当或保管不善等，使得存货的账面余额与实际结存数存在差异。因此，采用永续盘存制，也需要对各项存货进行定期或不定期的清查,以达到账实相符的目的。

2. 实地盘存制

实地盘存制,也称定期盘存制,是指平时只在账簿中登记存货的增加数,而不登记减少数,期末,将实地盘点确定的实存数作为账面结存数,然后倒挤出本期减少数的一种盘存制度。在实地盘存制下,本期减少数的计算公式如下:

本期发出的存货成本 = 期初存货成本 + 本期收入的存货成本 – 期末存货成本

【例7.4】【例7.3】中,假设万方公司对A材料采用实地盘存制,进行收入、发出、结存的核算,则A材料明细账(实地盘存制)的记录如表7-6所示。

表7-6 原材料明细分类账

货号:213109　　　品名:A材料　　　计量单位:千克　　　存放地点:第三仓库　　　第　　页

20×5年		凭证		摘要	收入			发出			结存		
月	日	字	号		数量	单价	金额(元)	数量	单价	金额(元)	数量	单价	金额(元)
6	1			期初余额							1 200	10	12 000
	2	略	略	材料入库	1 300	10	13 000				2 500	10	25 000
	10	略	略	材料入库	800	10	8 000				800	10	33 000
	30	略	略	发出材料				2 150	10	21 500	3 300	10	11 500
	30			本月合计	2 100	10	21 000	2 150	10	21 500	1 150	10	11 500

实地盘存制的优点:不需要每天记录存货的发出和结存数量,从而简化了日常的核算工作。

实地盘存制的缺点:存货的减少数和结存数不能及时反映,不利于管理;倒挤出的本期减少数可能不仅是正常的耗用量,一部分非正常的损失也被包含在内,这样就会影响日常核算的真实性。因此,这种方法只适用于经营品种多、价值低、交易频繁的商品,以及数量不稳定、损耗大且难以控制的鲜活商品等商品流通企业。

三、存货清查结果的处理

(一)存货盘盈的账务处理

存货盘盈时,应及时办理存货入账手续,调整存货账簿的实存数。盘盈的存货应按其重置成本借记"原材料""库存商品"等科目,贷记"待处理财产损溢——待处理流动资产损溢"科目。

报经批准后,借记"待处理财产损溢"科目,贷记"管理费用"科目。

【例7.5】万方公司的财产清查中发现甲商品溢余50件,每件40元。经检查发现,盘盈的甲商品为收发计量差错所致。编制会计分录如下:

(1)批准前:

借:库存商品——甲商品　　　　　　　　　　　　　　　　　　　　　　　　　2 000
　　贷:待处理财产损溢——待处理流动资产损溢　　　　　　　　　　　　　　　2 000

(2)批准后:

借:待处理财产损溢——待处理流动资产损溢　　　　　　　　　　　　　　　　2 000
　　贷:管理费用　　　　　　　　　　　　　　　　　　　　　　　　　　　　　2 000

（二）存货盘亏的账务处理

存货盘亏时，应按盘亏的金额借记"待处理财产损溢——待处理流动资产损溢"科目，贷记"原材料""库存商品"等科目。

报经批准后，如为残料，按残料价值，借记"原材料"科目；应由责任人和保险公司赔偿的部分，借记"其他应收款"科目；扣除残料价值和应由保险公司、过失人赔款后的净损失，属于一般经营损失的部分，借记"管理费用"科目；属于非常损失的部分，借记"营业外支出"科目；贷记"待处理财产损溢——待处理流动资产损溢"科目。

【例7.6】万方公司的财产清查中发现M材料盘亏50千克，实际成本为30 000元。经查属于材料保管员的过失造成的，按规定由其个人赔偿20 000元。

（1）批准前，根据"账存实存对比表"编制以下会计分录：

借：待处理财产损溢——待处理流动资产损溢　　　　　　　　　　　　　33 900
　　贷：原材料——M材料　　　　　　　　　　　　　　　　　　　　　　30 000
　　　　应交税费——应交增值税（进项税额转出）　　　　　　　　　　　　3 900

（2）根据批准处理意见，编制如下会计分录：

借：其他应收款　　　　　　　　　　　　　　　　　　　　　　　　　　　20 000
　　管理费用　　　　　　　　　　　　　　　　　　　　　　　　　　　　13 900
　　贷：待处理财产损溢——待处理流动资产损溢　　　　　　　　　　　　33 900

引例解析

万方公司这样做会使利润虚增，影响信息使用者的正确决策。应在60万元的基础上，扣除保险公司赔款20万元以及材料的残值等项目，再记入"营业外支出"账户。

知识链接

不能抵扣的进项税额

按税收法律法规的规定，下列项目的进项税额不得从销项税额中抵扣：

（1）用于简易计税方法计税项目、免征增值税项目、集体福利或个人消费的购进货物、加工修理修配劳务、服务、无形资产和不动产。纳税人的交际应酬消费属于个人消费。

（2）非正常损失的购进货物，以及相关的加工修理修配劳务和交通运输服务。

（3）非正常损失的在产品、产成品所耗用的购进货物（不包括固定资产）、加工修理修配劳务和交通运输服务。

（4）非正常损失的不动产，以及该不动产所耗用的购进货物、设计服务和建筑服务。

（5）非正常损失的不动产、在建工程所耗用的购进货物、设计服务和建筑服务。纳税人新建、改建、扩建、修缮、装饰不动产，均属于不动产在建工程。

（6）购进的旅客运输服务、贷款服务、餐饮服务、居民日常服务和娱乐服务。

（7）财政部和国家税务总局规定的其他情形。

四、固定资产清查结果的处理

（一）固定资产盘盈的账务处理

盘盈的固定资产大多数为资产交付后未能及时入账造成，以及主观故意在前期少记以达到调节利润的目的。无论哪种情况，这个差错都发生在前期。因此，固定资产盘盈，按其重置成本借记"固定资产"科目，贷记"以前年度损益调整"科目，不通过"待处理财产损溢"科目核算。

【例7.7】万方公司在财产清查过程中，发现账外设备一台，其重置成本为70 000元。编制会计分录如下：

借：固定资产　　　　　　　　　　　　　　　　　　　　　　　　　　70 000
　　贷：以前年度损益调整　　　　　　　　　　　　　　　　　　　　　　70 000

（二）固定资产盘亏的账务处理

固定资产盘亏时，应及时办理固定资产注销手续。按盘亏固定资产的账面价值，借记"待处理财产损溢——待处理固定资产损溢"科目，按已提折旧额，借记"累计折旧"科目，按其原值，贷记"固定资产"科目。

报经批准后，除相关责任人及保险公司应赔偿部分借记"其他应收款"科目外，其余均借记"营业外支出"科目；贷记"待处理财产损溢——待处理固定资产损溢"科目。

【例7.8】万方公司在财产清查中，盘亏设备一台，原值为80 000元，已提折旧50 000元。经查明，过失人赔偿5 000元，已批准进行处理。编制会计分录如下：

(1) 批准前，根据固定资产的清查盘点报告单，编制以下会计分录：

借：待处理财产损溢——待处理固定资产损溢　　　　　　　　　　　　　30 000
　　累计折旧　　　　　　　　　　　　　　　　　　　　　　　　　　　50 000
　　　贷：固定资产　　　　　　　　　　　　　　　　　　　　　　　　80 000

(2) 根据批准处理意见，编制以下会计分录：

借：其他应收款　　　　　　　　　　　　　　　　　　　　　　　　　　5 000
　　营业外支出　　　　　　　　　　　　　　　　　　　　　　　　　　25 000
　　　贷：待处理财产损溢——待处理固定资产损溢　　　　　　　　　　　30 000

任务四　往来账项清查

任务引例

万方公司新进会计在进行往来账项清查时发现，有四笔3年以上的应收账款没有进行会计处理，经仔细核查对方单位已注销或者失联，款项无法收回，合计18万元。

讨论：对于万方公司无法收回的应收账款应如何处理，你认为无法收回的应收账款对公司有哪些影响？

知识讲解

一、往来账项清查的方法

往来账项是指企业在生产经营过程中发生的各种债权债务结算款项，主要包括应收账款、应付账款、预收账款、预付账款及其他应收款、其他应付款。

往来款项的清查采用同对方单位核对账目的方法。清查单位应在往来账项记录准确的基础上，编制"往来款项询证函"，一式两联，其中一联是回单联。对方单位核对相符后将回单盖章退回本单位，核对不符则在回单上注明情况退回。

"往来款项询证函"一般格式见表7-7。

表7-7 往来款项询证函

截止日期	贵单位欠款	欠贵单位款	备注
核对情况			
以上数据证明无误	以上数据不符及需加说明事项		
（单位签章） 年　月　日 经办人：	（单位签章） 年　月　日 经办人：		

本单位在收到对方寄回的回单以后，再编制"往来款项清查报告单"，列示清查的具体结果。"往来款项清查报告单"一般格式见表7-8。

表7-8 往来款项清查报告单

会计科目：　　　　　　　　　　　　　　　　　　　　　　　　　　　　　　　　年　月　日

明细科目		清查结果		核对不符原因分析				备注
名称	金额	核对相符金额	核对不符金额	争执款项	未达账项	无法收回或偿还款项	其他	

二、往来账项清查结果的处理

往来账项的清查结果在账务处理上不同于货币资金和实物资产。一般情况下，将清查结果上报有关部门，在审批结果出来前，暂不进行账务处理。待审批后，按审批意见冲转往来款项。

（1）确认无法收回的应收账款，经批准作为坏账损失转销。如果企业计提了坏账准备，则借记"坏账准备"；否则，借记"信用减值损失"。

（2）确认无法支付的应付账款，经批准转作营业外收入。

【例7.9】 万方公司在财产清查中发现，应付大力公司的运费款5 000元，确认无法支付。审批后，编制会计分录如下：

借：应付账款——大力公司　　　　　　　　　　　　　　　　　　　5 000
　　贷：营业外收入　　　　　　　　　　　　　　　　　　　　　　　　5 000

引例解析

万方公司无法收回的应收账款经批准后应予以转销，借记"信用减值损失"，贷记"应收账款"。应收账款收不回来，可能引发企业一系列的财务危机，如夸大了企业的经营成果、容易造成企业资产不实、加速企业的现金流出等。

思政在线

以案为鉴——会计人员挪用公款引发的思考

受网上所谓的"福利彩票"诱惑，田林县水利电业有限公司原出纳员谭某利用公司管理漏洞、借职务之便，在1年多内，把2 000余万元公款挪为己用。2018年9月底，谭某开始在网上购买一款声称可以赚钱的"福利彩票"，很快就掏空了自己的钱包，开始四处借贷，结果钱没有赚到，债又还不上，就动了歪心思。2019年6月起开始挪动公款，用于还钱和继续买"福利彩票"，陷入恶性循环，一发不可收拾，最终走上违法犯罪的不归路。

同样的例子还有很多：济南一名"90后"出纳，为俘获美女主播的芳心，一念之差挪用公款充值，前后挪用公款共计4 800余万元，美梦醒来后，等着他的是巨额欠款和12年的牢狱生活；山西省河津市农村经济事务中心会计许某因沉迷赌博，3年多，55次共计挪用公款837万余元，受到了党纪国法的严厉惩处；烟台某公司会计为了给诈骗人员转账，挪用公款600余万元，因为一时糊涂，原本平静的生活被毁于一旦。

通过剖析发现，上述几名会计人员长时间多次地挪用公款，主要原因是他们就职的单位在资金管理上存在诸多财务漏洞和内控缺陷，这些漏洞和缺陷打开了监守自盗的方便之门，也提供了长期作案的时间窗口。事实上，这些漏洞和缺陷往往也是大多数企业容易忽视的内控薄弱点和资金风险点。如果单位有每月对资金进行盘点核对的内控制度并安排专人严格执行，那么该单位在这些会计人员初次挪用公款后应该能够很快且很容易发现其违法行为，及时予以制止和纠正，从而避免发生巨额的损失。

作为会计人员，一定要坚持廉洁自律。树立正确的人生观和价值观，自觉抵制享乐主义、个人主义、拜金主义；公私分明、不贪不占；遵纪守法、清正廉洁，自觉抵制不正之风。

项目小结

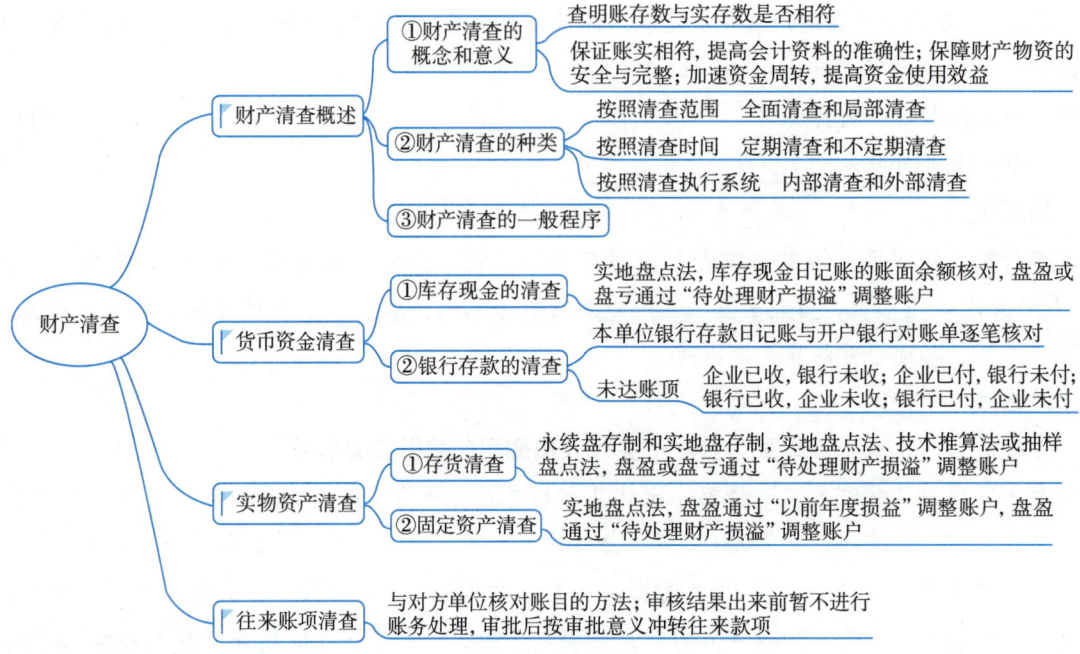

项目训练与测试

一、单项选择题

1. 往来账项的清查方法是（　　）。
   A. 实地盘点法　　B. 抽查法　　C. 技术推算法　　D. 发函询证法

2. 下列说法正确的是（　　）。
   A. 银行存款每月至少同银行核对两次　　B. 库存现金应该每日清点一次
   C. 贵重物资每天应盘点一次　　D. 债权债务每年至少核对三次到四次

3. 对于天然堆放的矿石，一般采用（　　）法进行清查。
   A. 抽查检验　　B. 技术推算　　C. 询证核对　　D. 实地盘点

4. 全面清查和局部清查是按照（　　）来划分的。
   A. 财产清查的范围　　B. 财产清查的方法　　C. 财产清查的时间　　D. 财产清查的性质

5. 下列属于实物资产清查范围的是（　　）。
   A. 库存现金　　B. 存货　　C. 银行存款　　D. 应收账款

6. 无法查明原因的现金盘盈应该记入（　　）科目。
   A. 管理费用　　B. 营业外收入　　C. 财务费用　　D. 其他业务收入

7. 企业在遭受自然灾害后，对其受损的财产物资进行的清查，属于（　　）。
   A. 全面清查和定期清查　　B. 局部清查和定期清查
   C. 全面清查和不定期清查　　D. 局部清查和不定期清查

8. 下列不在"待处理财产损溢"科目反映的是（　　）。
   A. 库存现金盘盈　　　　　　　　　　B. 存货的盘盈
   C. 存货盘亏　　　　　　　　　　　　D. 固定资产盘盈

9. 在实际工作中，企业一般以（　　）作为财产物资的盘存制度。
   A. 收付实现制　　B. 权责发生制　　C. 永续盘存制　　D. 实地盘存制

10. 20×5年12月31日，甲公司盘亏固定资产一项，其账面原值为40 000元，已提折旧为24 000元，经批准后记入"营业外支出"账户的金额为（　　）元。
    A. 40 000　　　　B. 24 000　　　　C. 16 000　　　　D. 64 000

二、多项选择题

1. 下列情况适用于全面清查的有（　　）。
   A. 单位主要负责人调离工作前　　　　B. 年终决算前
   C. 单位撤销、合并或改变隶属关系前　D. 全面清产核资、资产评估

2. 编制"银行存款余额调节表"时，应调整企业银行存款日记账余额的业务有（　　）。
   A. 企业已收，银行未收　　　　　　　B. 企业已付，银行未付
   C. 银行已收，企业未收　　　　　　　D. 银行已付，企业未付

3. 存货盘亏的账务处理中可能涉及的科目有（　　）。
   A. 原材料　　　B. 其他应收款　　　C. 管理费用　　　D. 营业外支出

4. 关于库存现金的清查，下列说法正确的有（　　）。
   A. 库存现金每日清点一次　　　　　　B. 库存现金应采用实地盘点法
   C. 需根据盘点结果编制"现金盘点报告表"　D. 在清查过程中可以用白条、收据冲抵库存现金

5. 造成账实不符的主要原因有（　　）。
   A. 财产物资的自然损耗　　　　　　　B. 财产物资的收发计量错误
   C. 财产物资的毁损、被盗　　　　　　D. 会计账簿漏记、重记、错记

6. 财产清查的作用包括（　　）。
   A. 保证会计资料的真实可靠　　　　　B. 保护各项财产物资的安全完整
   C. 加速资金周转，提高资金使用效益　D. 保护账簿记录的正确性

7. 以下内容中，属于对账范围的有（　　）。
   A. 账簿记录与有关会计凭证的核对　　B. 日记账余额与有关总分类账户余额的核对
   C. 账簿记录与报表记录的核对　　　　D. 银行存款日记账余额与银行对账单的核对

8. 企业财产清查中，可以作为调整账簿记录的原始凭证的有（　　）。
   A. 库存现金盘点报告表　　　　　　　B. 银行存款余额调节表
   C. 银行对账单　　　　　　　　　　　D. 账存实存对比表

9. 某企业在财产清查中，发现盘亏原材料25 000元。经查明核实，属于保管人员失职造成的损失为2 000元；属于企业管理不善造成的损失为3 000元；由于自然灾害造成的损失为20 000元，其中保险公司承担16 000元。该企业做法中正确的有（　　）。
   A. 将属于企业管理不善造成的损失3 000元记入"管理费用"
   B. 将由保管人员失职造成的损失2 000元记入"其他应收款"

C. 将由保险公司承担的 16 000 元记入"其他应收款"

D. 将自然灾害造成的损失 20 000 元记入"营业外收入"

10. 下列关于财产全面清查特点的表述中，正确的有（　　）

A. 清查的范围广　　B. 清查的花费大　　C. 清查的内容多　　D. 清查的时间长

三、判断题

1. "银行存款余额调节表"编制完成后，可以作为调整企业银行存款余额的原始凭证。（　　）

2. 定期清查可以是全面清查，也可以是局部清查。（　　）

3. 往来账项的清查，采用发询证函的方式进行，因此属于账账核对。（　　）

4. "盘存单"需盘点人员和实物保管人员共同签章方能有效。（　　）

5. 财产清查过程中，对于银行存款和各种往来账项至少每月与银行或对方单位核对。（　　）

6. 盘亏的固定资产，按重置成本作为入账价值。（　　）

7. 在进行库存现金清查时，出纳人员不得在场。（　　）

8. 企业的财产清查，均应先通过"待处理财产损溢"账户。（　　）

9. 在财产清查中，如出现账存数小于实存数，则表明该财产盘亏了。（　　）

10. 财产清查是企业的一项重要的管理制度，但不是会计核算的专门方法。（　　）

四、业务题

1. 通力公司 20×5 年 11 月 30 日银行存款日记账的余额为 540 000 元，银行存款对账单的余额为 830 000 元。经逐笔核对，发现存在以下未达账项：

（1）企业送存转账支票 600 000 元，并已登记银行存款增加，但银行尚未记账。

（2）企业开出转账支票 450 000 元，并已登记银行存款减少，但持票单位尚未到银行办理转账，银行尚未记账。

（3）企业委托银行代收某公司购货款 480 000 元，银行已收妥并登记入账，但企业尚未收到收款通知，尚未记账。

（4）银行代企业支付电话费 40 000 元，银行已登记减少企业银行存款，但企业未收到银行付款通知，尚未记账。

要求：完成通力公司银行存款余额调节表。

银行存款余额调节表

20×5 年 11 月 30 日　　　　　　　　　　　　　　　　　　　　　　　　　单位：元

项目	金额	项目	金额
企业银行日记账余额		银行对账单余额	
加：银行已收，企业未收		加：企业已收，银行未收	
减：银行已付，企业未付		减：企业已付，银行未付	
调节后的存款余额		调节后的存款余额	

2. 通力公司在年底进行了全面的财产清查，清查发现部分资产账实不符。清查结果如下：

（1）企业在财产清查中，发现库存现金短缺 300 元。

（2）发现甲材料盘亏 4 000 千克，单位成本为 12 元。

(3) 盘盈乙材料 1 200 千克，单位成本为 10 元。

(4) 应收利达公司的货款 8 000 元，长期挂账。

(5) 盘亏一台电脑，原值 5 000 元，已提折旧 1 000 元。

报批后，相关部门和领导的审批结果如下：

(1) 短缺的现金由出纳赔偿。

(2) 盘亏的甲材料，过失人造成的损失为 800 千克，管理不善造成的损失为 1 500 千克，意外灾害造成的损失为 1 700 千克。

(3) 盘盈的乙材料属于收发计量差错造成。

(4) 利达公司货款确认无法收回，作坏账处理。

(5) 盘亏的固定资产属于被盗造成，保管人员承担 1 000 元。

要求：请依序进行相应的业务处理。

五、思考题

1. 什么是财产清查？其种类有哪些？
2. 引起财产物资账实不符的原因主要有哪些？
3. 什么是未达账项？为什么会产生未达账项？未达账项有哪几种？
4. 怎样编制银行存款余额调节表？
5. 财产清查结果的基本账务处理是怎样的？

项目八 财务报告

学习目标

知识目标：

了解财务报告的概念和内容，熟悉资产负债表、利润表、现金流量表和所有者权益变动表的基本结构，掌握资产负债表和利润表的编制方法。

能力目标：

会编制资产负债表和利润表。

素质目标：

树立认真严谨的工作态度，培养学生逻辑清晰的全局意识。

任务一 财务报告概述

任务引例

佳美服饰有限公司成立于20×5年2月1日，该公司会计将年度财务报告的计算时间设定为20×5年2月1日到20×6年1月31日。

讨论：该公司的做法是否正确？为什么？

知识讲解

一、财务报告的概念和内容

（一）财务报告的概念

财务报告，是指企业对外提供的，反映企业某一特定日期财务状况、某一会计期间经营成果及现金流量等会计信息的书面文件。

（二）财务报告的内容

财务报告包括财务报表和其他应当在财务报告中披露的相关信息和资料。

财务报表，又称财务会计报表，是财务报告的主体和核心内容，包括会计报表和会计报表附注。一套完整的财务报表应当包括"四表一注"，即资产负债表、利润表、现金流量表、所有者权益变动表和附注。附注是为了便于理解会计报表内容而作的解释，以提高会计报表有关信息的易懂性，增强会计报表内有关内容的可比性。

其他应当在财务报告中披露的相关信息和资料，是对会计报表进行分析、评价，对单位未来做出的估计和判断的书面文件，主要说明企业的基本生产经营情况、利润实现和利润分配情况以及对企业的生产经营有重大影响的其他事项等。

二、财务报告的意义

财务报告是会计核算工作的最终结果，是综合、清晰地反映会计主体财务信息的重要手段，编制财务报告的意义主要体现在以下三个方面：

1. 为投资者和债权人进行决策提供依据

企业的投资者和债权人一般不直接参与企业的生产经营活动，不能直接获取其所需的信息，需要通过对财务报告的分析，全面、综合了解企业的经营状况，预测企业的发展前景，以便据此做出投资或信贷决策。

2. 为企业管理者加强经营管理提供依据

财务报告所提供的关于企业财务状况、经营成果和现金流量等信息是评价管理者受托责任履行情况的基本手段。企业管理者需要借助财务报告来分析财务计划的完成情况，评价企业的经济效益，总结经济工作中存在的问题，并采取相应措施提高经营管理水平，保证企业经营目标的实现。

3. 为国家经济管理部门进行宏观管理提供依据

国家经济管理部门可以对企业财务报告的微观信息进行汇总分析，从而制定和修改宏观经济政策。财政、工商、税务、审计等国家经济管理部门，运用企业财务报告提供的信息，对企业实施管理，更好地发挥国家经济管理部门指导、监督和调控的作用，促进国民经济持续、稳定、健康地发展。

三、会计报表的种类

会计报表是财务报告的主要组成部分，可以根据不同的标准对其进行分类。

1. 按经济内容分类

（1）资产负债表，是反映企业在某一特定日期财务状况的报表。

（2）利润表，是反映企业在一定期间经营成果的报表。

（3）现金流量表，是反映企业在一定期间现金流入、流出和现金净流量的报表。

（4）所有者权益（或股东权益）变动表，是反映企业在一定期间所有者权益（或股东权益）

增减变动情况的报表。

2. 按编报时间分类

（1）中期会计报表，是以短于一个完整的会计年度为基础编制的会计报表，包括月报、季报和半年报等。

（2）年度会计报表，是以会计年度为基础编制的会计报表。年度会计报表的种类与信息含量较中期会计报表更加完整齐全。

3. 按反映的资金运动方式分类

（1）静态报表，是反映会计主体某一时点财务状况的报表，一般根据账户余额填报，如资产负债表。

（2）动态报表，是反映会计主体某一期间经营情况的报表，一般根据账户发生额填报，如利润表、现金流量表、所有者权益变动表。

4. 按编报主体分类

（1）个别报表，是以企业自身为会计主体，对账簿记录进行加工而编制的会计报表。

（2）合并报表，是以母公司和子公司组成的企业集团为会计主体，以母公司和子公司单独编制的个别报表为基础，由母公司编制的综合反映企业集团财务状况、经营成果及现金流量的会计报表。

引例解析

引例中公司的做法不正确。《会计法》规定，会计年度自公历 1 月 1 日起至 12 月 31 日止。

四、财务报告编制的基本要求

财务报告应当依据国家统一会计制度要求，根据登记完整、核对无误的会计账簿记录和其他有关资料编制，做到数字真实、计算准确、内容完整、编报及时。

1. 数字真实

数字真实是指财务报告应与报告编制单位的客观财务状况、经营成果和现金流量相吻合。为保证财务报告的真实性，财务报告中各项目数字必须以报告期的实际数字来填列，不能使用计划数、估计数代替实际数，更不允许弄虚作假、篡改伪造数字。

2. 计算准确

财务报告中的金额主要来自日常的账簿记录，但并不完全是账簿数字的简单转抄，有很多项目需要进行专门计算才能加以填列，而且这些项目之间存在一定的数量勾稽关系，必须根据规定的计算口径、计算方法和计算公式进行计算。

3. 内容完整

在编制财务报告时，必须按照国家规定的报表种类和内容填报，不得漏填、漏报。每份财务报告应填列的内容，无论是表内项目，还是附注资料，都应一一填列齐全。

4. 编报及时

企业财务报告提供的信息，具有很强的时效性。企业应按规定的时间编制财务报告，以便报告使用者能够及时、有效地利用这些信息。

任务二　资产负债表

任务引例

佳美服饰有限公司会计在编制公司资产负债表时，直接将"固定资产"总账账户余额100 000元填列在资产负债表"固定资产"项目中。

讨论：该公司会计的做法是否正确？

知识讲解

一、资产负债表概述

（一）资产负债表的概念

资产负债表是反映企业某一特定日期财务状况的会计报表。它反映企业在某一特定日期（月末、季末、半年末、年末）所拥有或控制的经济资源、所承担的现时义务以及所有者对净资产的要求权。

财务状况是企业在某一特定日期的资金结构，表明企业取得资金的方式和这些资金的使用状态。

（二）资产负债表的原理与结构

资产负债表根据"资产＝负债＋所有者权益"这一会计恒等式编制而成。

资产负债表主要由表首和表体两部分组成。

1. 表首

表首部分应列明报表名称、编制单位名称、资产负债表日、报表编号和计量单位。

2. 表体

表体部分是资产负债表的主体，列示了用以说明企业财务状况的各个项目。

我国企业的资产负债表采用账户式结构，分为左右两方，左方为资产项目，按资产的流动性强弱排列，流动性强的资产如"货币资金""交易性金融资产"等排在前面，流动性弱的资产如"长期股权投资""固定资产"等排在后面。右方为负债及所有者权益项目，一般按清偿期限长短顺序排列，"短期借款""应付票据""应付账款"等需要在1年内或者长于1年的一个正常营业周期内偿还的流动负债排在前面，"长期借款"等在1年以上才需偿还的非流动负债排在中间，在企业清算之前不需要偿还的所有者权益项目排在后面，表明负债具有优先偿还的要求权，所有者权益对负债具有担保责任。账户式资产负债表简化格式如表8-1所示。

表 8-1　账户式资产负债表　　　　　　　　　　　　　　　　　会企 01 表

编制单位：　　　　　　　　　　　　　　　年　月　日　　　　　　　　　　　　　　　　单位：元

资产	期末余额	年初余额	负债和所有者权益	期末余额	年初余额
流动资产：			流动负债：		
货币资金			短期借款		
……			……		
非流动资产			非流动负债：		
债权投资			长期借款		
……			……		
			所有者权益：		
			实收资本		
			……		
资产合计			负债和所有者权益合计		

账户式资产负债表中的资产各项目的合计等于负债和所有者权益各项目的合计，即资产负债表左方和右方平衡。账户式资产负债表可以反映资产、负债、所有者权益之间的内在关系，即"资产=负债+所有者权益"。

知识链接

报告式资产负债表

报告式资产负债表，又称垂直式资产负债表，是将资产、负债、所有者权益各项目自上而下垂直排列的资产负债表格式。报告式资产负债表简化格式如表 8-2 所示。

表 8-2　报告式资产负债表　　　　　　　　　　　　　　　　　会企 01 表

编制单位：　　　　　　　　　　　　　　　年　月　日　　　　　　　　　　　　　　　　单位：元

项目	期末余额	年初余额
流动资产：		
货币资金		
……		
非流动资产		
债权投资		
……		
资产合计		
流动负债：		
短期借款		
……		
非流动负债：		
长期借款		
……		
负债合计		
所有者权益：		
实收资本		

续表

项目	期末余额	年初余额
……		
所有者权益合计		
负债及所有者权益合计		

（三）资产负债表的作用

资产负债表可以反映企业在某一特定日期所拥有或控制的经济资源、所承担的现时义务以及所有者对净资产的要求权，帮助财务报表使用者全面了解企业的财务状况、分析企业的偿债能力等情况，从而为其做出经济决策提供依据。

二、资产负债表的编制方法

资产负债表各项目均需填列"期末余额"和"年初余额"两栏。资产负债表的"年初余额"栏内各项数字，应根据上年年末资产负债表的"期末余额"栏内所列数字填列。如果上年度资产负债表规定的各个项目的名称和内容与本年度不一致，应按照本年度的规定对上年年末资产负债表各项目的名称和数字进行调整，填入本表"年初余额"栏内。

资产负债表的"期末余额"栏主要有根据总账账户余额填列、根据明细账账户余额计算填列、根据总账账户和明细账账户余额分析计算填列、根据有关账户余额减去其备抵账户余额后的净额填列以及综合运用上述填列方法分析填列等几种填列方法。

【例8.1】承【例6.1】、【例6.2】，万方公司2023年12月31日总账账户和有关明细账账户余额如表8-3和表8-4所示。

表8-3 总账账户余额   单位：元

账户名称	期初余额	期末余额	账户名称	期初余额	期末余额
库存现金	5 799.67	2818.83	短期借款	30 000.00	70 000.00
银行存款	378 724.00	532 504.00	应付账款	130 000.00	103 900.00
应收账款	250 000.00	1 004 000.00	应付职工薪酬	0.00	0.00
其他应收款	4 800.00	4 800.00	应交税费	26 000.00	204 283.20
预付账款	32 000.00	32 000.00	应付利息	35 000.00	39 170.00
原材料	356 400.00	202 000.00	长期借款	150 000.00	300 000.00
库存商品	761 600.00	666 800.00	累计折旧	643 000.00	706 000.00
生产成本	10 542.00	0.00	实收资本	1 800 000.00	2 230 000.00
固定资产	2 750 000.00	3 144 900.00	资本公积		20 000.00
			盈余公积	170 948.96	535 415.38
			利润分配	287 655.00	924 554.25
			本年利润	1 277 261.71	0.00
			应付股利		456 500.00
合计	4 549 865.67	5 589 822.83	合计	4 549 865.67	5 589 822.83

表8-4 明细账账户余额 单位：元

总账账户	明细账户	借方	贷方	总账账户	明细账户	借方	贷方
应收账款		1 004 000		应付账款			103 900
	鑫隆公司	823 200			讯飞公司		33 900
	通力公司	180 800			星海公司		35 000
预付账款		32 000			名扬公司		35 000
	晨星公司	32 000					

要求：根据万方公司资料编制资产负债表。

1. 根据总账账户余额填列

如"短期借款""资本公积"等项目，根据"短期借款""资本公积"各总账账户的余额直接填列；有些项目则需根据几个总账账户的期末余额计算填列，如"货币资金"项目，需根据"库存现金""银行存款""其他货币资金"三个总账账户的期末余额的合计数填列。

万方公司2023年12月结账后的"库存现金"账户余额为2 818.83元，"银行存款"账户余额为532 504元，"其他货币资金"账户余额为0元。该公司2023年12月31日资产负债表中的"货币资金"项目金额 = 2 818.83 + 532 504 + 0 = 535 322.83（元）。

2. 根据明细账账户余额计算填列

如"应付账款"项目，需要根据"应付账款"和"预付账款"两个账户所属的相关明细账户的期末贷方余额计算填列；"预付款项"项目，需要根据"应付账款"和"预付账款"两个账户所属的相关明细账户的期末借方余额计算填列。

万方公司应根据"应收账款"账户所属明细账户借方余额1 004 000元和"预收账款"账户所属明细账户借方余额0元加总，作为资产负债表中"应收账款"的项目金额，即1 004 000元；根据"预付账款"账户所属明细账户借方余额32 000元和"应付账款"账户所属明细账户借方余额0元加总，作为资产负债表中"预付款项"的项目金额，即32 000元；根据"应付账款"账户所属明细账户贷方余额103 900元和"预付账款"账户所属明细账户贷方余额0元加总，作为资产负债表中"应付账款"的项目金额，即103 900元。

3. 根据总账账户和明细账账户余额分析计算填列

如"长期借款"项目，需要根据"长期借款"总账账户余额扣除"长期借款"科目所属的明细账户中将在1年内到期的长期借款后的金额计算填列。

万方公司应当根据"长期借款"总账账户余额300 000元，减去1年内到期的长期借款0元，作为资产负债表中"长期借款"项目金额，即300 000元。

4. 根据有关账户余额减去其备抵账户余额后的净额填列

如"应收账款"项目，应当根据"应收账款"账户的期末余额减去其备抵账户"坏账准备"余额后的净额填列。"固定资产"项目，应当根据"固定资产"账户的期末余额，减去"累计折旧""固定资产减值准备"等备抵账户的期末余额后的净额填列；"无形资产"项目，应当根据"无形资产"账户的期末余额，减去"累计摊销""无形资产减值准备"等备抵账户余额后的净额填列。

万方公司应当以"固定资产"总账账户余额，减去"累计折旧"和"固定资产减值准备"两个备抵类总账账户余额后的净额，作为资产负债表中"固定资产"的项目金额，则该企业 2023 年 12 月 31 日资产负债表中的"固定资产"项目金额 = 3 144 900 - 706 000 = 2 438 900（元）。

引例解析

佳美服饰有限公司会计的做法不正确。"固定资产"项目，应当根据"固定资产"账户期末余额，减去"累计折旧""固定资产减值准备"等备抵账户期末余额后的净额填列。

5. 综合运用上述填列方法分析填列

如"存货"项目，需要根据"原材料""库存商品""委托加工物资""周转材料""材料采购""在途物资""材料成本差异"等总账账户期末余额的汇总数，减去"存货跌价准备"账户余额后的净额填列。

万方公司 2023 年 12 月 31 日资产负债表中的"存货"项目金额 = 351 600 + 517 200 = 868 800（元）。

根据万方公司资料编制的资产负债表如表 8-5 所示。

表 8-5　资产负债表　　　　　　　　　　　会企 01 表

编制单位：万方公司　　　　　　　2023 年 12 月 31 日　　　　　　　　　　单位：元

资产	期末余额	年初余额	负债和所有者权益（或股东权益）	期末余额	年初余额
流动资产：			流动负债：		
货币资金	535 322.83	384 523.67	短期借款	70 000.00	30 000.00
交易性金融资产			交易性金融负债		
衍生金融资产			衍生金融负债		
应收票据			应付票据		
应收账款	1 004 000.00	250 000.00	应付账款	103 900.00	130 000.00
应收款项融资			预收款项		
预付款项	32 000.00	32 000.00	合同负债		
其他应收款	4 800.00	4 800.00	应付职工薪酬		
存货	868 800.00	1 128 542.00	应交税费	20 4283.20	26 000.00
合同资产			其他应付款	495 670.00	35 000.00
持有待售资产			持有待售负债		
一年内到期的非流动资产			一年内到期的非流动负债		
其他流动资产			其他流动负债		
流动资产合计	2 444 922.83	1 799 865.67	流动负债合计	873 853.20	221 000.00
非流动资产：			非流动负债：		
债权投资			长期借款	300 000.00	150 000.00
其他债权投资			应付债券		
长期应收款			其中：优先股		
长期股权投资			永续债		
其他权益工具投资			租赁负债		
其他非流动金融资产			长期应付款		
投资性房地产			预计负债		
固定资产	2 438 900.00	2 107 000.00	递延收益		

续表

资产	期末余额	年初余额	负债和所有者权益（或股东权益）	期末余额	年初余额
在建工程			递延所得税负债		
生产性生物资产			其他非流动负债		
油气资产			非流动负债合计	300 000.00	150 000.00
无形资产			负债合计	1 173 853.20	371 000.00
开发支出			所有者权益（或股东权益）:		
商誉			实收资本（或股本）	2 230 000.00	1 800 000.00
长期待摊费用			其他权益工具		
递延所得税资产			其中：优先股		
其他非流动资产			永续债		
非流动资产合计	2 438 900.00	2 107 000.00	资本公积	20 000.00	
			减：库存股		
			其他综合收益		
			专项储备		
			盈余公积	535 415.38	170 948.96
			未分配利润	924 554.25	1 564 916.71
			所有者权益（或股东权益）合计	3 709 969.63	3 535 865.67
资产总计	4 883 822.83	3 906 865.67	负债和所有者权益（或股东权益）总计	4 883 822.83	3 906 865.67

【情境训练 8-1】

佳美服饰有限公司 20×5 年 12 月 31 日总账账户和有关明细账账户余额如表 8-6 和表 8-7 所示。

表 8-6 总账账户余额 单位：元

账户名称	借方余额	账户名称	贷方余额
库存现金	56 000	短期借款	30 000
银行存款	390 000	应付账款	92 000
应收账款	260 000	应付职工薪酬	80 000
预付账款	8 000	应交税费	56 000
原材料	285 000	应付利息	8 000
库存商品	369 000	长期借款	850 000
生产成本	68 000	累计折旧	260 000
固定资产	890 000	实收资本	500 000
		资本公积	200 000
		盈余公积	100 000
		利润分配	150 000
合计	2 326 000		2 326 000

表 8-7 明细账账户余额　　　　　　　　　　　　　　　　　　　　　　　　　　单位：元

总账账户	明细账户	借方	贷方	总账账户	明细账户	借方	贷方
应收账款		260 000		应付账款			92 000
	欣欣公司	200 000			鸿运公司		50 000
	力源公司	60 000			星海公司		42 000
预付账款		8 000					
	鸿运公司	10 000					
	晨星公司		2 000				

请根据佳美服饰有限公司的资料为其编制资产负债表。

分析提示：

根据前述资产负债表编制方法，佳美服饰有限公司的资产负债表如表 8-8 所示。

表 8-8　资产负债表　　　　　　　　　　　　　　　　　　会企 01 表

编制单位：佳美服饰有限公司　　　　　20×5 年 12 月 31 日　　　　　　　　　单位：元

资产	期末余额	年初余额	负债和所有者权益（或股东权益）	期末余额	年初余额
流动资产：		（略）	流动负债：		（略）
货币资金	446 000		短期借款	30 000	
交易性金融资产			交易性金融负债		
衍生金融资产			衍生金融负债		
应收票据			应付票据		
应收账款	260 000		应付账款	94 000	
应收款项融资			预收款项		
预付款项	10 000		合同负债		
其他应收款			应付职工薪酬	80 000	
存货	722 000		应交税费	56 000	
合同资产			其他应付款	8 000	
持有待售资产			持有待售负债		
一年内到期的非流动资产			一年内到期的非流动负债		
其他流动资产			其他流动负债		
流动资产合计	1 438 000		流动负债合计	268 000	
非流动资产：			非流动负债：		
债权投资			长期借款	850 000	
其他债权投资			应付债券		
长期应收款			其中：优先股		
长期股权投资			永续债		
其他权益工具投资			租赁负债		
其他非流动金融资产			长期应付款		
投资性房地产			预计负债		
固定资产	630 000		递延收益		
在建工程			递延所得税负债		

续表

资产	期末余额	年初余额	负债和所有者权益（或股东权益）	期末余额	年初余额
生产性生物资产			其他非流动负债		
油气资产			非流动负债合计	850 000	
无形资产			负债合计	1 118 000	
开发支出			所有者权益（或股东权益）：		
商誉			实收资本（或股本）	500 000	
长期待摊费用			其他权益工具		
递延所得税资产			其中：优先股		
其他非流动资产			永续债		
非流动资产合计	630 000		资本公积	200 000	
			减：库存股		
			其他综合收益		
			专项储备		
			盈余公积	100 000	
			未分配利润	150 000	
			所有者权益（或股东权益）合计	950 000	
资产总计	2 068 000		负债和所有者权益（或股东权益）总计	2 068 000	

上述资产负债表有关报表项目数字的填列说明如下：

（1）货币资金＝库存现金＋银行存款＋其他货币资金＝56 000＋390 000＝446 000（元）；

（2）预付款项＝应付账款明细分类账户借方余额＋预付账款明细分类账户借方余额＝10 000（元）；

（3）存货＝原材料＋库存商品＋生产成本＝285 000＋369 000＋68 000＝722 000（元）；

（4）固定资产＝固定资产－累计折旧＝890 000－260 000＝630 000（元）；

（5）应付账款＝应付账款明细分类账户贷方余额＋预付账款明细分类账户贷方余额＝50 000＋42 000＋2 000＝94 000（元）；

（6）其他应付款＝应付股利＋应付利息＋其他应付款＝8 000（元）；

（7）其他项目按总分类账户余额直接填列。

任务三　利润表

任务引例

佳美服饰有限公司的总经理想要全面了解本公司上半年的经营成果，入职财务科不久的李芬将6月30日的资产负债表交给总经理，请其过目。

讨论：李芬交给总经理的报表能否反映企业的经营成果？

知识讲解

一、利润表概述

（一）利润表的概念

利润表，又称损益表，是反映企业在一定会计期间经营成果的报表。它反映企业一定会计期间（一个月、一个季度、半年或一年）实现的利润。

经营成果是企业一定会计期间的经营业绩，是实现的收入扣除相关费用后的差额。

（二）利润表的原理与结构

利润表根据"收入－费用＝利润"这一会计等式编制而成。

利润表主要由表首和表体两部分组成。

1. 表首

表首部分应列明报表名称、编制单位名称、编制时间、报表编号和计量单位，编制时间必须写明某一期间，如"2023年12月"或"2023年度"。

2. 表体

表体部分是利润表的主体，列示了形成经营成果的各个项目和计算过程。

我国企业的利润表采用多步式结构，其项目内容主要包括营业收入、营业利润、利润总额、净利润、其他综合收益的税后净额、综合收益总额及每股收益。多步式利润表将不同性质的收入和费用分别归类，以便得出一些中间性的利润数据，帮助使用者理解企业经营成果的不同来源和构成。多步式利润表格式如表8－10所示。

> **知识链接**
>
> **单步式利润表**
>
> 单步式利润表是将当期所有的收入列在一起，将当期所有的费用列在一起，两者相减得出当期净损益。与多步式利润表相比，单步式利润表无法获取中间性的利润数据。

（三）利润表的作用

利润表可以反映企业在一定会计期间的收入实现情况，如实现的营业收入、取得的投资收益、发生的公允价值变动损益及营业外收入等对利润的贡献大小；可以反映企业一定会计期间的费用耗费情况，如发生的营业成本、税金及附加、销售费用、管理费用、财务费用、营业外支出等对利润的影响程度；可以反映企业一定会计期间的净利润实现情况，分析判断企业受托责任的履行情况，进而可以反映企业资本的保值增值情况，为评价企业管理者受托责任履行情况提供依据。

> **引例解析**
>
> 李芬交给总经理的资产负债表是反映企业某一时点财务状况的会计报表，利润表才是反映企业某一期间经营成果的会计报表。

二、利润表的编制方法

利润表各项目均需填列"本期金额"和"上期金额"两栏。利润表的"上期金额"栏内各项数字,应根据上年该期利润表的"本期金额"栏内所列数字填列。"本期金额"栏内各项数字,应当按照相关科目的发生额分析填列。如"营业收入"项目,根据"主营业务收入""其他业务收入"科目的发生额分析计算填列;"营业成本"项目,根据"主营业务成本""其他业务成本"科目的发生额分析计算填列。

【例8.2】承【例6.1】、【例6.2】,万方公司2023年12月损益类账户的发生额如表8-9所示。

表8-9 损益类账户本期发生额   单位:元

会计科目	借方发生额	贷方发生额
主营业务收入		1 280 000
其他业务收入		30 000
营业外收入		2 000
主营业务成本	858 000.00	
其他业务成本	18 000.00	
税金及附加	10 734.72	
销售费用	3 000.00	
管理费用	127 290.00	
财务费用	4 170.00	
营业外支出	50 000.00	
所得税费用	60 201.32	
合计	1 131 396.04	1 312 000

根据万方公司资料编制利润表(见表8-10)。

表8-10 利润表   会企02表

编制单位:万方公司　　　　　　　2023年12月　　　　　　　单位:元

项目	本期金额	上期金额
一、营业收入	1 310 000.00	(略)
减:营业成本	876 000.00	
税金及附加	10 734.72	
销售费用	3 000.00	
管理费用	127 290.00	
研发费用		
财务费用	4 170.00	
其中:利息费用	4 170.00	
利息收入		
加:其他收益		
投资收益(损失以"-"号填列)		
其中:对联营企业和合营企业的投资收益		
以摊余成本计量的金融资产终止确认收益(损失以"-"号填列)		
净敞口套期收益(损失以"-"号填列)		
公允价值变动收益(损失以"-"号填列)		

续表

项目	本期金额	上期金额
资产减值损失（损失以"-"号填列）		
信用减值损失（损失以"-"号填列）		
资产处置收益（损失以"-"号填列）		
二、营业利润（亏损以"-"号填列）	288 805.28	
加：营业外收入	2 000.00	
减：营业外支出	50 000.00	
三、利润总额（亏损总额以"-"号填列）	240 805.28	
减：所得税费用	60 201.32	
四、净利润（净亏损以"-"号填列）	180 603.96	
（一）持续经营净利润（净亏损以"-"号填列）	（以下略）	
（二）终止经营净利润（净亏损以"-"号填列）		
五、其他综合收益的税后净额		
（一）不能重分类进损益的其他综合收益		
1. 重新计量设定受益计划变动额		
2. 权益法下不能转损益的其他综合收益		
3. 其他权益工具投资公允价值变动		
4. 企业自身信用风险公允价值变动		
（二）将重分类进损益的其他综合收益		
1. 权益法下可转损益的其他综合收益		
2. 其他债权投资公允价值变动		
3. 金融资产重分类记入其他综合收益的金额		
4. 其他债权投资信用减值准备		
5. 现金流量套期储备		
6. 外币财务报表折算差额		
六、综合收益总额		
七、每股收益：		
（一）基本每股收益		
（二）稀释每股收益		

任务四　现金流量表

任务引例

刘强东说过：一个公司没有利润，不会倒闭，没有现金流，分分钟要倒闭。

讨论：现金流对企业的重要性。

知识讲解

一、现金流量表的概念

现金流量表是反映企业在一定会计期间现金和现金等价物流入和流出的报表。它是按照收付实现制会计基础对现金流量的结构性表述，揭示企业在一定会计期间获取现金及现金等价物的能力。

现金，是指企业库存现金以及可以随时用于支付的存款。不能随时用于支付的存款不属于现金。现金等价物，是指企业持有的期限短、流动性强、价值变动风险小、易于转换为已知金额现金的投资。现金等价物通常包括 3 个月内到期的债券投资。权益性投资变现的金额通常不确定，因而不属于现金等价物。

二、现金流量表的结构

1. 表首

表首部分列示报表名称、编制单位名称、报表涵盖的会计期间、报表编号和计量单位。

2. 表体

表体部分由六项内容组成，其中前三项为主要内容，每项都分为现金流入和现金流出两类，并以小计加总，现金流入小计减现金流出小计为产生的现金流量净额。

第一项，经营活动产生的现金流量，是与销售商品、提供劳务有关的活动产生的现金流量，包括企业投资活动和筹资活动以外的所有交易和事项产生的现金流量。如销售商品收到现金、购买商品支付现金、经营性租赁、制造产品、广告宣传、缴纳税款等。

第二项，投资活动产生的现金流量，是与非流动资产的取得或处置有关的活动产生的现金流量，包括企业长期资产的购建、不包括在现金等价物范围内的投资及处置活动产生的现金流量，如购买股票或债券支付现金、出售长期投资收回现金、购建或处置固定资产、无形资产等。

第三项，筹资活动产生的现金流量，是导致企业资本、债务规模和构成发生变动的活动产生的现金流量。如向银行借入款项收到现金、归还银行借款支付现金、吸收投资、发行股票、分配利润等。

三、现金流量表的作用

现金流量表的作用如下：

（1）现金流量表提供了企业一定会计期间内现金和现金等价物流入和流出的信息，可以弥补基于权责发生制编报的资产负债表和利润表的某些固有缺陷，在资产负债表与利润表之间架起一条连接的纽带和桥梁，揭示企业财务状况与经营成果之间的内在关系，便于会计报表使用者了解企业净利润的质量。

（2）现金流量表分别提供了经营活动、投资活动和筹资活动产生的现金流量，每类又分为若干具体项目，分别从不同角度反映企业业务活动的现金流入、流出及其影响现金净流量的因素，弥补了资产负债表和利润表分类列报内容的某些不足，从而帮助使用者了解和评价企业获取现金及现金等价物的能力,包括企业支付能力、偿债能力和周转能力,进而预测企业未来的现金流量情况,为其决策提供有力依据。

引例解析

企业购置资产的目的是创造收入,收入的目的是能够创造利润,而创造利润的目的是收回现金,如果空有利润,但是钱收不回来,到头来还是一场空。

(3) 现金流量表以收付实现制为基础,对现金的确认和计量在不同企业间基本一致,提供了企业之间更加可比的会计信息,有利于会计报表使用者提高决策的质量和效率。

表 8-11 现金流量表   会企 03 表

编制单位:　　　　　　　　　　　年　月　　　　　　　　　　　单位:元

项目	本期金额	上期金额
一、经营活动产生的现金流量:		
销售商品、提供劳务收到的现金		
收到的税费返还		
收到其他与经营活动有关的现金		
经营活动现金流入小计		
购买商品、接受劳务支付的现金		
支付给职工以及为职工支付的现金		
支付的各项税费		
支付其他与经营活动有关的现金		
经营活动现金流出小计		
经营活动产生的现金流量净额		
二、投资活动产生的现金流量:		
收回投资收到的现金		
取得投资收益收到的现金		
处置固定资产、无形资产和其他长期资产收回的现金净额		
处置子公司及其他营业单位收到的现金净额		
收到其他与投资活动有关的现金		
投资活动现金流入小计		
购建固定资产、无形资产和其他长期资产支付的现金		
投资支付的现金		
取得子公司及其他营业单位支付的现金净额		
支付其他与投资活动有关的现金		
投资活动现金流出小计		
投资活动产生的现金流量净额		
三、筹资活动产生的现金流量:		
吸收投资收到的现金		
取得借款收到的现金		
收到其他与筹资活动有关的现金		
筹资活动现金流入小计		
偿还债务支付的现金		

续表

项目	本期金额	上期金额
分配股利、利润或偿付利息支付的现金		
支付其他与筹资活动有关的现金		
筹资活动现金流出小计		
筹资活动产生的现金流量净额		
四、汇率变动对现金及现金等价物的影响		
五、现金及现金等价物净增加额		
加：期初现金及现金等价物余额		
六、期末现金及现金等价物余额		

任务五　所有者权益变动表

任务引例

佳美服饰有限公司财务科科长让参加工作不久的李芬熟悉下公司的所有者权益变动表，李芬拿到这份报表后却不知应重点关注哪些方面。

讨论：所有者权益变动表主要关注什么内容？

知识讲解

一、所有者权益变动表的概念和内容

（一）所有者权益变动表的概念

所有者权益变动表，或称股东权益变动表，是反映所有者权益各组成部分当期增减变动情况的报表。它是对资产负债表的补充，是对所有者权益增减变动情况的进一步说明。

（二）所有者权益变动表的内容

在所有者权益变动表上，企业至少应当单独列示反映所有者权益相关信息的下列项目：实收资本、其他权益工具、资本公积、其他综合收益、盈余公积、未分配利润的本年金额和上年金额及其调节情况（见表8-12）。

二、所有者权益变动表的结构

所有者权益变动表结构为纵横交叉的矩阵式结构。

1. 纵向结构

纵向按所有者权益增减变动时间及内容分为"上年年末余额"、"本年年初余额"、"本年增减变动金额"和"本年年末余额"四栏。

2. 横向结构

横向结构采用比较式结构，分为"本年金额"和"上年金额"两栏，每栏的具体结构按照所有

表8-12 所有者权益变动表

编制单位：　　　　　　　　　　　　　　　　年度　　　　　　　　　　　　　　　　会企04表

单位：元

项目	本年金额								上年金额							
	实收资本（或股本）	其他权益工具			资本公积	减：库存股	其他综合收益	盈余公积	未分配利润	所有者权益合计	实收资本（或股本）	其他权益工具			资本公积	减：库存股	其他综合收益	盈余公积	未分配利润	所有者权益合计
		优先股	永续债	其他								优先股	永续债	其他						
一、上年末余额																				
加：会计政策变更																				
前期差错更正																				
其他																				
二、本年年初余额																				
三、本年增减变动金额（减少以"-"号填列）																				
（一）综合收益总额																				
（二）所有者投入和减少资本																				
1. 所有者投入的普通股																				
2. 其他权益工具持有人投入资本																				
3. 股份支付计入所有者权益的金额																				
4. 其他																				
（三）利润分配																				
1. 提取盈余公积																				
2. 对所有者（或股东）的分配																				
3. 其他																				
（四）所有者权益内部结转																				
1. 资本公积转增资本（或股本）																				
2. 盈余公积转增资本（或股本）																				
3. 盈余公积弥补亏损																				
4. 设定受益计划变动额结转留存收益																				
5. 其他综合收益结转留存收益																				
6. 其他																				
四、本年末余额																				

者权益构成内容逐项列示，即实收资本（或股本）+其他权益工具+资本公积－库存股+其他综合收益+盈余公积+未分配利润=所有者权益合计。

三、所有者权益变动表的作用

所有者权益变动表的作用如下：

（1）所有者权益变动表既可以为财务报表使用者提供所有者权益总量增减变动的信息，也能为其提供所有者权益增减变动的结构性信息，特别是能够让财务报表使用者理解所有者权益增减变动的根源。

（2）所有者权益变动表将综合收益和所有者（或股东）的资本交易导致的变动分项列示，有利于分清导致所有者权益增减变动的缘由与责任，对于考察、评价企业一定时期所有者权益的保全状况，正确评价管理者受托责任的履行情况等具有重要的作用。

引例解析

报表使用者主要关注所有者权益变动表两方面的内容：一是股利分配多不多；二是所有者权益的增减是主营业务造成的，还是特殊原因造成的。

任务六　财务报表附注

任务引例

佳美服饰有限公司的总经理想看公司本年的年报，财务科参加工作不久的李芬将资产负债表、利润表、现金流量表和所有者权益变动表交给总经理，请其过目。

讨论：李芬交给总经理的资料是公司财务报告的全部内容吗？

知识讲解

一、附注的主要内容

附注是财务报表的重要组成部分。根据企业会计准则的规定，企业应当按照以下顺序编制披露附注的主要内容：

（1）企业的基本情况。

（2）财务报表的编制基础。

财务报表的编制基础是指财务报表是在持续经营基础上还是在非持续经营基础上编制的。企业一般是在持续经营基础上编制财务报表，清算、破产属于非持续经营基础。

知识链接

非持续经营状态

企业如果存在以下情况之一，通常表明其处于非持续经营状态：

（1）企业已在当期进行清算或停止营业；

（2）企业已经正式决定在下一个会计期间进行清算或停止营业；

（3）企业已确定在当期或下一个会计期间没有其他可供选择的方案而将被迫进行清算或停止营业。

企业处于非持续经营状态时，应当采用清算价值等其他基础编制财务报表，如破产企业的资产采用可变现净值计量、负债按照其预计的结算金额计量等。在非持续经营情况下，企业应当在附注中声明财务报表未以持续经营为基础列报、披露，未以持续经营为基础的原因以及财务报表的编制基础。

（3）遵循企业会计准则的声明。

（4）重要会计政策和会计估计。

（5）会计政策和会计估计变更以及差错更正的说明。

（6）报表重要项目的说明。

（7）或有和承诺事项、资产负债表日后非调整事项、关联方关系及其交易等需要说明的事项。

（8）有助于财务报表使用者评价企业管理资本的目标、政策及程序的信息。

二、附注的作用

附注的主要作用如下：

第一，附注的编制和披露是对资产负债表、利润表、现金流量表和所有者权益变动表列示项目的补充说明，以帮助财务报表使用者更准确地把握其含义。例如，通过阅读附注中披露的固定资产折旧政策的说明，使用者可以掌握报告企业与其他企业在固定资产折旧政策上的异同，以便进行更准确的比较。

第二，附注提供了对资产负债表、利润表、现金流量表和所有者权益变动表中未列示项目的详细或明细说明。例如，通过阅读附注中披露的存货增减变动情况，财务报表使用者可以了解资产负债表中未单列的存货分类信息。

第三，通过附注与资产负债表、利润表、现金流量表和所有者权益变动表列示项目的相互参照关系，以及对未能在财务报表中列示项目的说明，可以使财务报表使用者全面了解企业的财务状况、经营成果和现金流量以及所有者权益的情况。

引例解析

财务报告包括财务报表和其他应当在财务报告中披露的相关信息和资料。

财务报表是财务报告的主体和核心内容，包括会计报表和会计报表附注。一套完整的财务报表应当包括"四表一注"，即资产负债表、利润表、现金流量表、所有者权益变动表和附注。

思政在线

坚守职业道德，不做假账

朱镕基严于律己，举世皆知。他不题词、不受礼、不吃请、不剪彩、不批条子。但我们发现，他也曾破例题词。2001年4月16日，朱镕基在视察上海国家会计学院时，为该校题写的校训是"不做假账"；同年10月29日，朱镕基视察北京国家会计学院后，题字"诚信为本、操守为重、遵循准则、不做假账"。"不做假账"一而再地出现在"惜墨如金"的朱镕基的笔下，可见他对做假账是极为关注的。朱镕基把不少会计师事务所和会计人员做假账、出具虚假财务报告称作严重危害市场经济秩序的一个"毒瘤"。他指出许多贪污受贿、偷税漏税、挪用公款等经济违法犯罪活动以及大量腐败现象，几乎都与财会人员做假账分不开。"市场经济的基础是信用文化，一个没有信用文化的国家怎么能建立市场经济呢？"他指出，真实而可靠的会计信息是企业科学管理和政府宏观经济决策的依据。虚假的会计信息必然会造成决策失误，以及经济秩序混乱。

2021年11月，广州中级人民法院对康美药业证券特别代表人诉讼做出一审判决，康美药业承担投资者损失金额达24.59亿元。公司实际控制人马某田夫妇及邱某伟等4名原高管人员组织策划实施财务造假，属故意行为，承担100%的连带赔偿责任；另有13名高管人员按过错程度分别承担20%、10%、5%的连带赔偿责任。

同时，康美药业的审计机构广东正中珠江会计师事务所，因未实施基本的审计程序，严重违反了相关法律规定，导致康美药业严重财务造假未被审计发现，被判决承担100%的连带赔偿责任。此外，作为正中珠江会计师事务所合伙人以及康美药业年报审计项目的签字会计师，杨某蔚在执业活动中因重大过失造成正中珠江会计师事务所需承担赔偿责任，也被判在正中珠江会计师事务所承责范围内承担连带赔偿责任。

企业要健康发展，财务报告的质量是非常重要的一个环节，会计人员应坚定"不做假账"的初心，坚守会计人"不做假账"的职业操守底线。

项目小结

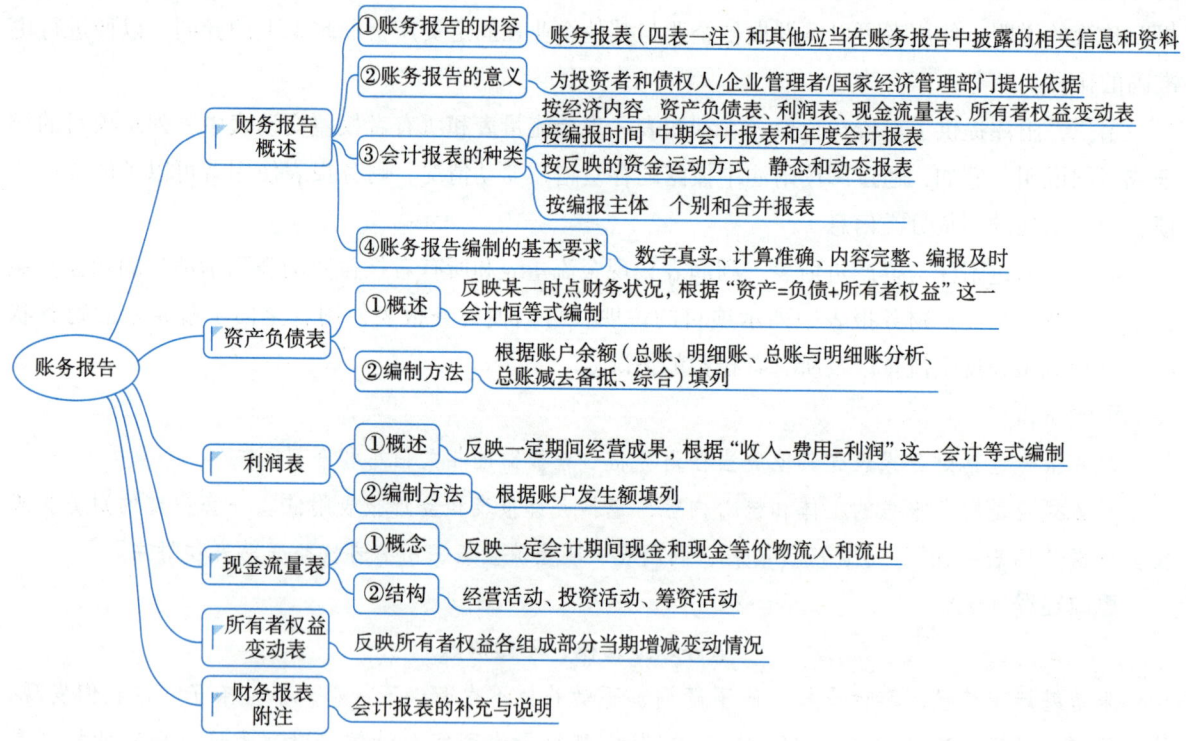

项目训练与测试

一、单项选择题

1. 资产负债表中,根据总账期末余额直接填列的项目是（　　）。
   A. 短期借款　　　B. 应收账款　　　C. 货币资金　　　D. 存货

2. 企业"应收账款"账户所属A、B、C三个明细账户期末余额分别为：A账户借记1 000元，B账户贷记500元，C账户借记6 000元。按照报表编制方法，资产负债表中，"应收账款"账户期末余额为（　　）元。
   A. 500　　　B. 6 500　　　C. 7 500　　　D. 7 000

3. "预付账款"科目所属明细科目期末有贷方余额，应在资产负债表（　　）项目内填列。
   A. 预付账款　　　B. 应付账款　　　C. 应收账款　　　D. 预收账款

4. 利润表中各项目的主要数据来源是根据（　　）。
   A. 损益类各账户的本期发生额　　　B. 所有者权益各账户的期末余额
   C. 资产、负债各账户的本期发生额　　　D. 损益类各账户的期末余额

5. 甲企业利润表各项目发生额如下："营业收入"为200万元，"营业成本"为60万元，"管理费用"为10万元，"投资收益"为10万元，"销售费用"为5万元，"财务费用"为5万元，"营业外收入"为15万元，"营业外支出"为45万元，"所得税费用"为25万元，则利润总额为（　　）万元。
   A. 130　　　B. 140　　　C. 100　　　D. 75

6. 下列各项中，（　　）属于年末资产负债表中"未分配利润"项目填列依据。
   A. "本年利润"账户的贷方余额
   B. "本年利润"账户的贷方余额减去"利润分配"账户的贷方余额
   C. "本年利润"账户的贷方余额加上"利润分配"账户的贷方余额
   D. "本年利润"账户年末贷方余额或借方余额

7. 下列各项中，属于企业对外提供的反映某一特定日期财务状况的书面文件是（　　）。
   A. 资产负债表　　　B. 利润表　　　C. 报表附注　　　D. 财务报表

8. 下列各项中，属于企业对外提供的反映某一会计期间经营成果的书面文件是（　　）。
   A. 资产负债表　　　B. 利润表　　　C. 报表附注　　　D. 财务报表

9. 下列资产项目中，属于流动资产项目的是（　　）。
   A. 长期股权投资　　　B. 交易性金融资产　　　C. 固定资产　　　D. 无形资产

10. 下列资产项目中，属于非流动资产项目的是（　　）。
    A. 应收票据　　　B. 交易性金融资产　　　C. 固定资产　　　D. 库存现金

二、多项选择题

1. 下列属于企业财务报表的有（　　）。
   A. 试算平衡表　　　B. 利润表　　　C. 现金流量表　　　D. 附注

2. 企业财务报表可以提供的信息有（　　）。

A. 财务状况　　　B. 经营成果　　　C. 人力状况　　　D. 现金流量

3. 以下项目中，在资产负债表左方列示的有（　　）。

A. 长期股权投资　B. 固定资产　　C. 无形资产　　D. 长期借款

4. 下列属于资产负债表中流动资产项目的有（　　）。

A. 一年内到期的非流动资产　　　　B. 应收账款

C. 预付款项　　　　　　　　　　D. 预收款项

5. 下列属于企业非流动资产的有（　　）。

A. 交易性金融资产　　　　　　　B. 可供出售的金融资产

C. 长期股权投资　　　　　　　　D. 无形资产

6. 在资产负债表中负债方填列的项目有（　　）。

A. 应收账款　　　B. 预付款项　　C. 应付账款　　D. 预收款项

7. 下列关于资产负债表的表述中不正确的有（　　）。

A. 资产负债表反映企业一定时期的财务状况

B. 资产负债表资产项目按资产的流动性大小排列

C. "长期借款"项目应根据"长期借款"账户的余额直接填列

D. 我国资产负债表采用报告式结构

8. 以下经济业务中，应归属于营业收入项目的有（　　）。

A. 原材料销售收入　　　　　　　B. 接受投资者资本投入

C. 非流动资产处置利得　　　　　D. 商品销售收入

9. 可以根据总账账户期末余额直接填列的资产负债表项目有（　　）。

A. 应付职工薪酬　B. 货币资金　　C. 短期借款　　D. 实收资本

10. 利润表中的"营业收入"项目应根据（　　）科目的本期发生额计算填列。

A. 主营业务收入　B. 投资收益　　C. 其他业务收入　D. 营业外收入

11. 下列各项中，可以通过资产负债表反映的有（　　）。

A. 某一时点的财务状况　　　　　B. 某一时点的偿债能力

C. 某一期间的经营成果　　　　　D. 某一期间的获利能力

12. 下列资产负债表项目中，属于流动负债的有（　　）。

A. 预收款项　　　　　　　　　　B. 其他应付款

C. 短期借款　　　　　　　　　　D. 一年内到期的非流动负债

13. 下列各项中，影响利润总额的有（　　）

A. 销售费用　　　B. 所得税费用　C. 投资收益　　D. 管理费用

14. 现金流量表的内容包括（　　）

A. 经营活动产生的现金流量　　　B. 投资活动产生的现金流量

C. 筹资活动产生的现金流量　　　D. 生产活动产生的现金流量

15. 财务会计报告的使用者包括（　　）

A. 政府职能部门　B. 银行　　　　C. 债权人　　　D. 企业管理层

三、判断题

1. 资产负债表是反映企业某一特定时期财务状况的会计报表。（　）
2. 会计报表是财务报告的有机组成部分。（　）
3. 会计报表必须依据工作底稿编制。（　）
4. 为了保证会计报表的及时性，可以提前结账。（　）
5. 财务会计报告就是会计报表。（　）
6. 企业必须对外提供资产负债表、利润表、现金流量表和所有者权益变动表，但财务报表附注不属于企业必须对外提供的资料。（　）
7. 财务报表提供的信息仅对外部的投资者和债权人有用。（　）
8. 向不同的会计资料使用者提供的财务会计报告，其编制依据应当一致。（　）
9. 资产负债表和现金流量表属于静态会计报表，利润表属于动态会计报表。（　）
10. 资产负债表有报告式和账户式两种格式。（　）
11. 企业利润表的结构是单步式利润表。（　）
12. 资产负债表依据"资产＝负债＋所有者权益"会计恒等式编制。（　）
13. "营业外收入"会影响营业利润。（　）
14. "所得税费用"会影响利润总额。（　）
15. 中期会计报表包括月报、季报和半年报。（　）
16. 我国资产负债表采用账户式结构。（　）
17. "货币资金"项目根据"库存现金""银行存款""其他货币资金"总账科目的余额计算填列。（　）
18. "在建工程"属于非流动资产。（　）
19. "其他应付款"项目根据"应付利息"和"其他应付款"总账科目余额计算填列。（　）
20. "营业成本"根据"主营业务成本"和"其他业务成本"计算填列。（　）

四、业务题

1. 资料：康华公司20×5年10月初有关账户余额如下：

单位：元

账户名称	借方余额	账户名称	贷方余额
库存现金	1 280	应付账款	75 400
银行存款	223 450	短期借款	100 000
应收账款	87 600	应交税费	15 800
库存商品	158 900	累计折旧	24 600
固定资产	587 570	实收资本	800 000
长期股权投资	100 000	未分配利润	143 000
合计	1 158 800	合计	1 158 800

康华公司10月发生以下业务：

（1）收到清源公司前欠货款32 000元，存入银行。

（2）销售商品1 000件，每件售价100元，成本70元，增值税税率为13%，款项已收并存入银行。

(3) 开出转账支票支付上述销售商品的运费,增值税专用发票注明的运费为 2 000 元,增值税税率为 9%。

(4) 采购商品一批,增值税专用发票注明的价款为 50 000 元,增值税税率为 13%,商品已入库,货款未付。

(5) 归还短期借款 50 000 元以及本月借款利息 350 元。

(6) 通过银行转账支付上述部分购料款 38 500 元。

要求:请根据上述资料,代康华公司完成下列资产负债表的编制。

资产负债表（简表）

制表单位:　　　　　　　　　　　　　　　年　月　日　　　　　　　　　　　　　　　单位:元

资产	年初数	年末数	负债和所有者权益	年初数	年末数
流动资产:			流动负债:		
货币资金			短期借款		
应收账款			应付账款		
存货			应交税费		
流动资产合计			流动负债合计		
非流动资产:			所有者权益:		
长期股权投资			实收资本		
固定资产			未分配利润		
非流动资产合计			所有者权益合计		
资产总计			负债和所有者权益总计		

2. 资料:长虹公司 20×5 年 12 月损益类账户的发生额如下:

损益类账户本期发生额

单位:元

会计科目	借方发生额	贷方发生额
主营业务收入		400 000
其他业务收入		20 000
营业外收入		8 000
主营业务成本	205 000	
其他业务成本	5 000	
税金及附加	6 000	
销售费用	28 000	
管理费用	15 000	
财务费用	5 000	
营业外支出	3 000	
所得税费用	40 250	
合计	307 250	428 000

要求:请根据以上资料为长虹公司编制 12 月利润表。

利润表

会企 02 表

编制单位：　　　　　　　　　　　　　　年　月　　　　　　　　　　　　　　单位：元

项目	本期金额	上期金额
一、营业收入		（略）
减：营业成本		
税金及附加		
销售费用		
管理费用		
研发费用		
财务费用		
其中：利息费用		
利息收入		
加：其他收益		
投资收益（损失以"－"号填列）		
其中：对联营企业和合营企业的投资收益		
以摊余成本计量的金融资产终止确认收益（损失以"－"号填列）		
净敞口套期收益（损失以"－"号填列）		
公允价值变动收益（损失以"－"号填列）		
资产减值损失（损失以"－"号填列）		
信用减值损失（损失以"－"号填列）		
资产处置收益（损失以"－"号填列）		
二、营业利润（亏损以"－"号填列）		
加：营业外收入		
减：营业外支出		
三、利润总额（亏损总额以"－"号填列）		
减：所得税费用		
四、净利润（净亏损以"－"号填列）		
（一）持续经营净利润（净亏损以"－"号填列）		
（二）终止经营净利润（净亏损以"－"号填列）		
五、其他综合收益的税后净额		
……		
六、综合收益总额		
七、每股收益：		
（一）基本每股收益		
（二）稀释每股收益		

五、思考题

1. 财务报告由哪些内容构成？
2. 编制财务报表的要求有哪些？
3. 资产负债表的作用是什么？
4. 利润表的作用是什么？

附 录

一文了解全电发票

所谓全电发票，是指全面数字化的电子发票，是与纸质发票具有同等法律效力的全新发票，不以纸质形式存在、不用介质开具、不需申请领用，而是将纸质发票的票面信息全面数字化，通过标签管理将多个票种集成归并为电子发票单一票种，设立税务数字账户，实现全国统一赋码、智能赋予发票开具金额总额度、自动流转交付。

一、发票的发展

（一）纸质发票

采用高标准的防伪技术印制，以纸质形式存在。具有固定版面、格式，由国家统一定版发行，统一数字编号，制式发票。

（二）纸电发票

2015年推行电子普票、2020年试点电子专票，基于现行纸质发票样式和管理流程，将纸质发票票面电子化，是纸质发票的电子映像和电子记录。

（三）全电发票

具有同等法律效力的全新发票。去版式、去介质、不需领用，票面信息全面数字化，通过标签管理将多个票种集成归并为单一票种，无须申领税控设备，无须票种核定、最高开票限额审批，智能授信赋予、自动定向交付，实现全国统一赋码。

二、开展全面数字化的电子发票试点的背景

为落实中共中央办公厅、国务院办公厅印发的《关于进一步深化税收征管改革的意见》要求，全面推进税收征管数字化升级和智能化改造，降低征纳成本，国家税务总局建设了全国统一的电子发票服务平台。自2021年12月1日起，国家税务总局在广东省（不含深圳市，下同）、内蒙古自治区和上海市（以下简称试点地区）开展了全面数字化的电子发票试点工作，系统运行平稳。

三、全电发票的票面信息

基本内容主要包括二维码、发票号码、开票日期、购买方信息、销售方信息、项目名称、规格型号、单位、数量、单价、金额、税率/征收率、税额、合计、价税合计（大写、小写）、备注、开票人。全电发票的发票号码为20位，其中，第1~2位代表公历年度后两位，第3~4位代表各省、自治区、直辖市和计划单列市行政区划代码，第5位代表全电发票开具渠道等信息，第6~20位代

表顺序编码等信息。

为了满足从事特定行业、发生特殊应税行为及特定应用场景业务（以下简称特定业务）的纳税人开具发票的个性化需求，税务机关根据现行发票开具的有关规定和特定业务的场景，在全电发票中设计了相应的特定内容。特定业务包括但不限于稀土、建筑服务、旅客运输服务、货物运输服务、不动产销售、不动产经营租赁服务、农产品收购、光伏收购、代收车船税、自产农产品销售、差额征税等。安徽省纳税人在取得全电发票时，按照实际业务开展情况，可向开票人提出特定业务需求，开票人将按规定填写在发票备注等栏次的信息填写在特定内容栏次，进一步规范发票票面内容，便利安徽省纳税人使用。特定业务的全电发票票面按照特定内容展示相应信息，同时票面左上角展示该业务类型的字样。

四、全电发票的优点

（一）用票更便捷

发票数据应用更丰富。便于税务机关进行发票数据的规范化管理，为向纳税人提供税费申报预填服务奠定数据基础。

发票使用满足个性业务需求。全电发票破除特定版式要求，增加了 XML 的数据电文格式便利交付，同时保留 PDF、OFD 等格式，降低发票使用成本，提升纳税人用票的便利度和获得感。全电发票样式根据不同业务进行差异化展示，为纳税人提供更优质的个性化服务。

（二）入账归档一体化

税务机关将制发电子发票数据规范、出台电子发票国家标准，实现全电发票全流程数字化流转，进一步推进企业和行政事业单位会计核算、财务管理信息化。

五、全电发票受票

电子发票服务平台税务数字账户为纳税人提供了全电发票的自动交付和自行交付两种方式，开票方可根据情况自行选择。

自动交付是开票方纳税人在开具全电发票时，录入受票方纳税人的统一社会信用代码，发票开具完成后将自动交付到受票方的税务数字账户。

自行交付是对有自行交付需求的纳税人及开票方开票时未录入统一社会信用代码或身份证件号的纳税人，可以使用邮箱交付、二维码交付、电子文档交付三种方式。

六、全电发票报销入账归档

对暂不具备使用电子会计凭证报销入账的纳税人采用发票纸质打印件入账。具体下载方法为电子税务局→税务数字账户→发票查询统计→全量发票查询→下载→打印纸质文件。

以发票电子数据报销入账的，可通过改造自身财务核算系统，接受和导入 XML 格式的发票数据文件，实现电子化的报销入账和归档操作。